作者简介

　　苑青松 教育学博士，周口师范学院副教授，中国高等教育学会语文教育专业委员会理事、培训部副主任。出版专著《小学语文板书教学艺术》《中师语文板书教学艺术》《柏格理教育思想百年回眸》等，发表论文40余篇，数篇被人大复印资料全文转载，主持教育部人文社科课题1项，省级课题2项，先后获省级、厅级科研成果一等奖、二等奖多项。

本书获得教育部人文社会科学基金项目（10YJA790160）
江苏省教育厅高校哲学社科基金项目（2010SJB630064）
和扬州大学出版基金资助

本书由教育部高等学校社会科学发展研究中心资助出版并列入
《高校人文学术成果文库》

语文：言语生命的赋形

——贵州石门坎"波拉德"课程人类学文化探究

Chinese Discipline: the Forming of Parole Life Guizhou
Stone Gateway "Pollard" Curriculum
in Human Culture Research

苑青松 著

中国书籍出版社
China Book Press

图书在版编目(CIP)数据

语文:言语生命的赋形——贵州石门坎"波拉德"课程
人类学文化探究/苑青松著.—北京:中国书籍出版社,2013
ISBN 978-7-5068-3349-3

Ⅰ.①语… Ⅱ.①苑… Ⅲ.①苗语—研究—中国
Ⅳ.①H216

中国版本图书馆 CIP 数据核字(2013)第 019258 号

责任编辑/ 宋　然
责任印制/ 孙马飞　张智勇
封面设计/ 中联华文
出版发行/ 中国书籍出版社
地　　址:北京市丰台区三路居路 97 号(邮编:100073)
电　　话:(010)52257143(总编室)　(010)52257153(发行部)
电子邮箱:chinabp@ vip. sina. com
经　销/ 全国新华书店
印　刷/ 北京彩虹伟业印刷有限公司
开　本/ 710 毫米×1000 毫米　1/16
印　张/ 14.5
字　数/ 261 千字
版　次/ 2015 年 9 月第 1 版第 2 次印刷
书　号/ ISBN 978-7-5068-3349-3
定　价/ 68.00 元

序一

　　苑青松博士的《语文：言语生命的赋形》即将付梓。本书稿是他在博士学位论文的基础上修改形成的。作为他的导师，我见证了他博士论文研究与写作的基本过程，对于他在研究与写作过程中所付出的心血与汗水、所显现的坚韧与顽强、所展示的大器与睿智，我耳闻目睹，感同身受。他的这项重要研究成果来之不易，确实弥足珍贵；他的这本博士学位论文顺利问世，令我颇感欣慰。青松邀我写序，我便欣然应允，以表祝贺之忱！

　　这是一项很有意思的研究，更是一种研究上的新尝试。

　　说它是一项很有意思的研究，就是说，作者是以贵州石门坎为研究区域、以19世纪末20世纪初石门坎文化复兴运动为对象、以石门坎花苗的生命诉求为线索来观照语文的内涵，这种形式的研究是我以前所未曾指导过的，因此，给人耳目一新、眼前一亮的感觉。

　　前面几届博士生的研究大都集中在语文学科性质、语文学科功能、语文教学目标、文学教育、语言教育、阅读教学、写作教学、语文审美教育、文言诗文教学等领域，在语文之内研究语文的相关内涵，他们的研究使语文之内的各要素板块的学理阐释不断地走向深化，语文学科存在与发展的学术性论证因此得到加强，为广大学人深入认知语文探寻了学理依据，为莘莘学子有效学习语文提供了行为规范。苑青松博士的研究则把语文置于社会生活、文化发展背景中考量，从历史性、文化性、实践性三个维度对语文进行审视，从而得以获得一种本质性语文观。这有利于对语文本真的认识，也有利于对芜杂语文现象的批判，有着语文之外看语文的性质，这与前面语文之内看语文的研究恰好形成一种互补，这样对语文课程的认识和构建就更为完整，也更具新意。

　　说它是研究的一种新尝试，是因为在社会生活、文化场域中研究语文，在研究视野、研究方法、研究对象上呈现出全新的风貌，需要更多的学科知识支撑——如人类学、社会学、文化学、教育学等，大量的田野工作是该类研究成功的基础。这，对于一名教育学博士生来说，绝非一件轻而易举的事情。要横跨多个学科领域，要深入荒山野岭现场，坦率地讲，作为他的导师，我也颇为担心，对他能否顺利完成研究任务、达成研究目标心里没底，然而，年富力强、血气方刚的苑青松能够知难而进，迎难而上。他先从"补课"入手，阅读了大量的人类学、文化学书籍，从费孝通读到李书磊、曹锦清、王铭铭、李培林、丁钢、马林诺夫斯基、布朗、格尔茨、流心、莫里斯……在不断阅读中逐渐掌握了人类学的研究方法、话语模式、田野要义，为研究的开展打下了多学科的知识基础。为了弥补自己在其他学科上的理论缺陷，他把更多的精力和眼光投入到田野，一次次进入大山深处，一遍遍搜寻古籍遗存，力求理清研究的思路、揭开研究对象身上的谜团，其足迹遍及川黔滇渝四大省市，正像他本人所说：柏格理去的地方我都去过了。功夫不负有心人，他用辛勤的劳动和独有的智慧最终走出了一条崭新之路。正因为如此，在博士学位论文答辩会上，他得到了答辩委员会专家们的充分肯定和热情赞扬，这也算是对他执著学术、不懈追求的褒奖吧。作为他的导师，我也为青松所取得的不凡成就感到由衷的高兴。在此，我热烈地祝贺他取得已有成就，热切地祝愿他持续开拓进取，热诚地祝福他不断开创辉煌！

　　是为序。

周庆元

2012 年端午节写于麓山湘水之间的桃子湖畔

　　（作者系湖南师范大学教授、博士生导师，中国高等教育学会语文教育专业委员会会长。）

序二

我曾在黔西北主持过教育工作,为这个贫困地区的教育状况焦虑过、谋划过,自然也深思过、感佩过该地区威宁县石门坎乡教育的历史成就。

石门坎历史上(1904~1956)取得的成就实在令人惊叹:在一个封闭古老贫瘠的小山村里,出了两名博士、三十几位大学生和数千名高中水平的人;首开三语教学(苗、汉、英)先河,当地有些苗族老人迄今还能流利地说出汉语和英语;创制了苗文,使苗族同胞第一次能以自己的文化、历史作为对象去学习、传承和思考;以教育为基础创设五大社会机构,实现了人与社会的超常规发展;创设了端午节运动会,在一个荒凉的山脊上建成了贵州省第一个足球场和男女分隔的游泳池;消除了民族隔阂,实现了民族团结;激起了全民阅读热情,形成了学习型大众社会……柏格理带领苗族群众,仅用20年就走过了他们的先民2000年所不曾走过的新路。从此,走向自觉的石门坎人在这场苗文化振兴运动中形成了担当、责任、爱心精神,至今仍激荡着我们的心灵,促使着我们不停追问:什么才是真正的教育、教育理念和课程设计。

再回头审视现今的教育,课程沉陷于技能化翻新的浅层表现和"外来和尚好念经"的趋新理念中,虽经十余年的改进,但似乎问题越改越多,母语教育尤其为甚! 以语文科为主体的母语教育的本质究竟是什么? 仍然是一个还没有解决好的根本性问题,正如语文课程标准制定组组长巢宗祺先生所言:"语文科还不是一个完善的学科。"那么,语文是什么呢? 我们该选择什么样的路径去认识语文呢?

著名哲学家孙正聿先生称:语言(当然也包括文字——顾注)是历史文化的

水库，因而"使用语言，就是理解历史文化、理解历史和理解人自身过程的发生"，"'语言'作为历史文化的'水库'而占有世世代代的个人，这意味着，人既是在'语言'中去接受和理解'历史文化'，又是通过'语言'去解释和更新'历史文化'"（《哲学修养十五讲》，北京大学出版社 2004 年版，第 194 页）。如果说这番话显得抽象，那么石门坎人从他国和自己的语言文字中理解了历史和自身的意义、价值和尊严，从而挺身站了起来，自信地去更新自己的历史文化的过程，却是活生生的历史存在。因此，石门坎文化现象在中西文化交融上体现着代表性，在本土文化的发展上展示着典型性，而课程正是这种"代表性"和"典型性"成就的主要支架，石门坎"波拉德"课程之所以能够成为"代表性"和"典型性"的支架，又是以本土文化为主体的多元文化融合的赋形，这给了我们重要的启示：离开文化谈课程，无异于失去灵魂的碎片，到头来弄得个一地鸡毛！

　　李泽厚先生说：文化体就像一棵挂满果实的枣树，一竿子下去都是资源。但要想真正从文化体中获得"枣子"，并非一件容易的事，艰苦的田野工作是人类学研究的基础，因此，苑青松博士几年来一次次深入石门坎，踏遍了那里的每一个角落，访遍了尚在的每一个知情者，就像他自己所说：石门坎的狗已经不再对他狂吠。以石门坎为中心，当年亲历者的身影出现在哪里，苑青松博士的身影就出现在哪里，滇黔川三省留下了他大量的足迹，因此，他获得了丰富的第一手资料，为研究的开展奠定了坚实的基础。然而，田野文本转换成叙事文本是另一个阈限，这是真正检视研究者学养的关口，研究者在不断汲取中苦苦思索，在肯定否定中一步步前行，在痛苦幸福变换中倔强挺立，最终，以坚实的足迹踏出了一条崭新之路，"言语生命赋形"观的得出和课程人类学方法的成功尝试就是"崭新之路"的明证。这些都是铸成他博士论文成就的基础，使他在石门坎研究领域有了自己的一席之地。

　　因此，我以此小序言，申示大祝贺！

顾久

2012 年初春于贵阳

　　（作者系贵州师范大学教授、硕士生导师，民盟中央常委，中国陶行知研究会副会长。）

前　言

20世纪初至20世纪中叶，在贵州石门坎出现了一场蜚声中外的苗族文化振兴运动，它是由英国传教士塞缪尔·柏格理带领汉族、苗族同事发起完成的，他们在封闭千年、处于整体性文盲状态的石门坎创造了教育的奇迹。在短短五十年的时间里，培养出了两名博士、三十几位大学生和数千名高中文化水平的人，现在那里九十多岁的老太太还能讲上几句英语；创制了苗文，改变了花苗只有语言没有文字的历史；首开我国近代双语教学的先河；掀起了石门坎区域全民阅读的巨大浪潮，等等。按照时任贵州省委书记胡锦涛同志的话说："实现了教育的非常规发展"。实际上，石门坎所进行的教育只不过是一种初级的识字教育，这种看似简单的识字教育却唤醒了花苗的生命意识，产生了令人难以想象的效果，本研究通过个案梳理，从生命存在与生命何以能够存在的层次上去回答"语文是什么"的问题。

全书内容具体划分为六部分。

导论。主要介绍了研究对象的相关背景，阐明选题的意义和价值、叙事研究方法的选定以及研究限制等内容。

第一章　一种自然的选择：场域理论。这一部分为本研究设定了一个具体的研究框架，确立了研究基调，为本研究顺利开展奠定了基础。

第二章　石门坎的故事。本章是论文的主体部分，共分为三个小节：

第一节　石门坎故事描述：空间场域。本节根据研究对象的实际情况，把石门坎的空间场域分为自然空间、学校空间和公共空间，并分别作细致的民族志描述，全面展现三大空间里的生命姿态、互动关系和发展变化。本节中关于自然空间的描述主要呈现石门坎的空间特点以及石门坎区域的社会结构，探析出自然空间与社会结构内在的同质性，并在这一背景下检视人言说生命的形式及诉求。学校空间的描述旨在展示新秩序、新结构的置入，新结构与旧结构所形成的对抗，重点呈现人在这一转换中的生命姿态。公共空间的描述，主要呈现了公共空间里的教育内涵，其本质体现为新结构的位移。这一部分为本研究确立了一个空间位置，它是石门坎教育投放的场所。

第二节　石门坎故事描述：信仰场域。本节描述了石门坎本土的原始宗教、外来的基督教和儒教，描述的重点不在宗教本体上，而着重关注其功能发挥的形式和效果，细致刻画花苗在不同宗教中的生命姿态；同时，本节还对它们之间的互动关系作出描述，努力发现互动规律，旨在揭示信仰与生命诉求的关系构型。为此，对每种信仰都进行了辩证性分析，指出信仰是一定时空内不可或缺的生命元素。

第三节　石门坎故事描述：文化（文字）场域。本节描述了苗文的创制，重点介绍了苗文创制所汲取和采用的元素。与此同时，还介绍了外来因素在苗文创制过程中所呈现出的本土化倾向。苗文的创制过程，实际上是花苗历史记忆、生命经验、情感表达的一次重现过程，在这一过程中，发现它是花苗生命经验言说的赋形，其本身负载着深厚的情感经验、生命诉求和历史记忆等文化因子，苗文激起了花苗族群认同和生命资格确立的强烈诉求。

第三章　故事背后的"故事"。本章在第二章民族志描述的基础上，提出语文是言语生命赋形的新学说，并对它作出了界说。这一新观点表明，语文不只是被挤干血肉和灵魂的、干瘪瘪的文字，而是活生生的生命经验的赋形。新学说反映了语文与生命之间的互存关系，呈现了语文的真实面相，为语文发展指明了方向。

第四章　叙事、时间和历史。本章从时间观上探析石门坎叙事的深层结构，为"言语生命赋形说"提供哲学依据。

结语。对言语生命赋形学说的形成进行一种逆序的反观，为更清楚地认识文字背后鲜活的生命姿态，以对"仅就文字论"保持警惕。在本部分中还说明了研究的界限，本研究只提出"言语生命赋形学说"，而在这一学说下语文具体内容的构建，则不在本研究之列，另当他论。

目 录
CONTENTS

导　论

从本体论上说，本研究展现的是对人——言语生命本质的激活。教育者以真切的人文关怀去唤醒沉醉的生命内核，从而使生命焕发出其应有的激情，展示出生命存在的意义。从方法论上说，在本土与外来文化的碰撞、交汇之后，以生命关怀为基点，构建出适合生命诉求并使生命按其本真面目得以生发的体系，是生命诉求得以保障的工具，其特点表现为与人生命经验的高度契合。唤醒与契合，人的生命激情被迅猛激活，语文——言语生命的赋形本质也因此得以确立。

本章主要从研究本体上着笔，力求明确研究对象、厘清研究价值、熟悉研究现状，并据此提出研究问题和研究方向。

第一节　研究背景

图一　石门坎的栅子门

　　石门坎,在中国五十万分之一的地图上几乎找不到的小山村,地处乌蒙深处,山高路险,浓雾终日不散,从自然生态的角度看属于边远洪荒之地,自然条件十分恶劣,有"凉山"、"屙屎不生蛆的地方"、"云的那一边"、"未知的中国"等称呼。这个小山村也确实沉寂了数千年,外面的人几乎没有进去过,里面的人也几乎没有出来过。石门坎属威宁县管辖,然而,时间的车轮到了21世纪的今天,县城里百分之九十的人没有到过石门坎,这足以说明其令人生畏的自然相貌。

　　石门坎的地形酷似一个封闭的三角形,左边是蜿蜒数十里的野鹰梁子,前后望不到尽头,高大雄浑,完全遮住了石门坎左边的天地;右边是两千八百多米的薄刀岭,连云雾都爬不到它的顶端,总是在它的腰际打转,自然也隔绝了右边的天地;石门坎的后面是高高隆起的猴子岩,顾名思义是连猴子也爬不过去。石门坎《溯源碑》曰:"天荒未破,畴咨冒棘披荆;古径云封,遑恤残山剩水。"

图二　石门坎花苗溯源碑

　　这样一个自然封闭的"三角形"里,居住着苗族的一个支系——大花苗。苗族悲惨的迁徙史,好像感动了上苍,大自然终于为其提供了这样一个天然的庇护所。由于他们是一个晚到的民族,集体沦为彝族土目的奴隶,在彝族土目残酷的统治下,他们的生活力踟蹰不前,停留在数千年前的水平,表现出人畜同室、生水生食、智力低下、酗酒放纵等特点,生活在"沮丧的深渊"。

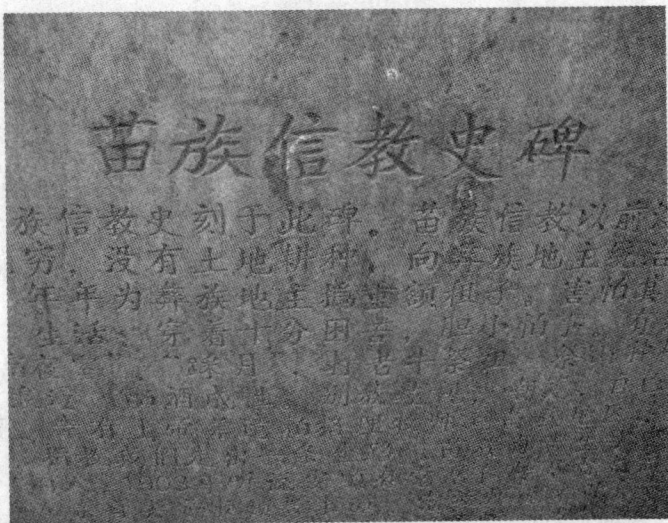

图三 苗族信教史碑

就是在这样一个地处偏远、地形封闭、气候恶劣的卯岭南(苗语"石门坎"),一个人的到来彻底改变了它的历史,英国基督教新教传教士塞缪尔·柏格理(Samuel Pollard)会同他的同事,在20世纪前半叶,唱出了云贵高原上文化的最强音,铸造了令人惊叹的成就,石门坎因此而倔强挺立。在短短二十年的时间里,在苗族人"三零"(政治、经济、文化权利皆为零)平台上,竟然培养出了两名苗族博士、三十多位大学生、数千名的初等知识分子;他们还创制了苗文,首创和实践了三语教学,创办了"五大社会机构",首开男女同校之先河,等等,使一个荒芜之地一下子成为"西南边疆最高文化区",石门坎因此而名扬天下,在海外寄信只要写上"中国石门坎"就能收到。石门坎变化之景象,正像柏格理墓志铭中所说:"一片荒芜,极端经营,竟至崇墉栉比,差别有天地。"①

石门坎成为文化圣地,主要得益于教育的成功。"创字释经、分班授课、文章机杼、道德森林"等昭示着它在教育上的熠熠辉光,尤其是以识字为基础,并在此基础上构建出"文字大厦",二十年走完了两千年没有走完的道路,其适切性和效度极强的机制、模式,不断撞击着了解它的教育人,这是一个必须梳理而且亟待梳理的个案,在今天热衷于纸上谈兵的教育背景下,它的实践意义显得

---

① 柏格理墓志铭。

弥足珍贵；石门坎百年前的文化、教育辉煌已渐渐模糊起来，第一代知识分子基本上都随着风吹雨打而去，许多珍贵的教育经验由此流失，所幸少数亲历者还活跃在石门坎的文化中，但已人数不多且到耄耋之年，当时他们身处幼年，只是听老辈所言，记忆片言只语，如再不梳理和研究，等他们离世之后恐怕再无从查证了。

五年前，本人由于研究生初试成绩不佳被调剂到偏远的贵州，带着失望之情来到贵州师范大学，正当伤神颓废之时，通过一个偶然的机会结识了石门坎，并由此结下了厚厚的石门情结，五年来，它使我一次次穿行于石门坎的田野村寨，一次次畅谈石门坎的神奇与力量。由最初的新奇到决心全面地梳理，使我"也燃烧在其中了"，真诚选择和结识田野作业所需的"门人"、造访亲历者、探查石门遗迹、拜谒先驱者坟墓等，五年的田野风雨，石门坎苗族寨子里的狗已不再对我狂吠，石门坎教育实践的脉络在我心中逐渐清晰起来。带着对石门坎的崇敬和热爱，带着对语文教育理论纠葛的困惑，我终于选择了石门坎。

第二节　研究意义

石门坎从自然地理上看是封闭的，"乌蒙屏障，围以高山，阴森荡荡，流泉淳淳，石门降生"①。高大崔嵬的乌蒙山，把石门坎挟持在一个狭小的天地里，与外界几乎完全隔绝。石门坎自然地理的不可逾越，其直接的后果就是文化交流的隔绝，因此，到了 20 世纪初，石门坎文化还停留在蒙昧阶段，表现出"巫文化"的典型特征，没有任何现代文明的体系。如果从"封闭"的视角观照，封闭却有另外的意义，它使苗族文化在石门坎区域内得以完整保存，当地苗族人在距今五千年前的涿鹿大战后，一路迁徙直至石门坎，他们的文化就像"活化石"一样，天然地储藏在这片封闭天地里。

"小世界"、"小天地"并不代表什么都没有，它有自己的政治空间，有自己的文化样式，有自己的教育方式和传播手段，小天地里的许多格言、谚语、老话、

---

①　贵州民族研究所：《民国年间苗族论文集》，未刊，第 249 页。

谜语等维系着他们的信仰,建构着初民社会认识世界的方式。展示"小传统"、"小世界"、"小天地",就是为了从当地人的观点出发,体会"小传统"的力量,从而反观逐步渗透到整个世界的"大传统"——现代观念体系。这可能对于研究人类的心智和行为有着更纯粹的意义,相比现代社会,它没有过多的"芜杂"。

石门坎两千年没有生长的文化却在二十年间长大,无论是从"巫文化"到"基督文化"的阐述,还是从"蒙昧性"到"现代性"的表达,学者们关于石门坎文化转变类型的分类暂且不谈,但从其成长的速度和效果上看,确有两千年的矮子一夜间长成巨人的感觉,令人震惊。

二律背反是一个定律。石门坎的辉煌,招致了它的厄运。众所周知的原因,以新中国成立为界限,外国传教士在中国的传教活动彻底终结。石门坎教育的宗教背景,使它在延续几年之后,随着"文革"的爆发,石门坎由文化教育的圣地立刻成为了政治斗争的旋涡中心,随着"文革"形势的不断发展,当事者个个噤若寒蝉,许多人仍然难逃厄运。"小香港"、"小台湾"的石门坎别称,在那个乱扣帽子的年代里,更是使人小心谨慎,笔者在多次的田野调查中也充分感受到了这一点。

于是,石门坎和石门坎辉煌在极左政治的高压下,再次被尘封起来,它被死死地按在人们的内心深处,现实已经没有了其生发的土壤。但种子总要发芽,哪怕是在悬崖峭壁!金子总要发光,哪怕是锈迹斑斑。十一届三中全会以后,尘封多年的石门坎迎来了它重见天日的契机,一批学者重劈石门,用自己的汗水和智慧,奋力揭开石门坎尘封已久的面纱。石门坎研究的热潮兴起于上世纪90年代前后,一批译作和国内学者的著作相继问世,他们的成果有着拂去尘封历史的"泥土"和揭开"面纱"的先导作用,这种先导作用至少体现在两个方面:一是为人们认识石门坎扫除了心理上的政治阴霾,二是为全面研究石门坎奠定了基础,这本身极具开创意义。

石门坎的辉煌从根本上是由两大体系造就的,即教会和学校。拂去"泥土"、揭开"面纱"的先导学者们,在石门坎研究中大都把目光投放在宗教上,无可厚非,石门坎的成就本身就是基督文化远行的结果。学者们在宗教体系的探索上极具功力,他们的研究从形而上和形而下两个层面,从内部和外部两个场景,从历史和现实两个维度,较为客观全面地论述了基督教在石门坎独特场景中的表达,基督教在石门坎运行轨迹和发动内因的轮廓已基本清晰,这是与他们过人的智慧和艰苦的田野作业分不开的。然而,车之两轮,缺一不行。宗教和学校既是密切相关的,又是相互独立的,教会作为信仰的一极,学校作为教养的一极,缺失任何一个部分都不可能铸造石门坎的辉煌。令人遗憾的是,教育作为石门坎的重要一极,并没有像宗教领域那样得到客观呈现和机理分析,对此作出客观深入的研究,虽然时间晚了些,但仍然具有开创意义。

石门坎的课程与教学体系始于文字、终于文化,始于文字、终于社会,始于文字、终于生活。为此本研究选择从语文教育的角度切入,能很好地梳理教育的来龙去脉,在全面呈现石门坎语文教育本体,勾画语文本体与社会、生活、文化关系图谱中,发现语文自身运行轨迹,这又有了实践的意义。

第三节　研究问题

21世纪以来,关于教育发展的四个重要文件《面向二十一世纪教育振兴行动计划》、《中共中央国务院关于深化教育改革全面推进素质教育的决定》、《基础教育课程改革纲要(试行)》、《语文课程标准(实验稿)》明确提出语文教育综合化的发展方向,努力实现语文教育的生活化、社会化、文化化。随着文件的逐步贯彻实施,这一理念引起大家的广泛关注,认为这样的方向会使语文教育具有广阔的天地,更具活力,也能促进当地社会更快更好地发展;但也引起了一些质疑,认为语文教育有泛化的嫌疑,会偏离语文教育的学校定位。语文教育的生活化、文化化、社会化并不等于语文独立性的消失,相反,是对语文本体论存在的重新思考。

本研究的研究对象属于贵州省毕节地区威宁县石门乡。个案有五个特色:①个案地区是一个独立封闭单元的区域;②是一个少数民族区域,即苗族为主的区域;③是一个100年前的教育个案;④是由外国传教士引领的、有着宗教背景的教育;⑤是一个成就辉煌、成功的教育个案。

上述五个特色显示出该个案的系统性、多元性、有效性、地域性,本研究拟在石门坎这样一个封闭、落后、偏远的"小世界"里,去追问、梳理、分析"语文身份"的特质。

第四节　研究综述

没有自己的观点,人云亦云;不了解别人的观点,孤陋寡闻。为了使本研究有明确的方向和坚实的基础,现将石门坎研究综述如下。石门坎的研究按照时间顺序大致可分为四个阶段:

第一阶段:晚清至国民政府时期(1904～1949)

第二阶段:新中国成立以后 27 年(1949～1976)

第三阶段:改革开放 20 年(1980～2000)

第四阶段:新世纪时期(2001～　　)

第一阶段:晚清至国民政府时期(1904～1949)。这一阶段主要是从塞缪尔·柏格理接触到石门坎求学的苗族人始,到 1949 年外国传教士撤离中国止。这一时期是石门坎教育的开创和发展时期,苗文创制,结束了几千年来苗族有语言、无文字的历史,创办了乌蒙山区第一所苗民小学,并构建了有四十多所分校的教育体系,创建了威宁县第一所中学,从病不延医到培养出苗族第一个医学博士,在中国首倡和实践双语教学,开创近代男女同校之先河,举办了民间社区运动会,等等。这是石门坎教育艰难开创和成功造就第一批知识分子的时期,这一时期有关石门坎教育的研究文献主要由两块组成,一是当时传教士对具体情形的描述。Samuel Pollard: *In Unknown China*, Samuel Pollard: *Tight Corners in China*, Samuel Pollard and Frank J. Dymond: *The Story of the Miao*。柏格理的三篇日记记述了其进入乌蒙山深处、与山里人相处、艰难办学直至染病去世的情景。这一文献使我们得以细致了解当时的场景。William H. Hudspeth: *Stone-Gateway and the Flowery Miao*,该书是柏格理的同事王树德(William H. Hudspeth 的中文名字)的日记,它主要记述了石门坎花苗真实的生存状态,以及柏格理在艰难背景下开创教会和教育的历程。另外,R. Elliott Kendall: *Beyond the Clonds-the Story of Samuel Pollard of Southwest China*,是柏格理同事整理的柏格理日记,也带有传记的性质;The Revs. R. K. and P. K. Parsons: *The Minis-*

try of the Rev and Mrs Harry Parsons at Shimenkan ,S. W. China（1904～1926），这一文献是张道慧（柏格理同事）的儿子记述其父亲在石门坎的经历。

图四　石门坎民族学校

外国传教士的日记，基本是按照时间顺序展开，详细记述自己及同事的亲身经历，以事例为主体，略带评论，这虽是一种随笔式的记录，但细腻、有序而真实，没有掺杂过多的个人情感，带有浓厚的田野气息，这些早期文献具有初始的性质。

在20世纪三四十年代，石门坎第一批知识分子和国民政府驻石门坎代表的研究，掀起了一个高潮。其中有王建光的《苗民的文字》（《边声》1939年第一卷第3期）、邱纪凤的《滇黔边境苗胞教育之研究》（《边政公论》，1940）、王建明的《现在西南苗族最高文化区——石门坎的介绍》（《康藏前锋》1940年第四卷第3期）、王建明的《西南苗民的社会形态》（《边声》1939年第一卷第3期）、杨汉先的《威宁花苗歌乐杂谈》和《大花苗歌谣种类》（《贵州苗夷社会研究》，1937）、白敦厚《石门坎苗胞的生活》（《黔灵》月刊创刊号，1945：7）等，他们从不同角度描绘了石门坎教育所取得的成就，例如人才的培养、校舍的修建、苗文的创制、文化的成就以及大花苗的传统习俗、社会形态等。

陈国钧和管承泽是贵州省主席杨森在石门坎的特派员，他们从监视石门坎的角度反映了石门坎教育的情况。陈国钧的《石门坎的苗民教育》（《贵州苗夷社会研究》)、管承泽的《贵州石门坎苗民的见闻和感想》(《边事研究》第七卷第2期)以第三者的身份观照石门坎,虽然对石门坎宗教和教育活动带有不少偏见,但其文章对石门坎情形的描述,与石门坎第一代知识分子的描述相吻合,从一个侧面反映了石门坎在20世纪三四十年代时的成就。

这一阶段石门坎的研究文献从形式上看,基本上由传教士随笔式的记述过渡到本土学者客观式的展示,由主观经验过渡到客观描述。从内容上看,集中在石门坎30、40年发展的成就上,但都是局部的记述,没有整体上的把握。

第二阶段:从新中国成立至"文化大革命"结束(1949~1976)

解放以后石门坎基本上处于发展期,在原来的基础上,按照中华人民共和国的教育方针办学,培养了一大批知识人才,是石门坎人才培养真正的高峰期。发展期比不上早期许多"先河"的壮举,所以研究石门坎的文章并不多。十年"文革",石门坎处于猛烈的政治旋涡当中,无人再敢染指。

第三阶段:改革开放时期(1980~2000)

随着政治气候的转暖,贵州一些学者开始关注石门坎,并逐步揭开其尘封已久的面纱。这一时期的著作有:张坦《"窄门"前的石门坎》(云南教育出版社,1992)、威宁自治县政协《威宁自治县民族志》(贵州民族出版社,1997)、威宁文史研究委员会《威宁文史资料第一辑》(1984)、母进炎的《在中西文化的交汇点上》(《毕节高等专科学校学报》,1999:1)、罗廷华、余岛的《贵州苗族教育研究》(贵州民族出版社,1999)、潘定智、杨培德、张寒梅的《苗族古歌》(贵州人民出版社,1997)、塞缪尔·克拉克的《在中国的西南部落中》,苏大龙译(贵州民族研究所:《民族研究参考资料》第25集,1985)。这一时期的论文有:张坦的《基督教内地会和循道公会在黔西北苗彝地区传播的比较研究》(《贵州社会科学》1991:6)、东人达的《试评柏格理及其在石门坎的活动》(《毕节师专学报》1988:1)、王德光的《滇东北老苗文》(《中国少数民族文字》,1991)、杨忠德、杨全忠的《威宁苗族文字的创制推行和使用浅析》(《苗学研究论文集》第一辑,1993)等。

这一时期的成果数量明显增多,石门坎的研究,由对知其然的客观描述进入到知其所以然的科学解释,已不再停留在泛泛的平面叙述上,开始朝着不同领域的纵深发展,比如苗文创制、基督教传播、个体知识分子研究等。

第四阶段：新世纪时期(2001~　)

进入新世纪以来，随着对外开放程度的加深、人们思想观念的改变、认识水平的提高以及相关学科研究水平的发展，石门坎研究出现了前所未有的热潮。

博士论文和著作有：沈红的《石门坎文化百年兴衰》(万卷出版公司，2005)、张惠真的《教育与族群认同——贵州石门坎苗族的个案研究(1900~1949)》(民族出版社，2009)、东人达的《滇黔川边基督教传播研究》(人民出版社，2004)、朱群慧、东旻的《贵州石门坎——开创中国近代民族教育之先河》(中国文史出版社，2006)、阿信的《用生命爱中国——柏格理传》(大象出版社，2009)、杨大德的《中国石门坎》(人民日报出版社，2005)、石朝江的《世界苗族迁徙史》(贵州人民出版社，2006)、《威宁苗族百年实录》(贵州民族出版社，2006)、威宁县政协《威宁文史资料(四)、(五)》(2004、2006)、周宁的《人间草木》(商务印书馆，2009)等。该时期主要的论文有：张惠真的《族群身份的论述：石门坎花苗知识分子的个案研究》(《广西民族学院学报》，2004:3)、东旻的《石门坎学校创建日期考》(《贵州社会科学》，2006:3)、东人达的《黔滇川老苗文的创制及其历史作用》(《贵州民族研究》，2003:3)、杨曦的《柏格理与朱焕章教育思想之比较——兼论民族教育的内源发展》(《民族教育研究》，2007:2)、李德虎的《清末贵州石门坎苗族信仰基督教原因浅析》(《贵州民族研究》，2007:2)、王文宪的《滇黔川边苗族基督教会创始人——王道元先生》、《滇东北次方言区苗族历史人物——王明基先生》、《滇东北次方言区苗族知名人士——王建国先生》(未刊稿)、娄发文的《永久的怀念——回忆王建光先生》(未刊稿)、郑思新的《新编滇东北苗民千字课本》(未刊稿)、贵州安顺基督教内地会《基督教苗族信教史》(未刊稿，2004)、石门坎基督教会教务小组《石门坎基督教会简史(1905~2005)》(未刊稿，2005)、杨忠信的《50年代贵州威宁石门坎的民族教育》(未刊稿，2009)等等。

这一时期的石门坎研究，开始从深层动因上挖掘其"所以然"，张坦、东人达、李德虎等学者从基督文化的角度探讨石门坎现象，他们深刻剖析了基督教的本体内涵以及在具体情形中本土化的表达，从一个方面揭示了石门坎现象发生的必然。另外，石门坎传教士的史实在他们的日记中已得到清楚的表达，再加上许多第一手资料都被带往国外，传教士的后人在此又投入了很多的精力，获得了不少的成果,研究的空间已不大。而经过政治运动后的石门坎本土知识分子,并没有得到充分的研究,是一个有着巨大空间的领域,于是一些学者重点研究苗族知识分子。例如,杨曦、张惠真、王文宪等重点研究了苗族精英分子的个人履历、实践活动、教育思想等。

石门坎四个阶段的研究文献集中在三个领域,一是石门坎变化历程的平面描述,这主要是外国传教士的记述;二是石门坎辉煌成就的凸现,主要是石门坎当地老人的书写和传唱,只要你走近石门坎的老人,他们言说的内容大体是相同的:石门坎苗族的苦难、读书精神、对柏格理的敬仰以及一些说法的考证。三是新世纪以来一些学者对石门坎文化现象的动因分析,主要是宗教的视角。四是教育方面的零星记录,石门坎教育方面的研究与宗教研究比起来弱了很多,尤其是在课程与教学、课程教学与社会文化的互动关系方面,几乎没有得到挖掘。

目前,我们可以获得一个基本的事实,石门坎教育是铸造石门坎辉煌的真正力量。石门坎教育的两个体系、石门坎教育中的要素、石门坎教育与社会文化的互动关系、互动关系中形成的相关机制模式以及石门坎课程教学的价值取向等内容,都没有得到全面深入的梳理和分析,这是石门坎文化振兴真正的"秘密",也是当前我们所缺少的。

因此,本研究以石门坎教育为对象,以语文教育为切入点,以场域为理论基础,通过石门坎个案力求使语文身份得到描述。

第五节　研究设计

论文结构的设计。基于研究对象的属性,本研究采用法国社会学家布迪厄的场域理论来统整论文,使石门坎漫无边际的田野资料有序化,具体划分为空间场域、信仰场域和文字场域,在三大场域中,以生命诉求为中心,以人与社会的互动为重点,来系统地观照互动中研究对象的生成,全面、具体、真实地刻画出研究对象的表征。最后,在民族志描述的基础上,进行有关语文的话语分析,水到渠成地得出结论。

研究方法的设计。基于研究对象属于教育人类学的范畴，它体现出"小世界"、"小传统"的特点，又是100年前的事情，是一种回归性研究。因此，本研究运用叙事的研究方法来开展研究，力求真实、全面地呈现个案的面相。

本研究具体采用文献法、口述法、访谈法。文献法是教育科学研究的基本方法，本研究涉及教育学、社会学、人类学、哲学等学科，相关文献的收集和选用是夯实研究的基础。口述法和访谈法是微观史学研究所依仗的主要方法，是对传统史观的有效补充，运用参与观察和口述的方法，体现出互动的性质，达成共同构建的结果，"我们正在与活的资料来源打交道，恰恰因为他们是活的，不像经过铭刻的石头或一捆捆纸张，所以他们拥有在双向过程中与我们一起工作的能力"①。石门坎故事的历史性本色和频繁的政治运动，使本就不多的"证据"损失殆尽，因此，要想揭开石门坎教育的秘密，口述和访谈是方法的不二选择。

第六节 研究限制

主观问题可以通过个人努力去解决，然而，许多客观问题是主观努力难以解决的，笔者在调研中遇到了几个难以逾越的障碍，这样的限制使笔者头疼不已。

第一个限制就是语言问题。笔者既不懂苗语，也不懂苗文，深入村寨时刻需要一个翻译，翻译中很多东西打了不少的折扣，可能失去许多难以觉察的信息，读不懂苗文文献是一个更大的损失，那是第一代知识分子留下的第一手资料，本来经过政治运动后就极为缺少，石门坎老人也只有为数不多的几个精通，何况语言问题又不是短时期内所能解决的。

第二个限制就是民族宗教问题。民族和宗教在各种事务中始终是一个敏感问题，"民族宗教无小事"的"红线"一直存在，很多人一提到宗教背景，就本能地产生戒备，害怕惹火烧身。笔者在与政府各部门的接触中，能明显地感觉到受访对象的小心谨慎。另外，在成果发表、课题审批、演讲评说等方面都能看

---

① 保尔·汤普逊著，覃方明译：《口述史》，辽宁教育出版社2000年版，第183页。

到那条或明或暗的"红线"。本研究既涉及民族问题,又有着宗教背景,为了把握好政策,笔者在访谈交流、标题拟定、内容表述上都遇到不少的困难。

第三个限制就是熟知情况的当事人已基本作古。石门坎教育辉煌已过去百年,有些内容很难考证,比如有着开创性质的石门坎双语教学如何实施,当时英语、苗语、汉语如何整合等这些极有价值的内容,因为当事人的去世而不能得以准确描述,不能不令人扼腕痛惜。在世的老人当时刚入学,年龄还小,对教法方面没有多少记忆,遗存的文献上也几乎没有。

第四个限制是个案本身,其规律的普适性有可能遭到质疑。另外,个案所在地远在贵州,又处于乌蒙山区深处,每去一次快则月余,慢则无法估计,经费、精力负担很重,也造成研究中不小的障碍。

第一章

一种自然的选择：场域理论

　　"不要盲目地一窝蜂地抄袭、搬用所谓新理论,而应该是根据所研究的课题、对象的性质,有选择地运用。"①本研究场域理论的确定,正是依据"研究的课题、对象的性质"而定的,依据实际需求在操作中有选择地运用,并力争使之得到发展和丰富。

第一节　路与门

　　山,通常给人的感觉是:在大地上直竖起来,高大挺拔,直插云霄,尽情地展示它的雄壮;山上草木郁郁葱葱,空气清新宜人,许多小动物快乐地享受着本属于它们的绿色,泉水淙淙流过,像梵婀玲上奏着的夜曲一样悦耳,为山自然地披上一层生机与活力。山是伟岸、美丽、充满生机之地,以至于千百年来,许多文人雅士流连忘返。

　　然而,从贵州的六盘水往西完全不是这个样子,放眼望去简直就是山的海洋、峰的丛林。这里再也辨不出单个的山,更别指望弄清山的数量,只见群山形状各异,大小不一,相互拥挤,各不相让,在相互的碰撞之下,有的夺路而去,直插云霄,有的委曲求全,悄无声息,盘踞在大山脚下的一些小山也在无望地撕扯着,不甘成为伟岸雄壮的配角,用攀附的形式尽力显示着自己的存在。在这样

---

　　① 李泽厚:《走自己的路》,三联书店1986年版,第32页。

的天地里,好像没有了空间的存在,所有的空间都被大大小小的山峰占有了,谁也没有大度之心和施舍之意,只有争夺;只有那些酷似通往地狱的万丈深渊,还显示着空间的存在,它好像永远张着自己的血盆大口,时刻等待着食物的到来,连力度无限的山峰之王也缩紧了身子,尽量避免成为它的美餐。

在浓雾笼罩下,整个峰林死一般的寂静,毫无生机和活力,没有郁郁葱葱的草木,没有丁零零的泉水,更看不到逍遥自在的小动物,有的只是光秃的山林,它们通体裸露,呈蜡黄色,间或夹杂一些暗红色的山石,呈现出满目的苍凉和死寂。这里的山林酷似死亡了几千年,谁也说不清它们是何时死亡的,谁也道不明它们何时还能复活,时间由此停滞下来,时空的虚无,留给世间更多的是绝望,是等待,等待绝望中的希望。

图一　石门坎的高山深壑

一辆破旧的公共汽车就在这样的天地里行驶着,汽车属于上世纪90年代的那种,俗称"烂轿子",汽车的外形又大又笨,行驶起来像一头负重的笨牛,虽使出了不少力气,但爬行速度犹如蜗牛一般。前面车头上蒙着一个半米见方、皮垫子一样的东西,在我的记忆里,好像90年代以前很多汽车都有这种东西,至今也搞不清它的功用,可能是时代的印迹,也可能是汽车上了年纪,特意戴上一个"口罩",避免"感冒"。汽车的本色是白色,但每天穿行于灰尘中,汽车已经被灰尘涂上了它的颜色,好似草丛当中的飞虫,虽没有特意的隐藏,若不仔细辨认,根本发现不了它的存在;这样,汽车反而与山中的颜色保持了自然的一致,体现出应有的和谐。

若不乘车处在行驶中,你根本发现不了路的存在,它像蛇一样紧紧地缠在山的身上,利用山与山相连的部分自然地延伸。这是一条柏油路,由于有些年月,再加上时而滚落的碎石,柏油路的黑色已经有些模糊,并出现了许多斑纹,由于路基是铺在山梁上,坚硬无比的山体使路面很少有下陷,所以路还算平坦;路面有两辆车多一点的宽度,上面到处是手指头大小的石子,夹在车轮与地面之间,车子加速或启动时,总是打滑。

汽车本身制作工艺落后,又有些年头,这些都清楚无误地体现在车两边的玻璃上,车窗玻璃有的已经"痉挛",可能是遭受撞击的力量还没有超出它的极限,里面形成了许多雪花般的晶体图案,颇有些诱人;有的窗子已经没有了玻璃,成了一个风洞,大量的雾气和灰尘由此而入,使车内也毫无清洁可言;有的窗子玻璃已不完整,残余部分张牙舞爪的,也梦想着脱离车窗窗槽的桎梏,早一日奔向自由,每当车子加油或下坡时,它总是在玻璃槽里上下左右地跳动,发出噼噼啪啪的声音,犹如响亮的小鞭炮。

汽车内有四十个左右的座位,发动机在司机的旁边,上面盖着一个铁皮盖子,形状像"穆斯林的墓",每一次加油都震动铁皮发出刺耳的声响,让人心里发紧。我的位置在最前排右边,也就是副驾驶的位置,作为一个来自平原地带的人来说,对山总是好奇的,所以选坐前排,确是为着欣赏山里风景的。可事实情况并非如此,这里的路好像只有两部分——上下坡和拐弯,这样的特征只有坐在车上才能真切地体会,坡度之大是我从来没有经历过的,总是担心因坡度过大车子会倒翻下去,司机在爬坡中不停地换挡,不停地刹车,以至于路上出现了特有的奇观——"加水站",所谓"加水站"并不是什么场所,只是一两个人和一些装满水的大壶而已,走不多远就能看到。汽车频繁的刹车所产生的热量,如果不加以冷却足以造成刹车失灵,其后果不堪设想,许许多多的"加水站",我想肯定不是建立在什么科学基础上的防备之物,而是无数惨剧使然。在山顶处,往下看便觉得头晕,再加上浓密的大雾,能见度只有两米左右,为了赚钱而拥有"大心脏"的司机,却依然全速前进,对面的汽车不时呼啸而过,每一次我都能清晰地听到我的心跳声,手脚下意识地比划着,好像这样能替司机加上操作的保险。此时此刻,我再无看风景的兴致,时间在心的不断紧缩中流失,一刻也不敢入睡,甚至不敢合眼,好像能为避险赢得宝贵的时间。羞于自己的怯懦,回头看了一下车里的乘客,也都面无表情,眼睛直直地盯住汽车行驶的方向,毫无睡意,"相人莫过于眸子",从他们的眼睛里,我读出的是和我一样的惊恐。

图二 乌蒙山巅之路

汽车就像是一个会围着山旋转的陀螺,一会儿旋到山顶,淹没在云雾中,一会儿又旋到山脚,沉在大山的阴影里,汽车在凶恶山林的注视下,一步步走向它的深处。时空好像失去了它们原有的丈量刻度,因为没有人能说清汽车什么时候能到达什么地方,300公里的路程,也弄不清是直线距离,还是"旋完"所有应旋之路的实际路程。汽车经过一天的行驶,到达了威宁县城,人群好像是从地底下冒出来似的,顿时热闹起来,好像一下子从地狱又回到了人世间。由于突然的放松,我浑身酸疼地瘫倒在座位上,庆幸安全地走完了最凶险的一段路程。

车又走在了路上,再次上路,虽没有前面的凶险,但走起来也不是轻而易举的事,但最起码有了观光的心情和机会。放眼望去依然是崇山峻岭、重峦叠嶂,汽车照样在上下旋转中走进时空的深处。在我昏昏欲睡中"烂轿子"又旋完了第二段路。

到了中水镇,路的狭小再也容不得"烂轿子"的身躯,车上的乘客也已所剩无几,下车后瞬间不见了踪影,只有我要换乘微型面包车继续前行。这里离我的目的地只有40公里了,然而,每天只有一辆微型车驶入,若错过了时间或客人太少，就只好等着碰第二天的运气，幸运的是，居然凑成了一车人，我得以继续走在路上。这里的路像是绕在悬崖中间的一条白飘带，弯弯曲曲、时有时无，顺着山势有时翻滚，有时打折，与其把它说成路，倒不如把它看成走出来的脚印集合，因为它没有经过特别的修饰，宽窄不一，高低不等，时上时下，蜿蜒曲折，拧紧了"身子"的地方，就像打滚的麻花，车子走在不同曲面的路上，总会颠起很高，乘车人的心随着司机油门的松紧而松紧，表现出没有指挥的一致性。每当我心神紧张地左右环顾时，司机就说："不要往两边看，要看这路你就没法走了！"在大面积的滑坡点，一眼看不到底的深渊，让人不寒而栗，路窄得还没有车子宽，我执拗地坚持下车，这让司机十分心烦，就这样走走停停、上上下下，40公里的路程走了将近4个小时，等到一扇石门在面前岿然而立时，终于到达了我的目的地——石门坎。

图三　笔者在石门坎上

　路，预示着通达，而实际上隐藏着距离和阻隔，因为平坦的旷野是不需要路的，之所以对路如此刻画，是为了最好地诠释石门坎身处的位置。石门坎，地处乌蒙深处，山高路险，浓雾终日不散，从自然生态的角度看属于边远洪荒之地，自然条件十分恶劣，有"凉山"、"屙屎不生蛆的地方"、"云的那一边"、"未知的中国"等称呼。这个小山村也确实沉寂了数千年，外面的人几乎没有进去过，里面的人也几乎没有出来过，时间的车轮到了21世纪的今天，威宁县城百分之九十的人没有到过石门坎，要知道威宁县城可是石门坎的管辖地，这足以说明其令人生畏的自然相貌。

在三百五十万分之一的贵州地图上，根本找不到石门坎，而只看到它所属的威宁县犹如一个拳头，直插入云南境内，成为一块飞地。从威宁县地图上看，它只是一个小小的圆点，根本看不出群山峻岭的阻隔，更感受不到一路上带给人的惊悚，因为地图是掏空了血肉的躯干。正因为如此，我们才可以看出石门坎是位于贵州西北部，距离威宁县城147公里，与云南的昭通相距70公里，威宁的中水镇是进出石门坎的门户，相距40公里。

就是在这样一个地处偏远、地形封闭、气候恶劣的卯岭南，一个人的到来彻底改变了它的历史，英国基督教新教传教士塞缪尔·柏格理会同他的同事，在20世纪前半叶唱出了云贵高原上文化的最强音，铸造了令人惊叹的成就，石门坎因此而倔强挺立。在短短的20年时间里，在苗族人"三零"（政治、经济、文化权利皆为零）平台上，竟然培养出了两名苗族博士、三十多位大学生、数千名的初等知识分子，创制苗文，首开三语教学、男女同校之先河，创办"五大社会机构"，等等，使一个洪荒之地一下子成为"西南边疆最高文化区"，石门坎由此得以名扬天下，在海外寄信只要写上"中国石门坎"就能收到。石门坎变化之景象，正像柏格理墓志铭中所说："一片荒芜，极端经营，竟至崇墉栉比，差别有天地。"①

本研究就是以这样的时空为背景，以作为"小世界"的石门坎为场域，来考察语文身份的确立。

第二节　石门坎里的场

"人类学，即'原始的他'与'现代的我'之间的相互理解。"②弗思对人类学的理解有着普遍的代表性，目的指归依然是人类的未来，人类"幼态持续"的未来，为使人类的未来发展循着人类的路径，而非他类的路径，即人之为人的方向

---

① 柏格理墓志铭。
② 王铭铭：《人类学是什么》，北京大学出版社2002版，第4页。

发展。据此,人类幼年时期的经验能否得以准确描述成为研究的前提,人类学家热衷于对"历史的我"的本真描述,也就不难理解了。描述越接近其本真状态,人类学家在"原始的他"与"现代的我"之间的理解就会越深刻、越清晰,也就能更准确地描述其发展的应有方向,更重要的是为僭越各种发展歧路提供可能性,因为个人总是陷入"他头脑的局限",为了达到链接的理解,场,成了民族志工作的基本条件。

图四　田野中的"我"

　　人类学家总是热衷于远离尘嚣、封闭原始、不为人所知的区域或社区,去发现公共或个人关系得以保存的天然"田野",只有在这样的场里,那些土著人类的器物、风俗、宗教、巫术、语言、游戏等才有了得以产生的物质基础,人类学家也才能从它们与它们存在载体的互动关系中,发现社会组织和结构的规律,所以,人类学家到渺无人烟的荒野区域,忍受"离我而去"的内心焦虑,以及几个月、甚至数年的"外来的局内人"的生活,形成人类学家精神上的分裂,造成他们身体和精神上的苦痛,为的是达到"参与观察"之目的,用"自我"表达一种"非我"的艺术。运用这个方法的人,要跑得越远越好。例如,李安宅去西藏,费孝通去瑶山,林耀华去凉山。绝不是为了猎奇的自我满足,而是为了找寻属于自己对象的场。"一个人心无旁骛地居住在村庄中……他也就有了土著人实际生活的全部有血有肉的内容,可以马上去填充抽象的结构框架。"① 入场成为人类学研究的基本前提,人类学家只有置身于研究对象所在的场中,才能接触到众多与近代的世界不同的小世界,体会这些"小传统"的力量,从而反观逐步渗透到整个世界的"大传统"——现代观念体系。② 因此,无论马林诺夫斯基、布朗,还是葛兰言、莫斯以及美国的波亚士(Franz Boas)都主张在文化的具体场景中寻找文化自身的本土价值。

如上所述,人类早期生发的观念、习俗、宗教、游戏等社会文化因子,得以在远离现代社会的"小世界"、"小传统"里较为完整地保存,这既是许多人类学家乐此不疲的缘由,也是其意义所在;其实还有更为深刻的一层意义,即人与客观世界是如何互动的? 社会文化得以产生的条件如何? 其路径怎样? 要弄清各要素关系中的存在,就一定需要一个相对纯粹的空间,如马林诺夫斯基的"特罗布里恩岛",费孝通的"瑶山",格尔兹的"巴厘岛"等,从特定空间中发现当地人经验的社会组织体系,进而从中建构出某种对应关系,在特殊之中发现一般性的规律。

本书作为一个回归性研究,把研究对象放在特定的场中,是十分重要的。石门坎文化现象的生发,表现出明显的区域性和族群性特征,具体表征为多重要素及要素关系的结构模型,既是独特的,也是天然的;石门坎文化路径的起点开始于自然场,人如何在场,人最初生命状态的表现形式和内容如何等等,都体现在与之相一致的组织结构模型中。人的生命状态由最初的本真不断生发,必然表征为一定的观念、习俗、知识、道德、仪式、游戏等,而这些表征形态不是孤立或分裂的,而是一个相互联系、内在一致的关系束,这些要素及其相互关系构成一个复杂的关系结构模型,必然占用或表现为不同的时空,也就是布迪厄所说的"场"。石门坎鲜明的区域性特征,有着自然之场的存在,这是看得见、摸得着的,以自然之场为激荡生命路径的起点,生发出许多表现为观念、体制的隐形场,也就是维克多·特纳所说的"结构、超结构"存在。正是在这样的关系场中,石门坎花苗的本真生命状态被唤醒,并迅速地激荡起来。本研究作出大胆的假设,即语言(语文)是人生命状态的体现,标示着人的本质,其身份必定隐含在特

---

① 马林诺夫斯基著,张云江译:《西太平洋上的航海者》,九州出版社 2007 年版,第 77 页。
② 王铭铭:《人类学是什么》,北京大学出版社 2002 年版,第 52 页。

定的场域中,语文身份的确立也必定是在各要素关系互动中的确立。所以,本文把语文身份放在石门坎的场中来考察,通过行动者与世界的互动关系,使之自我确立。

第三节 何为场

场,最初来源于物理学术语。19 世纪,英国物理学家法拉第(M. Faraday)发现了传递电力、磁力的媒介物质,他把这种物质称为电场、磁场。英国物理学家麦克斯韦(J. C. Maxwell)系统地表达了法拉第的基本思想和实验规律,对它们进行了创造性的诠释、推广和补充。场概念的引入,明确了空间存在,以及空间的位置关系和运动规律,这样,能更好地分析物质与空间运动的规律及其相互决定的关系。

在布迪厄之前的许多社会学家,在揭示社会宇宙的结构时,往往存在着二元对立的结构形式,即存在着社会物理学的客观主义和社会现象学的直觉主义倾向,客观主义造成对主观生成性的忽视,而社会现象学则造成对客观逻辑存在的否定;布迪厄的学术思想一直致力于这种超越,他始终坚定地认为世界和人类是内在的统一,"宇宙首先存在于'初级的客观性'(objectivity of the first order)中,其次存在于'次级的客观性'(objectivity of the second order)中,因为世界塑造了人类,人类也给这个世界塑造了意义"①。

主客二元结构的分析模式在社会学研究上的弊病是显而易见的,要真正实现超越,思维方式的改变是至关重要的,因为思维方式的改变意味着认识和视野的转移,布迪厄的"场域"理论正是这一转变的结果。

"一个场域可以被定义为在各种位置之间存在的客观关系的一个网络(network),或一个构型(configuration)。正是在这些位置的存在和它们强加于占据特定位置的行动者或机构之上的决定性因素之中,这些位置得到了客观的界定,其根据是这些位置在不同类型的权力(或资本)——占有这些权力就意味

---

① 皮埃尔·布迪厄著,李猛译:《实践与反思——反思社会学导引》,中央编译出版社 1998 年版,第 7 页。

着把持了在这一场域中利害攸关的专门利润(specific profit)的得益权——的分配结构中实际的和潜在的处境(situs),以及它们与其他位置之间的客观关系(支配关系、屈从关系、结构上的对应关系,等等)。"①场域是客观关系的产物,也是社会制度的产物,只不过这种制度性的客观体现在事物中,场域具有了主观化客观的性质,由此可知,行动者是必不可少的,行动者缺失,场域也就不会存在。

正因为布迪厄把主客观定义为建构和被建构的关系,所以他总是把关于主客观的概念作为"概念束"一起来阐释,这样也才能解释清楚单个的概念。场域表现为"位置关系"及"位置关系的争夺",借用经济学的术语,基于对"利益"的争夺,场域对行动者要强征一笔"入场费",即行动者的资本。要投入一定的资本(禀赋),行动者所处位置不同,所拥有的资本也不同,资本有哪些类别呢?"资本表现为三种基本的类型,这就是经济资本、文化资本和社会资本;文化资本还可叫作信息资本(informational capital),它本身存在三种形式:身体化的、客观化的和制度化的。社会资本,则是指某个个人或是群体,凭借拥有一个比较稳定、又在一定程度上制度化的相互交往、彼此熟识的关系网,从而积累起来的资源总和,不管这种资源是实际存在的还是虚有其表的。"②布迪厄以分类的形式对资本进行了解释,因为他认为:"要对社会中各种纷繁多样的结构和动力作出解释,不承认资本可以采取不同形式是不行的。"③

拥有一定资本的行动者,采用这样那样的策略,或颠覆、或超越、或退却、或维持自己在场域中的地位,布迪厄认为存在着一种"机制",它使行动者与场域得以内在逻辑一致性地统整。这一"机制"就是布迪厄的场域理论的第三个核心概念——惯习。"惯习,就是知觉、评价和行动的分类图式构成的系统,它具有一定的稳定性,又可以置换,它来自于社会制度,又寄居在身体之中(或者说

---

① 皮埃尔·布迪厄著,李猛译:《实践与反思——反思社会学导引》,中央编译出版社 1998 年版,第 134 页。

② 皮埃尔·布迪厄著,李猛译:《实践与反思——反思社会学导引》,中央编译出版社 1998 年版,第 162 页。

③ 皮埃尔·布迪厄著,李猛译:《实践与反思——反思社会学导引》,中央编译出版社 1998 年版,第 162 页。

生物性的个体里）。"①惯习旨在表明"实践感"的立场，以求达到对客观主义和主观主义的超越，因为客观主义把行动看成没有行动者的机械反应，主观主义把行动看成是某种自觉的刻意盘算，自由地谋划自己的目标，以求效用最大化。而惯习是一种明确地建构和理解具有其特定"逻辑"的实践活动的方法，行动者这种建构和理解的原则来源于社会建构的性情倾向系统，而这种性情倾向系统又来源于实践之中，又不断地发挥着各种实践作用，不断地为结构所形塑，又不断地处在结构生成过程之中。

场域、惯习、资本是实践特定逻辑统摄之下、内在一致性的关系结构模型，场域和惯习是相互形塑、建构下的客观主观化和主观客观化的统一，其实质表现为历史的两种存在状态，作为场域而言，历史存在于"物"中；作为惯习而言，历史存在于"人"中。

鉴于理解上的准确，我们可以把对概念的赘述化约为几点：

一是实践的实践观。场域理论把实践作为实践来看待，客观世界具有了主观的性质，它是实践的对象，又是实践的结果。作为客观世界代表物的"场域"表征为实践，那么惯习就是来自于客观并塑造着它而获得的实践感。

二是历史决定性。场域和惯习都是历史的存在形式，正是因为充满着"过去"的气息，所以它们在内在结构上体现出对应关系，是相互建构的结果，而不是像客观主义和主观主义那样存在着结构上的分裂。

三是关系的集合。场域是行动者位置关系的产物，即再生产中各要素遵循内在特定逻辑互动的关系模型，而作为性情倾向的惯习正是这种客观的特定逻辑关系塑造的结果，并不断创造性地改变着这种结构模型。

四是无限的生成性。特定场域中的位置空间表现出稳定性，但位置关系处于时刻的变化中，拥有惯习的个体，在一定性情倾向下也表现出不稳定性，场域与惯习一旦得到契合，就会体现出无限的生成性。

---

① 皮埃尔·布迪厄著，李猛译：《实践与反思——反思社会学导引》，中央编译出版社1998年版，第171页。

第四节 石门坎存不存在"场"

根据场域概念可以看出，社会空间、位置关系、行动者是场域的基本条件。

社会空间是行动者所塑造、存在于客观世界之中并为行动者所争夺的核心要素，它在一定历史条件下，表现为固定的范畴。石门坎总面积 163 平方公里，四周封闭、范围狭小，属于典型的"小世界"、"小系统"，石门坎族群主要是彝族和花苗，英国传教士到来后，石门坎存在着清晰的位置空间，具体呈现为：彝族土目、大花苗和传教士。

历史形塑的"高位"是由土目占据的。彝族土目因为拥有土地资本并有中央政府授权，而处于位置空间的上位，这一角色不属于中央政府的任何官阶之列，又拥有区域内所有的权利，被称为"没有官阶的官家"。这一位置带有明显的历史印记，为历史、实践塑造出来的权利原形。彝族是石门坎的原住民，从秦汉到唐宋中央政府就在这里施行羁縻政策，所谓羁縻，"羁"就是用军事和政治的压力加以控制，"縻"就是以经济和物质利益给以抚慰，即在少数民族地区设立特殊的行政单位，保持或基本保持少数民族原有的社会组织形式和管理机构，承认其酋长、首领在本民族和本地区中的政治统治地位，任用少数民族地方首领为地方官吏，除在政治上隶属于中央王朝、经济上有朝贡的义务外，其余一切事务均由少数民族首领自己管理。羁縻政策的原则是：附则受而不逆，叛则弃而不追。到了元代羁縻政策终于沉淀为土司制度，有了鲜明的制度符号特征，其内涵与羁縻政策一致，只是获得了一个位置上的名分。土目是土司的所属分支，由于土司制度在元代后期消极作用越来越大，土司与土司之间、民族与民族之间形成隔阂，明朝开始施行限制措施，政治上采取"改土归流"政策，逐渐坐大的土司开始消亡，然而土司制度的实质并没有消失，土目仍然存在。土目与土司相比势力较小，又身处偏远洪荒之地，对中央政府来说几乎不构成威胁，所以认可他们名义上的归附，并不要求他们担负义务，土目拥有该区域实质上的统治权。明朝以后，土司制度又有了羁縻政策的性质，只不过权利更大，因为朝贡的义务也取消了，从区域意义上说，土目与中央政府的天子相比，除了名义上,其他是等同的。

　　笔者在开展本研究之前,在贵阳市开阳县双流镇的一个苗寨里,曾无意中看到过一个小土目的家,苗寨顺着山坡向上而建,整个寨子的建筑展现出典型的苗族风格,土墙草顶,上下两层,上层较矮以存放物件,屋外空间共享;沿着山坡往上,走到尽头,看到一个堡垒式的大宅院,大宅院背靠着一个巨大陡峭的悬崖,这个绝壁堡垒就是土目的住处,院墙宽厚高大并留有枪眼,房屋基本结构与苗式风格基本一致,区别在于墙是坚固的石材,顶部是青瓦。土目家位于最高处,建筑雄伟坚固,寨子里这样的建筑再无第二个,彰显了其"高高在上"的位置;站在土目家的阁楼上俯视寨子,整个寨子以土目家为圆点,成扇形向下延伸,寨子里一个个错落有致的窝棚(苗家建筑的屋顶坡度很小,为了不至于滑落,所以屋檐很低,有的直接到达地面,从远处看就像一个窝棚),就像是匍匐在绝壁堡垒前的"朝拜者",从建筑的布局看,显示出主人拥有绝对权利的身份。

图五　威宁土司城堡

　　拥有石门坎的土目是威宁狗街的安氏,安氏家族要比上面介绍的开阳县土目更为显赫。在2009年的调研中,我特意把访问安氏土目住所编入我的调研内容,去之前经过多方打听,只知道是在威宁狗街,但具体位置不详,于是就去开往狗街的班车上打听,车老板正是狗街街上的人。

我:听说你们那里有个安氏土目,你知道安氏土目家的具体位置吗?

老板:有! 蛮大蛮大的,好厉害的房子!

我:你去看过吗?

老板:没有! 听说的。

我:那你怎么知道好厉害的?

老板:听老人讲的。

我:我想去看看,你能帮助我到达吗?

老板:哎呀! 路难走得很! 我们的车只开到狗街镇上,下了车还要坐摩托车,下了摩托车还要步行,因为听说是在一个山顶上,你今天天黑之前就是能到达,但你可能回不了狗街镇了,你住在哪里呢?

我:就那么难走吗?

老板:是呀! 连我们都没有去过,不过也没有什么了,可能只剩下一些墙基的痕迹,没什么意思了! (钱,成了时尚之物,只要无钱可赚,就是没有意思的,反之,只要有钱可赚就是有意思的。)

图六 骄傲的花苗母亲

我还是坚持去了,通车的路确实难走,威宁通往狗街的路是一条自然的山路,因为响应"村村通公路"的号召,已经开始修整,准备铺油。乘客上上下下,又要避让施工,所以车子走走停停,从上午 10 点一直走到下午 5 点才到达狗街镇,我又换乘摩托车,摩托车司机真是一位驾技高超的车手,所谓路就是山间的羊肠小道,既有坡度,又乱石林立,他硬是在这样的路上腾挪穿梭,像是按程序设定好的一样准确无误。走到一定的高度，"高超车手"也只能作罢，面对怪石林立的无路山坡，他也"江郎才尽"。我在乱石和带刺的红果树中穿梭了一个小时左右，终于在太阳完全落山之前到达山顶，山顶的地势较为平坦，有着明显的人为痕迹，在荒草之中，一些残垣断壁仍然清晰可见，在如血残阳的斜照之下，显示出寂寥和凄凉。但寂寥和凄凉却难掩其规模的宏大，这是一片建筑群，共有九阶院落，前后距离达数百米，被称为"七重天"。听老人讲，当时安氏土目要建房子，因为他势力大、钱多，又没有人管束，所以就为所欲为。他削平了一个最险峻的山头，在上面建可防御的城堡，准备在城堡之中建九阶院落，地基都打好了，但后来有人告诉土目，皇帝是九重天，不能超过皇帝，否则会招来麻烦，于是就建了七阶。所以，从地基看是九重天，而实际上是七重天。①

　　从土目住宅修建的地点及比肩皇帝的"七重天"看，土目不但是皇帝的代理人，而且就是当地的"皇帝"，土目确是处于石门坎场域位置的"高位"。

　　晚到无根的"低位"是属于花苗的。进入石门坎，你会看到许多穿花衣服的人，女性下身穿有裤子，裤子外面围着一个白底百褶裙，上身穿着带大襟的花纹上衣，裙子和上衣上都绘制着一些图案和符号，看上去有的像动物、植物的模样，有的像生产劳动中的器具。年龄稍大的妇女头上都有一个牛角型的发髻，发髻上向后插着一把梳子，这种独特的头发式样，是母亲身份的象征，据说能够把头发梳理成这样是一个母亲值得骄傲的时刻；年龄小的姑娘都在脑后梳着两个长长的辫子。男性穿的是一种长袍似的、红白相间的服装，肩膀上有两个盔甲片似的东西，背后披一个披风，看上去威风凛凛。这样的服饰和着青山绿水，确实有一种节奏感和和谐美。围着满是灰尘的裙子或长袍、里面又穿着裤子的这种装饰，给人一种"褪色摩登"的感觉。他们的服饰鲜艳、亮丽而又与众不同，给人的视觉一种强烈的冲击。

　　走近他们，听他们讲话，就会感觉到他们的语言音调低沉、圆润、有节奏，一句话末尾总爱拖着一个"吆"的长音，很有些韵味。他们好像是天生的好歌手，村子里很多老人都能唱一些古歌，虽然我不能听懂古歌的内容，但古歌的音调深沉、悠远、哀怨，给人一种凄凉忧伤的感觉。

---

　　①　张国辉口述。

他们见到外人总是拘谨地站着，低着头，看人的时候，头也不会抬起来，只把眼抬起来迅速地瞄一下，话语不多，但一直面带微笑。性格上表现出内敛、和善和怯生的特点。

他们的家一般都是在险峻之处，正可谓"山有多高苗家就有多高"，顺着最差的山路走，在云雾缭绕的山坡上，就会看到一些布局凌乱的房屋，它们三五一簇，稀稀拉拉，走向应山势而定，房顶是用干燥发黄的茅草铺排而成，厚实而严密，能够有效地遮挡风雨。屋脊的草前后铺得很长，从远处看好像地上撑起的一把伞。房屋的墙体是用内含小石子、草子壳之类的黄土堆砌而成，厚度一尺有余，显示出一种坚实、粗犷之风。他们没有独自的院落，村寨里的小路、乱石岗、小山头等就是他们公共的领域。鸡、鸭、牛、马、猪、狗聚居的地方，似乎是相互分割的标志。他们的家畜和人好像也没有多少界限，狗可以随便进出房屋，牛也不是拴着的，随意、自由地吃草，老母鸡卧在沙发背上的拐角处下蛋，也没有人驱赶和见怪。

图七　花苗之家

图八　山有多高苗家就有多高

他们的草屋门口都有一个能够半旋转的小栅门,以防家禽的"侵袭",草屋的布局一般是两层,中间用木板隔开,人可以通过木梯到上面的一层。"石门坎的天就像小孩的脸,说变就变。"因此几乎每家都有一个煤火炉。由于房子的高度不够,上面的一层最低处只有一米来高,最高处也不过两米。基本上各家的阁楼上都挂满了腊肉和玉米,暴露出主人的全部家当。

他们的生活是贫穷的,家当是简陋的,但他们对来人的热情是无限的。进屋之后总是让着"烤火",然后端上茶水,在感觉还没能表达自己的心情之后,就嚷着去煮饭,不论是否应时! 因为他们只有这些,再也找不到过多的选择。

他们最大的本事就是能走路,无论是六七岁的娃娃,还是七八十岁的老人,都能在崎岖不平的山路上快速穿行,赶场来回就是一天的路程,也看不出他们身上的疲态。他们背上总是背着一个竹子编的背篓,割草、赶场、收粮、建房等都离不开它,年龄很大的老人也能背上百十斤,背篓是他们的"随身背",就像现在城市里许多青年男女背上的背包一样。

通过对石门坎人吃、穿、住、行上的描述可以看出,他们与外面的人情态迥异,"悉如外人"。这就是被称作"阿卯"的民族,也就是汉语中的苗族。

从他们的生活情形看,我们可以基本判断出这样几个事实:

苗族是中国一个古老的民族。石门坎居住的是苗族的一个支系,按照杨汉先的分类,"苗族只有下列五支,(一)红苗;(二)黑苗;(三)花苗;(四)白苗;

(五)青苗。"①苗族的分类是由多种因素决定的,比如体形、语言、衣服等,衣服是苗族分类的一个关键要素,从这个方面看,石门坎的苗族当属于花苗。

在距今约5000年前,在黄河中上游一带生活着很多大大小小的部落,其中以炎帝神农氏为首的部落、以皇帝轩辕氏为首的部落以及以蚩尤为首的部落是最为强大的三个,在后来的生存危机中,通过不断地冲突整合,逐渐形成华夏、东夷和苗蛮的"三国格局",成为中华文明的核心元素。蚩尤,就是苗族世代相传的远祖英雄,春秋以来关于蚩尤的记载很多。"《大戴礼记·用兵篇》:蚩尤,庶人之贪者也。或云蚩尤,古之诸侯。东汉应劭云:蚩尤,古天子。《龙鱼河图》说:皇帝摄政,有蚩尤兄弟81人,并兽身人语,铜头铁额,食沙,造五兵,仗刀戟大弩,威震天下。"②

石门坎的大花苗认定自己是蚩尤的"近卫军",也就是最正宗的一支,这一点在笔者与石门坎老人的谈话中,感受很深。现实的生活习俗成为他们的"证据",他们衣服上酷似盔甲、肩甲的部分,很多家庭中弩的存在,以及古歌中"格蚩尤老"的频繁出现,"证据"与"近卫军"之间是否契合,我们不能确信,但都标示着他们是中国最古老民族的后裔。

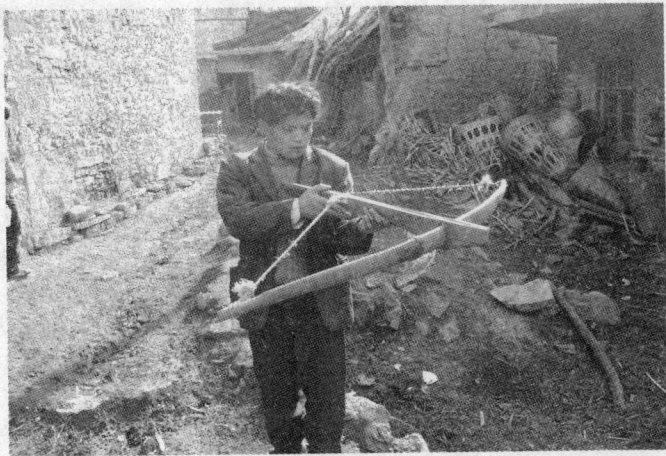

图九　苗家的百年老弩

①　贵州省民族研究所:《民国年间苗族论文集》,未刊,第136页。
②　伍新福:《苗族史》,四川民族出版社1992年版,第2页。

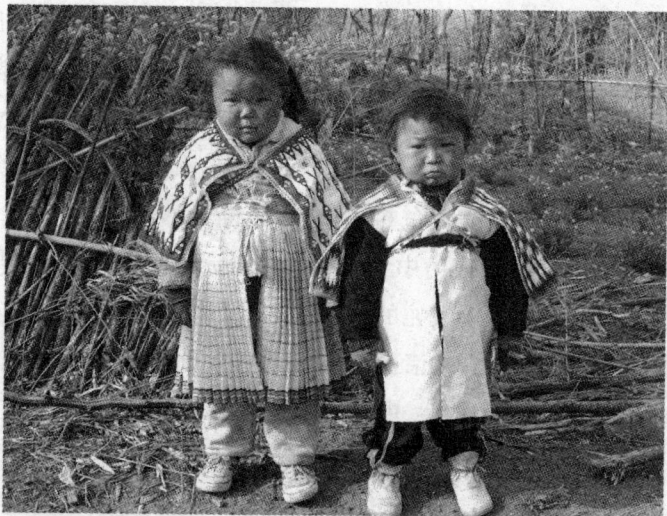

图十　蚩尤还"活着"——石门坎的花苗

战争和迁徙成为苗族历史的代名词，苗族在种族延续的过程中，战争总是伴随着它，这虽然有些残酷，但也是人类进化的不二法则，本来并没有越出历史的规律，但问题是苗族在战争中屡战屡败，除了在与炎帝部落的涿鹿大战中胜利之外，以后几乎再无胜绩，直至蚩尤被杀。《史记·五帝本纪》载："轩辕之时……蚩尤最为暴，莫能伐……蚩尤作乱，不用帝命，于是皇帝乃征师诸侯，与蚩尤战于涿鹿之野，遂禽杀蚩尤。"①

战争失败的原因不管是对方"征师诸侯"，还是依靠了指南针、夔鼓、旱魃、应龙（科学技术和旱涝灾害），总之苗族输掉了与炎黄那场旷日持久的战争。战争失败的后果就是迁徙，"屡败"使苗族像一叶漂泊的孤舟，几乎没有自己的喘息之地。在石门坎苗族老人所唱的古歌中清楚地显示了这一点：

沙昭觉堵教军队狼，成千上万打击追赶，战火过后想法渡黄河，大部分绳索划到河中断，滔滔江水吞噬我族数万人。②

苗族先民由东而西、由北而南不断迁徙，距离上从黄河流域到云贵高原达数千公里，时间上从传说中的蚩尤到明朝达数千年。

---

① 伍新福：《苗族史》，四川民族出版社 1992 年版，第 5 页。
② 潘定智：《苗族古歌》，贵州人民出版社 1997 年版，第 276 页。

根据苗族数千年的迁徙史实，在石门坎区域内，花苗相对于原住民彝族来说是一个晚到的民族，土地所有权的缺失，意味着被迫的依附，"晚到"、"无根"造就了苗族在石门坎场域中的"低位"。

传教士，是西方列强侵略背景下的产物，"西方现代扩张，从一开始就有三重力量：商业贸易、军事征服、基督教传教"①。1842 年的《南京条约》以及续签的《中英五口通商章程》规定开放"五口"贸易，西方人享有"领事豁免权"，但没有涉及传教问题，传教士只在"五口"内活动。《中美天津条约》的签订，使传教士终于得到了自由传教的权利，于是基督教各派各宗都派出了大批的传教人员，他们在清政府的保护下深入中国内地，石门坎就是这样被打开的。所以在石门坎区域，传教士是第三种势力，他们虽然没有经济资本，但他们拥有政治和文化资本，他们的资本是靠洋人标签而获得，他们所处的位置，我们称之为"飘忽的高位"。

官家、洋人、花苗不是指具体的个体，而是说明石门坎特定空间内存在着由历史实践塑造出来的位置。

三种位置之间不是孤立和分裂的，而是存在着互动关系。官家（土目）拥有土地资产的所有权，进而占有了政治权力和文化权利，占据特定空间的"高位"，上述资本是这一位置之所有。而花苗一无所有，处在从属的"低位"；而传教士拥有文化资本和政治资本，但不是直接的，可以说处于空间的"中位"。三者之间存在着明显的位置关系，位置的不同，决定了各自的所有不同，对位置的争夺势在必行，所以位置间的互动是肯定的。占据不同位置的行动者，根据自己的资本（或潜在资本）、惯习，采取一定的策略进行"利益"的争夺。

发生在石门坎区域的文化现象具备了场域的基本要素构成，形成了一种文化场域，本研究将把研究对象放在这样的场域之中进行观照。在这一场域中，我们的眼光并不主要投放在位置和争夺策略上，但要利用场域的关系结构模型，来重点考察行动者在一定空间结构中生命状态的呈现方式、规律以及再生产的机制，即人本真生命状态的结构模型、本真生命状态生发的规律、唤醒的条件以及建构发展的路径，以获得对问题假设的验证。

---

① 周宁：《人间草木》，商务印书馆 2009 年版，第 35 页。

第五节　如何入场

场域分析有三个必不可少的关联环节。"首先,必须分析与权力场域相对的场域位置。其次,必须勾画出行动者或机构所占据的位置之间的客观关系结构。第三,必须分析行动者的惯习。"①

对于理论,我们必须保持清醒的头脑,"不能使对象的构建活动脱离对象构建的工具以及对这些工具的批判"②。这三个环节及其关联结构形成分析研究对象的基本框架,但我们运用场域理论时,一定要把它作为一个建构对象的工具来理解和运用。而不是孤立地用现成的分析技术和手头现有的资料来强行对对象进行界定。

根据石门坎的自身特征,秉承场域建构与生成的理论品质,本研究把石门坎的文化现象置于不同场,按照场特有的逻辑规律,让"游戏"(不是一般意义上的游戏,而是生命状态展开的过程)充分展开,在"游戏"过程中获得被游戏建构出来的"真相"。所以,我们将着力把各种不同的场连缀起来,让行动者在相关场内,自然而有规则地展示行动者的生命状态,进而观察其表现、表现限制、行为倾向以及精神诉求。

环境、宗教、民族、教育是石门坎的四大关键词,石门坎老人的叙事都没有超出这四大范围。这四个方面既是一体的,又是独立的;空泛的领域使我们的目光分散,为此,我们把其化约为场的形式呈现,基于对分裂的警惕,我们将把场按照行动者的生命逻辑,内在地串联起来,这样更利于我们对复杂关系的聚焦。根据石门坎的四大禀赋,本研究把它转换为三种场域:空间场域、信仰场域、文字(文化)场域。

---

① 皮埃尔·布迪厄著,李猛译:《实践与反思——反思社会学导引》,中央编译出版社1998年版,第143页。

② 皮埃尔·布迪厄著,李猛译:《实践与反思——反思社会学导引》,中央编译出版社1998年版,第33页。

第二章

石门坎的故事

摒弃"摇椅"、进入田野是人类的基础要义,本章从三大场域来倾听、叙述石门坎的故事,近而呈现石门坎的基本面相,为最后的话语分析提供不可或缺的"话语"。

第一节　石门坎故事描述:空间场域

本节全面、真实地呈现石门坎的空间特点、社会结构,并对二者各自的特殊逻辑及互动关系作出一定的分析,致力于石门坎地域性的透视,从而对石门坎获得感性的认识。

一、自然空间——"狮子洞"里的格温纳普凹地

微型面包车围着一个山旋转到了它的底部,忽然看到路边稀稀拉拉的几所草房,一路上寂静的车厢里,开始有了话音,从他们轻松的谈话和面部表情来看,已经可以判断出将要走到路的尽头,果然,车子晃了几下之后,停了下来。司机没有说话,只顾应付着递上的钞票,我真实地置身于颇具传奇色彩的石门坎了。

　　我的"门人"①小陈很热情地欢迎我的来访,停车处的对面就是一家小旅馆,也是石门坎唯一的旅馆,从外表上看平淡无奇,但却有一个雅致的名字——"赐丁隆",在"门人"的招呼下,我惬意地下榻"赐丁隆"。

图一　修路后的"石门坎沟"

　　"狮子洞"。第二天清晨,在薄薄的雾霭里我举目四望,石门坎的轮廓清晰地展现在面前。石门坎左右两边横卧着两座大山,在前方形成一个不大的夹角,左边是横卧的"野衣梁子"(山名),海拔2000多米,向东北—西南方向绵延而去,搞不清头尾延伸的距离;它的形状酷似加重版的"长城",上面如刀削一般平整,据说可以耕种。数千年来,石门坎苗民就是耕种在这云雾缭绕的"空中";右边是高耸入云、海拔2800多米的"薄刀岭",东南—西北走向,如果说"野衣梁子"以雄浑绵延见长,那么,"薄刀岭"就以高大威武取胜,雄壮厚重的山体,险如薄刀的顶峰,让人根本不敢有翻越的奢望。在"夹角"的对面,也就是石门坎的背后是"猴子岩",意思是只有猴子才能攀越的山岩。野衣梁子、薄刀岭、猴子岩形成一个天然的三角架构,石门坎就是这样的一个三角形空间,有一条"石门坎沟"从中间穿过,它的走向与猴子岩平行,常年水流湍急,难以渡越。"在石门

──────────

①　注:我的向导小陈,由于领着我敲开了一家家的门,我就称他为"门人",后来成为要好的朋友,是通过别人介绍认识的。

坎,我经常环视附近区域,认为就像一个庞大的格温纳普凹地,传教团定居点恰在山岭顶脊的下边。然而往下延伸的周边并不完全,因为一条河流穿行切断了距定居点很远的部分土地。"①

踩着石门坎沟底的几块岩石走到对岸,一座高耸陡峭的大山横在面前,左右山体都是悬崖峭壁,中间是一个斜坡,宽约丈余,长一百五十米,乱石林立,将近九十度的坡度,爬到这个陡坡的顶端,顶端有一个貌似洞口一样的入口,里面有一巨石阻挡,从里面推开巨石方可进入。这是以前进出石门坎唯一的通道,因其险峻骇人,人称狮子洞。

"石门坎原叫'狮子洞',这地方没有路,只有一条线,上下都是石头凑成的篱形阻拦。在蛮子反时,进攻几次都攻不下,因为在石门坎安有一大石头阻住,要把石头抬起,才进得去,出得去。但若被人进攻,则只要支起这大石头,就无法攻进。"②

图二　悠闲的"桃花源人"

从地理环境看,石门坎表现出极端的封闭状态,来时的路也还是新中国成立以后修建的,柏格理来之前,对石门坎来说是没有路的,大花苗历史上走了太多心酸的路,他们一直在找寻没有路的地方,因为在有路的地方,他们就无法停

---

① 塞缪尔·柏格理著,东人达译:《未知的中国》,云南教育出版社1997年版,第118页。

② 杨荣新日记。

止被追赶的脚步。漂泊千年,迁徙万里,花苗终于找到了一个无路的"世外桃源"——石门坎。

石门坎内北高南低、地势平缓、拥有水源、视野开阔,是乌蒙山区少有的一片"沃土";茂密的树木、满山遍野的映山红、山茶花和红果树把石门坎装扮得艳丽多娇。老大娘娴熟地纺着丝线,老大爷抱着长长的烟筒,悠闲地吞吐着烟雾,小孩子相互找寻着头上的虱子,不少的家禽牲畜在太阳底下慵懒地躺着,放眼望去,一片祥和、自然、纯真的场景。对于陶渊明笔下的桃花源的真实和虚构,我们难免不妄加推测,不妨加以比对:

> 晋太元中,武陵人捕鱼为业。缘溪行,忘路之远近。忽逢桃花林,夹岸数百步,中无杂树,芳草鲜美,落英缤纷。渔人甚疑之。复前行,欲穷其林。
>
> 林尽水源,便得一山,山有小口,仿佛若有光。便舍船,从口入。初极狭,才通人。复行数十步,豁然开朗。土地平旷,屋舍俨然,有良田美池桑竹之属。阡陌交通,鸡犬相闻。

"无路"、"口入"、"豁然开朗"、"鸡犬桑竹"、"避难"、"不知魏晋"等等,石门坎简直就是它的底片,它们的一致性基本显示在两个层面:一是令人艳羡的自然与纯真;二是极端的封闭与滞后。山花烂漫、鸡犬相闻的本源呈现,恰恰是其社会结构单一和固化的显示,反映出动力源的缺失。

走到石门坎,鬼在后头喊。超强封闭的环境结构,对外来气息形成完全阻隔,就像一个被封存千年的"木乃伊"。相对于石门坎的自然世界,社会结构表现出了与其惊人的一致性,拥有石门坎所有资本的土目与"无产阶级"的花苗,形成了一个"两极性"的社会结构,由于两极的能量差距巨大,连构成比例的条件都不存在,所以在土目与花苗之间形成了一种超强稳定的结构,支配者支配着被支配者,被支配者应和着支配者,"被支配者的被排斥和被压制,正是他们自身合作的结果,叫作合谋现象(collusion)。"①称其为"合谋",遭受反击是必然的,有谁愿意合谋自己的寻死之路呢?但合谋社会结构的事实存在,是无法改变的,对合谋者性情倾向的历史起源分析,是消除无谓反击的途径。无论是正

---

① 皮埃尔·布迪厄著,李猛译:《实践与反思——反思社会学导引》,中央编译出版社1998年版,第26页。

史的记述,还是古歌的传唱,都显示苗族曾是一个古老强大的民族,其实力出众,有着灿烂的文化,成为中华民族组成的重要元素。然而,涿鹿一战,失败于炎黄的"连横政策"之后,元气大伤,屡战屡败,屡败屡迁,信念逐渐被磨成碎末,精神慢慢坠入沉醉的深渊,最后,达成"合谋"的两极社会结构。民间的野史也在证实着"合谋"的存在:

　　我们这支大花苗延续着蚩尤当年战争的习俗,例如:古歌中苗族有几十支,主要表现在穿衣、语言上,语言虽不同但区别不大,生活习俗相近,都称苗。但只有乌蒙山区的苗族古歌中有古代的地名'直米力——直隶'、'甘肃地——甘肃'等,这里是汉语借用苗语的词汇,可以看出当时互相借用的情况。这支苗族男女都有服装,有两种,一种带披肩、护手——是铠甲的延续,以纪念远古战争,后来有洋布了,麻衣就变成了礼服。这支苗族是主力军,晚上睡觉不脱鞋和衣,这证明是当年打仗习俗的延续(王文宪老人和我一起到紫云县调研时,看到他还保留着这样的习惯),只有苗族吃炒面,要打仗就带军粮(炒面)——又一证明。话说回来,苗族远古是个强盛民族,但打败之后逃难至云贵的水西,苗族全副武装来的,大土目都害怕,后来派人去联络,他们才知道是中原打败来的,彝族土目就款待他们,说不要怕,汉人来了我们对付,你们给我们掌兵(注:领兵)如何?苗族当时认为,你们的军队算什么,我们不打仗了,就推掉了。本来是骁勇善战的民族,逐渐失去了斗志,任人宰割,自己沦为奴隶,苗族受彝族土目压迫,但二者从来没有冲突,清末已经麻木到只要活着就行。①

　　合乎逻辑的情节推理,以及"推脱掉了"、"活着就行"、"从来没有冲突"等活生生语词的出现,简直就是对"合谋"最为恰切的解释。

　　合谋构成稳定的社会结构,它使两极位置的行动者处于"机械团结"的状态,我们可以预见,如果这一结构没有被打开,它就会一直保持着某种程度的稳定,即使有些许的变化,也是微不足道的。需要指明的是,这种变化有可能朝着结构增强的方向发展,而不是松动,因为环境、土地、人口的压力只会增大,而不会减少。

　　无论是陶渊明的"世外桃源",还是"未知中国"(柏格理的称呼)的石门坎,

---

　　①　王文宪口述。

它们确实是置身"世外"，但绝不是什么桃源般的生活，只不过为实质上的避难所、监狱、集中营涂上一层天然色彩而已。极端两极化的超稳定社会结构，使上位和下位空间变得遥不可及，它浇灭了行动者的行动热情，消解了行动者的内在动力，使历史在实践的时间中断裂，"只有当人们反抗、革命、采取行动时，才存在历史。总体性制度——避难所、监狱、集中营——或专制国家就是从制度上力图让历史终结的范例。"①这种社会结构更多的是旧的横截面的重复，而不是新的生成。夏衍的《包身工》极致化地展示了这一结构：

> 旧历四月中旬，清晨四点一刻，天还没亮，睡在拥挤的工房里的人们已经被人吆喝着起身了。
>
> 四点半之后，当晨光初显的时候，水门汀路上和巷子里，已被这些赤脚的乡下姑娘挤满了。
>
> 五点钟，上工的汽笛声响了。
>
> 十二小时工作……
>
> 放工的时候……
>
> 看着这种饲养小姑娘谋利的制度，我不禁想起孩子时候看到过的船户养墨鸭捕鱼的事了。……吐了再捕，捕了再吐。

"起床"、"早餐"、"上工"、"放工"，就是包身工一天的内容，也是每一天的内容。夏衍在展示包身工生活时所采取的结构，显然不是连续性的，而是断裂的平面雷同结构，即只描述包身工一天的生活场景，因为他们每天的生活几乎是重复的，这就是把历史化约为一天的原因。历史的停滞与断裂，在文章结尾的象征中得到了更形象的诠释："我不禁想起孩子时候看到过的船户养墨鸭捕鱼的事了。……吐了再捕，捕了再吐。"

自然环境的封闭并不是形成两极社会结构的必然条件，二者之间存在着很大的或然性，但就石门坎而言是成立的。其自然的封闭与社会结构的稳定存在着对应关系，这种稳定的社会结构并不都是强制的结构，它受制于更为复杂的

---

① 皮埃尔·布迪厄著，李猛译：《实践与反思——反思社会学导引》，中央编译出版社1998年版，第141页。

自身逻辑关系。苗族的婚姻关系是族内婚①,在柏格理来之前,苗族没有姓氏,没有家谱和辈分,百分之百的族内婚,包括族别内的和家族内的,存在着错乱的伦理关系和婚姻关系。柏格理到来后,发现这些问题,就给苗族人定姓氏,他以居住地为基准,使苗族人按聚居地的不同分成了不同的姓氏,这样苗族人之间亲近远疏的关系就得到了明确。他还号召苗族人续家谱,有了清晰的伦理关系,避免了三代近亲结婚(但苗族只有姑表没有姨表)。

例如给张、杨两家续的家谱字辈:

张家:仁、义、礼、智、信、忠、勇、孝、顺、诚、道、德、传、佳、本、康、乐、世、永、生。

杨家:荣、华、光、世、泽、振、作、大、家、升。

姓氏和家谱的给定,并没有改变石门坎苗族族内婚的形式。一直到今天,在石门坎几乎看不到民族间通婚的例子,从我与石门坎学校一位苗族教师的谈话中,或许可以看出些端倪:

我:我发现你们苗族好像都是亲戚?

朱老师:是的,我们石门坎的苗族就这么多,青年男女或者是附近寨子里的,通过唱山歌、赶场认识,认识之后,既成了一对,又架设了鹊桥,娘家和婆家的青年男女就有了相识的渠道;或者是在一起长大的表亲,姑表家开亲是比较提倡的。

我:那么,姨表之间有通婚吗?

朱:我们大花苗不存在姨表,姨表就是兄弟、姐妹。

我:姨表之间是不能通婚了?

朱:是。

我:为什么?

朱:可能是还停留在母系氏族的风俗里吧,母系为主,母系是世系,所以不能通婚。我们苗家的很多语言顺序也证明着这一点,比如:男女(汉语)——女男(苗语)、父母(汉语)——母父(苗语)等等。

我:我看现在苗族与彝族、汉族通婚的很少。

---

① 注:这里指称的族指石门坎苗族,也包括家族,布朗、斯特劳斯所指的更多的是家族。

朱：是的，原来根本就没有，现在估计也不会超过百分之一。

我：那是说明有了，百分之一你是如何定义的？

朱：新中国成立以后，国家虽然提倡民族大团结、大融合，但实际婚姻上还是有隔阂，在石门坎几乎是没有与外族通婚的，这几年，出外打工的多了，有一小部分嫁娶出现了变化，但也就是百分之一的范围。

我：你的婚姻是怎样的？

朱：我妻子就是我表妹。不错。（笑）

我：怎么不错？

朱：都是一家人，彩礼多点少点都无所谓，又是小时候在一起长大，相互了解，谁也不嫌弃谁，没有那么多闲事，双方老人是亲戚，经常走动，这样不容易产生矛盾，有了矛盾也不至于到不可收拾的地步。

我：与外族人通婚有何不好呢？

朱：这一点对于石门坎来说，情况可能更复杂一些。与汉族不通婚可能是因为历史性战争，双方是仇敌；与彝族不通婚是因为门不当、户不对，彝族是统治阶级，苗族是被统治阶级，彝族若嫁娶苗族就觉得有损身份。

朱：我们这支大花苗与其他支系的苗族也很少通婚。

我：为什么？

朱：可能是环境封闭吧！

从谈话中可知，苗族的内婚制相当牢固，时至今日仍然没有多少改变。根据石门坎族内婚的具体情况来看，彝族和苗族没有婚姻关系，其原因仍然符合"婚姻是出于交换需要"的原则。按照列维-斯特劳斯的观点，婚姻从表面看是用一个女子交换一个女子，其本质是家庭资产的分割，也就是婚姻中"陪送的嫁妆"。对于一个族群来说，与外族人结婚意味着家庭资产的分割。从石门坎的彝族和苗族来看，彝族是土地拥有者（当然也不是绝对的），苗族是"无产阶级"，在石门坎，土地意味着一切，也决定着一切，因为它的稀有和唯一性，也因为它决定着特定社会关系的形成，土地的分割意味着地位的降低或丧失，出于对既有地位的保护，阻断了族群间的婚姻之路。

苗族表亲开婚，其实质也是一种交换，只不过是内部的整合，并不是分割性质的，因为石门坎苗族婚姻背后不存在资产，这有些等同于马文·哈里斯的"互惠"交换。

石门坎苗族婚姻关系表现为两条线,一是不与外族通婚,甚至不与区域外的其他苗族支系通婚。男子不外娶,女子不外嫁,在婚姻所需的性别比例上保持着——对应关系。二是表亲开婚。实际上是家族内部的整合。

石门坎苗族婚姻表现出双重的稳定结构,通过族内婚巩固了最低限度的世系,促成了家族的孤立和自我封闭。这里我们没有致力于习俗起源的解释,而是把习俗作为一种事实上的已知数,对其功能作出分析。前面我们对自然世界作出了无比细腻的描写,并对以此为背景的社会关系及形成作出了必要分析,目的也正在于其功能,因为当地人的精神世界与此有着内在的对应关系,人的精神世界不是神授天成的,而是自然、社会、人复杂关系建构与形塑的产物。石门坎的社会结构是如此的单调和乏味,毫无生机和活力,像"机器"一样机械地运转。那么,在这样的社会环境中,石门坎花苗的生命状态是怎样的? 又是如何展示的呢?

酒、鸦片、宿寨房。社会结构是客观性结构的反映,精神结构在某种程度上是社会结构具体化的产物,精神结构与客观性结构、社会结构是不可分割的,因为:社会空间和占据这个空间的人群是历史斗争的产物。

石门坎苗族在封闭环境和两极社会结构里,其精神状态也表现出固化性特征,呈现出沉醉的表象。"花苗人居住在人迹罕至的、要穿过浓厚迷雾方能抵达的群山顶部,一见到他们,就给人一种身心憔悴的感觉。他们生活在'沮丧的深渊'之中。"[①]

2009 年,笔者和王文宪(石门坎毕业的大学生,后在安顺工作)老师一起,在安顺紫云烂木冲的一次调研中(这里的苗族是从石门坎前来的),深刻地领教了的苗族人的好酒:

按照计划,访谈结束后,我提出回县城。王文宪老师认真地说:"寨子里的兄弟准备了,走了不好。"当时我对王老师的话还无多大的体会,可去了一看,真让我吃了一惊,在一户苗族家里(王文宪的妹妹家),一帮人正在忙碌着,他们看上去内敛、胆小,见了外面的人有些缩头缩脚,看人也是低着头偷偷地瞟一眼。

---

① 塞缪尔·柏格理著,东人达译:《未知的中国》,云南教育出版社 1997 年版,第 396 页。

院子空地上支起了一个大铁锅,煮了一只黑山羊,乡亲们像有重大节日、重大事情一样,此时我才理解"准备了"的内涵,他们杀羊、清洗、剔肉、烧火等,可能需要一整天的时间,杀只黑山羊是当地人待客的最高礼仪,看来我们成了他们的贵客。

真正令我意外的是他们的酒宴,所有人分坐两桌,每桌一个三十斤的盛满酒的塑料壶,他们称之为"帮当酒"(拟声词命名,喝醉后倒地的声响)。桌子上摆上黑瓷碗,互相应酬着喝下一碗之后,忽然主人拿起牛角站在我面前,唱起苗族的古歌来,歌声低沉、悠扬、婉转,而又节奏分明,每个曲段大概一分半钟,然后把两只盛满酒的牛角交叉屈身奉上,极其真诚、自然、别致,若客人酒量大可以"口朝地",小者沾下即可。客人接过喝后,也要屈身从右到左,由上至下划个半弧还递牛角,以示尊敬。敬酒顺序以客人、长者、年轻者等依次行之,若敬到最后一人,就要喝完两牛角里剩下的酒,客人若不胜酒力,敬酒的人就代喝之。

酒席中已经没有了时间概念,反正所有人一直拿着牛角在唱、在敬、在喝,并越发起劲、精神和大胆,先前的畏缩荡然无存,当我逃似地钻进车子后,主人站在车窗外仍然在唱、在敬。显然,他们已经醉了。

事情虽然发生在当下,但现实是历史存在的地方。精神上沉醉千年的大花苗,只不过致力于用酒的沉醉来忘却自己精神的沉醉罢了。

石门坎属于典型的喀斯特地形,石头林立,高低不平,土壤稀少;又加上地处高寒,雾浓风大,一般的作物根本无法成活,主要农作物是包谷、洋芋和荞麦。由于当时的生产落后,粮食亩产量只有三四十斤,农民交了地主的租和还债外,所剩极少。酒的酿制要耗费大量的粮食,但石门坎苗族为了酒会毫不犹豫地拿出自己的粮食。

苗族人对于酒情有独钟,无论男人还是女人,都很喜欢饮酒,他们饮用的烈性酒由谷物蒸馏而成。节日、婚宴及献祭日都可以成为无节制饮酒的机会,这时候人们以酒量大为荣耀,因此往往陷于不能自拔的地步。他们往往用牛角、羊角狂喝滥饮,有时候整个寨子都沉溺于酒醉之中,这样造成的直接后果是,一些盗贼无论是在苗族人家里或是在集市上,牵走他们的牛、羊、马等牲畜就像拿自己的一样,甚至整个寨子因酒被洗劫一空。

另外也为领主们的欺骗提供了可乘之机,比如,有位巫师为儿子举行婚礼,想让苗族人给他提供足够的羊,就拿酒作为礼品献给苗族人。人们认为,以酒作为礼品可以开启慷慨大度的胸怀,使自己的要求更有可能得到满足。有些领主想给他的佃户和侍从增加额外的租赋,也经常仿效那些巫师,采用相同的程序,将他们招拢来,给他们好言好语地灌上一通酒,往往是让他们喝得晕晕乎乎,然后再讲出他的打算,花苗经常会因此而痛痛快快答应,而酒醒后只能自认倒霉。

酒存在于石门坎苗族生活的每一个角落,他们为之倾倒,甘愿奉献自己全部的收入,屡遭劫难而"绝不回头",正如一位当地人所说:以前,若让我们大花苗戒酒,那就回答你:还是让我先断气后戒酒吧!

别人是用胃喝酒,花苗是用心在喝酒,因为麻醉的酒和沉醉的心是一致的。

有关石门坎花苗生命状态的摘录:

2月12日。她是我们在这条街道上救活的第七或第八个人。

1月4日。两周来,我已经治疗了十个服鸦片自杀的病人。

6月23日。我最近救治了十一个服鸦片自杀的病人。

……

以上是柏格理日记的摘录,需要注明的是:有关鸦片的记录,不是日记中该内容的完全整理,只是翻开日记随意地撮捡;日记记录的时间很清晰,但笔者不太在乎时间的标示,因为吞食鸦片无时无刻不在发生,标示时间已无必要。

日记摘录清楚地呈现出一幅"全民皆鸦片"的景象,吸食者有男有女,有老有幼,"七旬老妪"和"七月幼儿"都身陷其中;如此大规模的吸食人群,这群人与鸦片之间肯定存在着一种特殊的关系,有着他们自己的吸食理由。他们吸食的理由显示出荒诞意蕴——"为了给孩子一个好体格"、"这里的一些人教他们的孩子吸鸦片,是为了把他们的孩子留在家中而不去赌博,因为赌博比鸦片花费更大"、"可以方便死"。如此大规模的自杀人群,好像这些人倾情于死亡,这样的举措根本不符合"好死不如赖活着"的生存逻辑,到底什么原因使他们相继走向绝路呢? 或许自杀者最能给出自杀的理由。"她已年过七旬,神情脆弱,由她自称38岁、看上去却有50岁的儿子扶起来。这两副面孔上都看不到希望。"①

希望是人得以活着的根本理由，希望的消失，促使人走向麻木和沉醉。2010 年，笔者在石门坎荣和村的走访中，看到一幅失去希望的真实画面：

在石门坎下面将近沟底的地方，住着一户人家，也是仅有的一户。四间土墙草顶的房舍，由于年头太久，像苟延残喘的"老人"，已经无力抵抗风雨的冲刷，左边的两间已经倒掉，由于梁椽的撅起，致使中间的屋顶翘起了一条线，风雨能轻而易举地进来。我不由自主地走进屋里，里面住着一对年过七旬的夫妇，屋内暗淡无光，只有房屋顶部几处窟窿透些光亮进来。稍停片刻，我巡视了一下屋内的摆设：顶着房屋东北的夹角处，在两边靠墙摆着两条一尺来宽、一米见长的木板，两条木板中间放着一个火炉，用以取暖，除了几个用来喂猪狗的锅盆外再无他物。使我吃惊的是，那两块木板就是他们的"床"，"床"上只垫些破衣服之类的东西，根本没有被褥，一年四季他们就是在这样的"床"上度过的。因男主人近年患上痴呆症的缘故，没有说一句话，只是女主人在和我讲话，女主人讲："两个儿子挖煤砸死了，女儿嫁得很远，家境也不好，难得回来。房屋一到雨天，就恼火的很！到处漏雨，我俩在屋内不停地找淋不着的地方，唉！没的法子！"从屋里出来，院子旁边约有两丈见方、周围插满树枝的土地，就是他们的生活来源，夫妇出门送我，我才得以看清两位老人的相貌，他们满身灰尘、发须凌乱，由于长期经受煤炭的熏烤，满脸蜡黄、皱纹稠密，皮肤因松弛得厉害而耷拉得老长，活像 14 世纪的海盗。神情麻木，两眼无光，倚在倾斜的门框上就像一尊将要倒下的塑像。此时此景，使我对生死的理解发生了逆转：生对于绝望的人来说就是一种遭罪，死才是他们的解脱。

上面详尽的描述，不是玄虚的卖弄，只想呈现一个"现实原形"的绝望，旨在说明绝望的生活是最折磨人的，正如忙在无聊里、醒在黑夜里一样难熬。绝望是石门坎苗族人走向死亡的根本，鸦片是通往死亡的方便之门，因为鸦片能使人在虚幻的安详中死去，鸦片是绝望的指涉物。

简单的木质框架，四周围上一些树枝和树叶，顶上盖着一些杂草，面积像一般的房屋大小，地面上铺着厚厚的干草，存在于苗族寨子的边缘。这就是石门

---

① 塞缪尔·柏格理著，东人达译：《未知的中国》，云南教育出版社 1997 年版，第 324 页。

坎苗族的宿寨房,这个棚舍一样的空间就是苗族青年男女约会的地方,每到晚上,青年男女就在这里约会,并发生性关系。不但未婚男女光顾这里,许多时候已婚男女也光顾这里,显然这里是混乱性关系的场所。

在柏格理来之前,石门坎几乎每个苗族寨子都存在着这样的空间,这是性放纵的空间。每天夜里,男男女女在这样的空间里放纵自己,全世界都知道一则比喻:整天倾情于性,好汉也要变成面包渣。宿寨房正是石门坎苗族内心沉醉的现实空间,只要这样的空间存在,苗族就会不断地滑向沉醉的深渊。

酒、鸦片、宿寨房构成了石门坎苗族精神沉醉的现实原形,表现为生命状态的隐喻,通过这些现实指涉物,苗族绝望的精神世界得以清晰地呈现。

花山节。仪式是象征、想象和情感的表达结构。正因为它的象征性和情感性,所以理解起来困难重重,这些困难来自自然和社会秩序,人的想象和情感正是它们特定逻辑形塑的结果。

苗族最重要的节日是花山节,时间是每年阴历的五月五日。苗族的花山节热闹非凡,人们尽情地唱歌、跳跃、舞蹈、欢笑、饮酒等,用一种有别于日常生活秩序的结构,来驱邪避鬼,以安然度过这一恶日。

苗族的花山节与大量存在的仪式一样,用一种象征来应对自然带来的种种灾害。然而,石门坎苗族的花山节还另赋有特殊的含义,我们先来描述花山节的仪式特征。

2010 年,笔者在石门学校孙老师的陪同下,来到了石门坎的花场,我们骑着摩托车,离开石门坎约 15 分钟左右后到达那里,因为道路的弯曲折返,又无方向感,所以无法搞清楚离石门坎的准确距离,以摩托车的路程来估算,大概有两公里左右。当我们来到一座小山脚下时,孙老师说到了,但花场(现在叫运动场)在山顶,因为上山的路很不好骑,所以他特意嘱咐我坐好,围绕着山体的小路,摩托车在两旁长满荆棘的小路上穿行,经过一阵蹦跳和扑扑啦啦的摩擦声响之后,终于停住了,眼前豁然开朗,孙老师说,这就是石门坎的花场。

花场在这座小山的顶部,好像是用刀把山拦腰削平了一样,整体形状像一个平放着的"腰子",东西长度大概有两百米,南北宽约一百米,地面开阔平整,地上长着一层茸茸的青草,就像铺了一层绿色的地毯,草的高低稠密恰到好处,据孙老师介绍,这里是没有人管理的,他对大自然的杰作也感到不解。细看起来整个场地还是有些坡度,两头高中间低,但并不明显,酷似航空母舰的甲板。在"腰子"的内侧,地面突然凹陷下去,像一个圆圆的天坑,里面长着一些并不稠密的小树或草本植物,但足以遮挡住人们的视线。花场四周的地势较低,反衬出它像一个突兀的圆柱体,在花场四周远处的山坡上,分布着一些苗族寨子,就附近的地形布局而言,它确实是四周苗族寨子的中心。由于海拔高的原因,石门坎花场好似一个空中舞台,云雾不时地飘过,更显示出它的空旷、缥缈和洁净,给人的感觉是——自然触手可及。

农历五月五日,石门坎周围成千上万的苗族人聚集到花场,举行一年一度的花山节。所有参与者都穿上苗族的盛装,以白底为主,带有一些形状奇怪的花纹。男装酷似古代将士的战袍,肩上披有肩甲,胸前挂有胸甲。女式盛装的款式比较艳丽、柔和,花边圆领的上衣,下边是白底并绘有图案的百褶裙,舞动起来楚楚动人。

仪式的主要内容包括三块:一是吹芦笙、跳舞;二是狂喝滥饮;三是大规模的性放纵。

"芦笙"苗族称之 Ki,这种乐器由竹管制成,把手就是吹口,乐曲声是靠连接在一个小金属架上的铜制簧片的振动而产生,金属架安在竹管之内,每管皆有。这种乐器发出一种使人忧郁的沉闷声音,演奏的曲调很是低沉。

据老人讲,吹芦笙与庄稼的生长有关,显然,这是一种象征。那么,苗族人是怎样解释象征的呢? 表演时,演奏者各拿不同规格的芦笙,五人一排,围着大芦笙不断盘旋。同样是五人一排的年轻姑娘尾随其后,按乐曲节奏翩翩起舞,她们时而向前,时而后退,时而转圈。苗族人的芦笙、舞蹈与农作物的生长节奏有着某种对应关系,通过这种象征的节奏和舞动,促使农作物的生长。但需要注意的是,这是苗族人普遍的样式。除此之外,石门坎的舞蹈还有着特殊的内涵,男子所跳的舞蹈、斗牛、赛马是结合在一起的,所表达的是一种攻击性象征,源于大花苗的辉煌历史,可以判断,这是他们神性记忆的表现。

关于酒,前文已经有所分析,它是苗族人内心沉醉的现实原形。但由于情景的不同,酒对于苗族人的意义是完全不同的,酒既是沉醉的代名词,也是激情的助推剂。在花山节上,他们用牛角、羊角相互敬酒,毫不节制地狂饮,这和印第安人的大集会有些相似,几乎每人都酩酊大醉。展示出彻底的豪放、粗犷和激情。很显然与他们平时的内敛、胆小、羞怯、畏缩截然相反,这是他们对现存社会结构秩序的一种自我表达。酒用作胜利者表达之物是最合适的,它可以把胜利和英雄渲染到极致,石门坎苗族作为一个强大的原始部落,虽然深陷桎梏,但仍然用这种癫狂式的仪式,表达着自己曾经辉煌的历史。

性,在石门坎苗族的历史上最受争议,前面已经介绍了宿寨房,而花山节上大规模的性放纵使这种争议达到极致,也是为其他民族所诟病之处,从而给他们扣上"未开化"的帽子。这种看法是基于文化中心主义的偏见,而马林诺夫斯基正是这一文化观的有力批判者,从而得以成为文化功能主义的代表人物。归咎于"未开化",不但是一种偏见,而且是一种浅陋,苗族人在花山节上大规模的性放纵,展示着"生"的象征,石门坎周围的苗民从四面八方赶来,尤其是青年男女几乎全部到来,花山节成为一个不可缺少的情场,这是目前石门坎许多资料上的通行说法,因为整体上沦为奴隶的民族,是没有多少工夫谈情说爱的。但事情依然没有那么简单,本来就十分内敛、害羞的花苗,却把人最隐秘的、最羞怯的性大胆、夸张地呈现出来,用"未开化"和"青年男女情爱"的理由来解释,是不能为人所信服的,它肯定有着非同一般的社会意义。

图三 石门坎的"活字典"—— 张国辉

冒着一定的风险,我还是与石门坎老人探讨了这一问题:

我:我想问一下有关苗族人性的问题,这可能是一个令您难堪的问题。

张(国辉):可以。

我:据资料上讲苗族人存在着不洁净的性,您认同这一说法吗?

张:我承认这一事实的存在。

我:您认为存在的原因?

张:因为柏格理来之前,石门坎苗族很苦,我们花苗不是以家庭为单元,都是一群一群的,或在山上,或在草屋中,群体性的性放纵有这种可能,主要是穷苦造成的。

按照石门坎老人的解释,主要是生活之苦造成的。有一定道理,但不是问题的根本。综合各种信息,对这一问题的思考应从两个层面进行,一是现实生活层面,上面的描述和访谈已经是很好的回答;一个是社会结构层面,这是十分重要的方面,有必要作些分析,千年沉醉中的石门坎苗族,在别人眼中已经消失,可谓是"名存实亡",苗族人用远古时期最原始、最普遍而现在看来最极端的现象,来展示族群的存在,这种展示充满着野性、本能和自我,用这种方式"吸引注意"(无意识的)的同时,也正显示了人类的本真状态,我们之所以感到不可接受,只不过是时空位移的结果。

石门坎苗族的花山节不是宗教仪式,也不是祖先崇拜的仪式,而是一种表达族群认同的仪式,更可以说成是一场生命激扬的游戏(不是一般意义上的游戏,而是更具普遍意义的表达方式),花山节的纯粹内涵之所以难以清楚地梳理,是多重功能的相掩性(overlapping)与不可分性(indivisibility)造成的,其内容包括历史的记忆、美好的情感、生活的诉求、族群的传统等,花苗通过这些元素来显示自我的存在,当然,这是一种无意识的行为表现,这种无意识表现生发于苗族人的原始社会场域当中,恰恰体现出一种生命的本真状态,从这个意义上说,石门坎花山节是大花苗"生命游戏"的赋形。

列维-斯特劳斯强调,土著人的心智包含着对应、对立、联结与转换等属性,而这些属性正是复杂思维的特征。而复杂思维的形式化必然产生艺术,母语范畴的艺术形式应首当其冲并伴随始终。苏格兰象征人类学家维克多·特纳在伊瑟玛仪式(赞比亚的恩丹布人的仪式)中也证实了这一点,"伊瑟玛仪式中的象征和它们之间的关系,并不只是使恩丹布人的世界变得有序的一套认知性分类体系。它们同样也是(而且也有着重要的意义)一套唤起性的工具体系,能够唤醒、引导和控制各种强烈的情感,比如仇恨、恐惧、爱慕,以及忧伤。"①

按照特纳"唤醒性工具"的说法,花苗的唤醒性工具主要表现为故事、传说、古歌等,下面呈现几则示例:

创世说。花苗中也有洪水泛滥的传说,有一户人家,有大哥、二哥、妹妹三口人。一天,两兄弟一起犁一块土,第二天一看,田土恢复原状,像根本没有犁过一样。这种状况连续了四天,兄弟俩惊讶得目瞪口呆,于是商议暗中观察究竟是怎么回事。晚上,他们埋伏在田坎两头,半夜,突然一位手持木板的老太婆从天而降,她把犁过的土耙平,还用木板压压实。大哥见状,厉声疾呼要杀死这个老太婆,二哥阻拦了大哥的莽撞行为,责问老太婆为何要糟蹋他们的劳动,老太婆说:你俩干的活完全是白费劲,一场特大洪水将席卷而来。因二哥心地善良,老太婆教他预先砍两棵大树,挖空树干,并在洞口钉上牛皮,待洪水泛滥时,可以藏之逃命,而叫他哥哥准备的却是一只铁桶。洪水袭来,水势猛涨,兄弟俩各自躲进桶内,二哥邀其妹一起躲进树桶,而大哥却随铁桶沉没在水底。

兄妹俩随着奔腾的洪水到处漂泊,洪水涨到半天高,树桶也浮到半天高。树桶四周布满了杈枝,它被一位头上长了12只角的天神发现了,天神见之十分惊讶、胆怯,这是一只什么怪兽,竟比我头上的角还多,我该如何是好!他唤巨龙、蜥蜴、蝌蚪及鳗鲡清除河道,挖开洞穴,退尽洪水,让这只多角怪兽返回大地。

洪水咆吼了20天后平息了,树桶降泊在一个陡峭的悬崖上,兄妹俩无法攀援着地,悬崖旁恰好有两只老鹰窠窝,窝内有一对才孵出的小鹰。聪明的哥哥为摆脱困境,从头上拔下一绺长发,编成两根细绳,把小鹰的翅膀紧紧缚住,使之在长上羽毛后也不能飞行。

一段时间之后,小鹰仍只能爬行,母鹰感到疑惑不解,便去请教仙女,仙女对它说:"你去问巢边那棵树干吧,它会使你的小鹰飞起来的,但你必须答应他提出的要求。"于是母鹰飞回巢去,对树桶说:"我求求你,让我的小鹰飞翔吧!"树桶里的哥哥说:"你愿意把我安全地带到地面吗?"母鹰应允了。年轻人解开

---

① 维克多·特纳著,黄剑波译:《仪式过程》,中国人民大学出版社2006年版,第41页。

小鹰翅膀上的发绳，小鹰马上展翅扑腾，接着母鹰衔起载着的兄妹俩的树桶，飞往地面。

从树桶中出来后，两个洪水遗民发现自己陷入了绝境，洪水破坏了一切，周围既渺无人迹，也无粮食与房舍。哥哥看见不远飞来一只红色的鸟，顺手就捡起一块铁块扔过去，鸟未击中，铁块落在岩石上，溅出了火花，自始发现了取火的办法，他们取来一些干枝叶，烧火取暖。

大地空旷无人，哥哥向妹妹求婚，以繁衍人类。在这个传说中，妹妹也是拒绝的，并提出了苛刻的条件阻拦。与黑苗传说一样，他俩的婚姻，也首先是经受了磨盘的考验，与黑苗传说不同的是，以磨盘测天意是哥哥主动提出来的，传说也是在坡脚发现了互助重合的磨盘，但并不是哥哥耍弄的诡计。在第二次试验中，妹妹拿一根针、哥哥拿一根线，分别从两个山顶扔下，结果，在坡脚针线穿拢，于是他们就结成了夫妻。生下的孩子也没有四肢，他们去求助仙女，仙女告诉他们把孩子砍成一百块，分别撒在一百个不同地方，他们照此办理，次日，肉块变成了无数男男女女，尸块落在何物上，他们就以此命名，有的姓水，有的姓木，有的姓石……从而有了"百家姓"。大地上重新居住了人类，人们就此获得了姓名。

文字传说。"相传，我们先辈时，是有文字的，当时苗民同汉人相邻居住，但经常遭到汉人的欺侮，他们决定集体向西迁居，独自生活，当走到一片宽阔无边的大湖前，因没有船只渡水，大家一筹莫展、不知所措。

"突然，有人发现不少水蜘蛛，在湖面上悠悠自得地游来游去，于是大家寻思，这些小生命尚能在水中自由游动，难道我们却被挡住了去路？于是就相互鼓励，决定涉水而过，然而这个鲁莽的举动，几乎使他们丧失了性命，当大家挣扎着越过湖面时，个个已咽下大量的湖水，结果把那些已有的文字也统统吞下了肚。从那时起，我们就再也没有文字了。"

迁徙歌：

古时苗族住在直米力，建筑城垣九十九座，

三位老人的子孙后代，孤苦伶仃千里迢迢迁徙，

来到平坦的花椒大坝子（据传在湖北一带），来到宽敞的大平原，

在底果垒立不住脚跟，三位老人的子孙迁到崩崩地（大小凉山）。

逃荒躲难来到阿止居地(今贵州大方、黔西),找到了藏身保护之家。

民间故事。有一个叫尤金的汉族土目拥有无上的权利,这里是他的王国,他决定着每个人的生命,拥有当地全部的财富,生活在一个坚不可摧的、横在悬崖上的城堡里,另外,他有一个美丽而又有个性的女儿。

有一天另外一个土目来求婚,结果土目公主一口回绝了,她说要自己决定自己的丈夫,就对自己的父亲说:"我要骑上一头牛任其自由自在地走,它走到谁家停下来,我就嫁给他。"她的父亲以为她在开玩笑,就笑着答应了。第二天一大早,她果然骑上一头牛任其走去,老牛走呀走,一直走到天黑,在一个低矮的窝棚前停下,公主从牛背上跳下来走进低矮的窝棚,屋里只有一个老夫人,公主问:"您有儿子吗?"老夫人说:"有一个,他去山里打柴了。"于是她就等到老夫人的儿子回来,当晚就成为了他的新娘,晚上新郎发现新娘脖子上戴着一个黄色的链圈,问妻子是什么东西,妻子说是金子做的很珍贵的项链,丈夫不以为然地说:"有什么可珍贵的,我打柴的山里到处是这样的东西。"妻子不相信丈夫的话,等到天亮随丈夫去看,果然看到山里到处是金光闪闪的金矿石。

后来,当土目知道女儿嫁给了一个贫困的苗族青年时十分生气,女婿邀请他来喝杯喜酒,土目生气地说:若想叫我去除非让我走在黄金路上。其实他根本就没有去的意思。但小两口听了父亲的话一点也不气馁,他们就把山里的金矿石铺到大路上,铺出了一条金光闪闪的黄金路,土目听说女婿铺出了黄金路,根本不相信,出于好奇的心理,他骑上马就来了,出了寨门走不远,一抬头果然看见一条金光闪闪的黄金路直通女儿家,不由得发出了一声感叹:真是天赐良缘啊!

情歌·劝嫁歌:我的表妹啊,

　　　　　　你长得差不多了,

　　　　　　纺纱织布都会了,

　　　　　　挑花点裙也会了,

　　　　　　表妹啊,

　　　　　　你该做客(出嫁)啦!

劝娶歌:英俊的小伙子们呀,

　　　　别徘徊别犹豫啦!

> 你们已长得差不多了，
>
> 耕田种地都会了，
>
> 该结婚啦，该娶妻啦！
>
> ……

"歌词之优美，表情之深刻，皆为无比，盖出于天籁者也，天籁之物，无所束缚，一任自然，则天真烂漫活泼毕露。"①石门坎苗族的古歌、传说、故事是无比珍贵的艺术宝库，创世、风物、战争、历史、情爱、风俗等展示了花苗生活的方方面面。值得注意的是，这些艺术形式和内容确是人与环境互动的产物，也是生命过程的体验，"苗族吟哦，自抒情抒怀于原野，高声武气讴歌，尽情对唱山歌，有男女青年出入村野，均人手一枝笙于手中，吹以悠扬动山映水之音乐，管乐声响，心旷神怡。"②它们来源于个体的创造，也在不断地塑造着个体，为个体打下精神之根，"细审之苗人男之吹笙与女子唱歌有如西洋之社交舞，为必修之科目，苟不谙则不能适应其环境也。"③

描述人生命过程的母语形式，是活活的生命状态的抒写，即生命的叙事。它是母语形式的本真状态，内容与形式体现出自然的和谐，可谓"质胜文则野，文胜质则史。文质彬彬，然后君子"。作为人类早期的经典著作——《荷马史诗》、《雄辩术原理》、《伊索寓言》、《论语》、《孟子》、《诗经》等，它们采取对话、说唱的形式，朴实、率真地表达出活生生的生命状态。如《论语》就是在一定生活场景中对生命理想的追求或阐释，从整体上看，《论语》可以说是一本师生对话集，从形式看，前后不成体系，内容都是些散乱的言辞，没有统一的中心，是由其弟子整理而成的，孔子一生坚守"述而不作"的态度。这样的语言态度与现实的生活、具体的场景、活生生的生命存在着根本一致性，所以，《论语》在表达生命态度、生活理想时，不是依靠一般性的"原则"，或者传授性的"图式"以及理解性的"图式"来进行的，而总是把所要表达的内容放进具体情景中，让其真实完整地自我呈现。关于仁的阐释：

---

① 贵州民族研究所：《民国年间苗族论文集》，未刊，第271页。

② 王建国日记。

③ 贵州民族研究所：《民国年间苗族论文集》，未刊，第271页。

　　子曰：刚、毅、木、讷近仁。

　　仲弓问仁。子曰：出门如见大宾，使民如承大祭。

　　颜渊问仁。子曰：克己复礼为仁。

　　司马牛问仁。子曰：仁者，其言也讱。

　　樊迟问仁。子曰：仁者先难而后获，可谓仁矣。

　　……

　　孔子及其弟子在阐释仁时，总是把仁放在具体场景中解释，比如：学习情景、说话情景、劳动情景、孝悌情景、政治情景、生活情景……没有重复答案，并不是仁没有特定的概念界定，而是孔子及其弟子在竭力避免答案的"教条化"、"图示化"、"原理化"等。"克、伐、怨、欲不行焉，可以为仁矣？子曰：可以为难矣，仁则吾不知也。"①这样的固定答案孔子是不予认可的，而是努力使自己的言行与生活的形态构成同质性，用生活的真实表达出真实的思想，而拒持任何的化约形式。

　　从上面列举可感，孔子及其弟子的记述，展示出丰富的情感，他们时而亲和有加，时而掷地有声，时而温文尔雅，时而犹如孩童，等等，充分体现了情感的丰富性和敏锐性，文中充满了生活的气息，而且有血、有肉、有体温，读起来颇有时空被压缩之感，犹如与人物同在，在共同描绘生命的状态和展示对理想的追求，亲切自然、真实可信并极易引起共鸣。

　　关关雎鸠，在河之洲。窈窕淑女，君子好逑。参差荇菜，左右流之。……（《诗经·关雎》）

　　以关雎鸟起兴，在人们的思维构造中，呈现的是关雎鸟翠叫、双飞双落以及山水相映的自然空间，并展露出自然空间所特有的清新、灵性、纯粹的本真，男子对女子的情感就是在这样的自然场景中展开，人的性情与自然的本真得到了一定的契合；男子情感的表达又与生活的场景相联系，"荇菜"、"琴瑟"、"钟鼓"，与其说《关雎》是对男女情感的抒写，还不如说是对自然和生活的抒写，既然是对自然和生活的表达，那么，自然和生活的清新、朴实、丰富、纯粹必然得到

---

　　① 《论语》，杨伯峻注，岳麓出版社 2000 年版，第 127 页。

细腻反映,所以《关雎》中的男女情感就没有被压缩为"干瘪瘪的男女私爱",这才有了孔子"哀而不伤,乐而不淫"的评价。

作为西方最古老文学艺术的《伊索寓言》,在反映自然的本真状态上,与中国古老的文学艺术有着惊人的相似性;从表现形式看,《伊索寓言》主要存在四种组合形式:一是动物与动物的组合;二是动物与植物的组合;三是植物与植物的组合;四是人与植物的组合。天地之间,有生命的无外乎植物、动物和人,《伊索寓言》运用这些要素进行组合,就是自然世界的本真反映,在伊索眼里,植物、动物、人都是自然的一部分,写动物、植物就是写人,人和动物在自然性上是相通的,例如,"樵夫与狐狸"、"人和蝈蝈"、"橄榄树和无花果树"、"冬天与春天"、"行人与梧桐树"等等,这些确是我们生活空间中耳目相熟的事物。所以人与动植物直接搭配,我们读起来并不感到荒诞,反而感到亲切、自然、真实。

《伊索寓言》描绘了一个动植物王国,凡是我们在现实中能看到的,基本上都包括在作品里,它们之间的故事,都是动植物本性的本能显现,并不是作者的创造,而是一种自然的选材,或者叫作选择的自然之材,"苍蝇与蜜"中苍蝇因吃蜜而被粘住、"叼着肉的狗"中的狗走到水边误认为存在另一只狗、"田鼠与家鼠"中二者的食物有别的事实、"牛和蛙"中牛、蛙的形象特点等等,都是自然界中的常识性事实,任何人都能经常碰到,作者只不过进行一些必要的组合而已。《伊索寓言》描绘了真实的自然空间,表现了一个社会的真实,揭示了人的情感、生命、哲理、态度、信仰、知识等在自然、社会生活中的表达方式。

对人类早期生命言说的解析,旨在说明生命言说形态的基本取向:形式上主要是采用对话、吟唱、讲述等方式,素材要素主要取材于自然世界、社会生活中的现实原形,比如动物、植物、季节等,用以说明人们对世界的认知或者美好情感的表达。值得注意的是,此时的生命言说在形式上更注重过程的体验,在过程中展示人情感的丰富性、敏锐性、细腻性等,《诗经》《伊索寓言》《荷马史诗》、希腊神话等有着很强的故事性,事理就体现在故事之中,很多故事结尾作者并没有给出概括性的结论,人们口耳相传的是故事,是由故事激活的体验,而不是干瘪的、被压缩的、固化的几行"文字式的结论",这种形式下,人们更多地是在唱故事或讲故事,这需要情感的支撑,同时,也能激发和培育人的情感。内容上主要包括民族历史的记忆或神性的记忆、生产劳动、男女情感以及现实生活等,"惯习是历史的产物"①,现实的生活是历史的延续,人们的性情倾向也是在历史的轨道上前行,因此,民族的历史记忆是母语生发的基础,也是幻象得以产生的动力和动力源泉。神性的记忆、朴素的情感、本真的认识、纵情的歌唱是任何一个民族精神生发的基础,有着自然的趋同性。

特定的自然世界和社会结构,形塑了石门坎苗族的精神图式,其内容既有对历史的神性记忆,也有对现实生活的回应和叩问,他们需要在言说中确立自我的生命存在,这正是其生命状态的本真表现,表现出历史的、实践的、关系的结构本质。那么,由此我们可以断定,生命本真形态与文化的本真形态存在着对应关系,这里,我并不想大而空地谈论一个争论极大的文化概念,我只想更具体和针对性地谈文化,从实践的观点出发,母语是生命存在的本真表达,而且其本身就是一种哲学存在,海德格尔、索绪尔、维特根斯坦等人的思想已经非常明确地表达了这一点。人类早期在问天、问地、问人中都是通过一定的歌谣、神话传说、历史故事、文艺作品来展开想象和思维的。花苗母语内容表现出对创世说的理解、历史的神性记忆、现实生活的态度、对美好爱情的追求等,形式上以古歌为主,兼有故事、谚语、声乐、诗歌等,传承上主要是熏陶感染、口耳相传,这是以花苗没有文字为前提的。需要说明的是,这种原始的传承方式,是在实际生活的场域中进行的。这样母语所具有的内容、情感、信仰、形式等得以完整的延续,它传授的是母语的"血和肉",也是有血有肉地传授,而不是当前掏空血肉的干瘪教条,"干瘪教条"式的母语教育肯定是远离个体生命状态的。研究者的本意是:我们的母语教育失去了什么? 从哪里可以找回来? 布迪厄的概述直截了当地挑明了这一点:

在那些没有文字、没有学校的社会里,我们能明显地发现有许多思维方式和行动类型,经常还是些至关重要的东西,是以教授者和学习者间直接的、长期稳定的接触为基础的,通过总体全面、实践可行的传递方式,从实践到实践地传递,这些技艺被传承下来(照我的样子做)。②

---

① 皮埃尔·布迪厄著,李猛译:《实践与反思——反思社会学导引》,中央编译出版社 1998 年版,第 82 页。

② 皮埃尔·布迪厄著,李猛译:《实践与反思——反思社会学导引》,中央编译出版社 1998 年版,第 343 页。

　　我们从母语和母语教育出发,正因为它的生命属性和本体性存在,前面所有的描述都是为了这一点,为了让我们知道母语从哪里来,面相如何,到哪里去,路径怎样。背景描述的复杂与结论呈现的简洁形成如此鲜明的对比,这既是研究者的本意,也是母语本真的真实,"从正常状态下的社会行为模式之中分离出来的一段时间和空间,那么阈限就可以看作是一段潜在的详细考察的时间,而它所要考察的对象,是产生它的文化的中心价值和准则"①。历史的发展总是片面的,但母语教育研究的历史总是偏向于"结论",而不是结论生发的复杂背景,结论只是干瘪的一行字,而结论的由来却是建立在主客观的复杂关系之中,所以许多研究者偏好于抛出一己之见的结论,而不是对结论得以产生的复杂关系的叩问,就不难理解了。

　　三元政治怪胎。场,不是一个空洞的空间,也不是一个僵死的结构,而是一个"游戏的空间",游戏者相信在此空间"有利可图",并积极寻求获得"利益"。这种利益被布迪厄定义为"幻象"(illusio),幻象是一种心神的投入,投身游戏之中,又被游戏所左右,游戏者感到所追求的目标是重要的和必需的,是值得去追求的,并因此而努力地去应付游戏。在游戏空间中对利益的追求,不是免费的进入,而是有着天然的"入场费",这就是准入的资本。要想构建场,就要辨别场域中运行的特定资本形式,而要利用特定的资本形式,就要知晓场域的特定逻辑。实际上,场域的结构是由不同位置构成的关系空间组成的,位置是由行动者争夺的各种权利或资本分配中所处的地位所决定的。资本成为行动者行动的关键,行动者拥有的资本不同,决定了其占有的位置,位置的不同又决定了行动者所采取的策略不同,因此,运用"自我的资本"去游戏是非常重要的。布迪厄把资本分为三种类型:经济资本、文化资本和社会资本。经济资本就是以物质、金钱作为资本,属于经济学的范畴,是资本的最本质和最初形式,人们接触最多,这里不再多谈。文化资本,它更多地变现为一种信息资本,本身存在着三种形式:身体性的、客观化的和制度化的。社会资本是指个人或群体凭借着比较稳定的又制度化的交往,而积累起来的资源,这种可能是实际存在的,也可能是虚有其表的。

────────────

① 维克多·特纳著,黄剑波译:《仪式过程》,中国人民大学出版社 2006 年版,第 169 页。

从上述资本类型看,石门坎花苗几乎处在一个"三零"(经济、文化、社会资本几乎为零)平台上,因此石门坎几千年来没有行动、争夺,成为一个被封存的"死场",那么,固有政治资本平衡一旦被打破,场域迅速被激活,其势头之迅猛,令人难以置信,就像是推动高山顶峰上的小雪球最终造成巨大雪崩的一种力。下面,我们就对造成"雪崩之力"——石门坎三元政治空间作出分析。

土司制度是历史上中央政府在多民族边远地区施行的一种政治制度。由于地处偏远、资源贫乏、文化差异等原因,难以有效管理,于是中央政府授权当地部落中的首领(寨老)来实施管理,保持当地的社会结构,只需承认其区域属于王朝的一部分,其余一切均由自己做主,有着"自治"的性质。

高山林立、沟壑纵横的乌蒙山为石门坎提供了庇护,但高山险壑以及典型的喀斯特地貌造成石门坎"地无三尺平"地形,石门坎的可耕土地十分稀少,再加上"屙屎不生蛆"的气候条件,使之变得更为珍贵。土地预示着石门坎一切的财富,土地拥有者能支配石门坎的一切。土目就是石门坎的支配者,只要花苗在这块土地上生存,他们的一切就是土目的,所以就有了地租、劳役、烟银、人租、马租、羊租、鸡租等五花八门的赋税徭役名目,土目是石门坎最直接的统治者。

"普天之下,莫非王土,率土之滨,莫非王臣"的王朝观念,使中央政府不允许有分离行为,土目虽是名义上的归附,但也是归中央政府所属,符合王朝观念。中央政府虽没有实质上的统治权,但凭借强大的实力后盾,土地名义上的所有权始终得以保留,土目与中央政府的关系,就像一个名义上属于中央政府却为自己干事的经纪人。所以,中央政府在石门坎的政治权限既强大又弱小,中央政府拥有所有权,但不实施管理;拥有土目的任命权,但非此无彼,任命的对象是无选择性的,就像无差额的选举。中央政府对土目的任命,不属于天朝的官阶序列,土目是其所在区域的"皇帝",是皇帝任命的"皇帝",只不过治理的区域不同。对石门坎而言,中央政府的权利没有到达社会组织的尽头,只是到达土司而不是花苗,这意味着统治权的缩水,存在着权利上的真空,这是由现实条件和历史传统所决定的。

传教士是一种特殊的权利符号,它代表着一种外来的政治势力。但传教士成为一种政治势力并不是天赐恩成的,唐朝景教僧侣阿罗本及烈主教来华传教,是靠商人资助,元代圣方济各会修士来华,也是得到商人的资助,明朝的利玛窦,其行动的每一步也是依托于商人。

从基督教前三次来华的经历看,都不具备权利的因素,所以传教士们只是穿着"道袍"的福音传播者,所以他们的传教经历比较艰难,成就并不明显。第二次鸦片战争后,帝国主义的洋枪洋炮与十字架终于合二为一,《中美天津条约》开辟了传教士在中国的传教之路,《中法天津条约》照抄了《中美条约》的条款:"凡入内地传教之人,地方官务必厚待保护。凡中国人愿信奉天主教而循规蹈矩者,毫无查禁,皆免惩治。"①并续签了《中法续约》:"法国传教士在各省租买田地,建造自便。"②西方各国按照"最惠国待遇",原则上自动享受上述权利。于是西方传教士手里拿着尚方宝剑和十字架来到中国内地,他们里边穿着"官服",外边穿着"道袍",使基督教毫无障碍地推广开来。"官府怕洋人",当时的"洋人"包括军人、商人和传教士,于是传教士被贴上了权利的标签,成了权利中的一极,石门坎传教士正是这一背景下的产物。我们通过具体场景来展示三元政治中各元的运转规律,从而知晓场域被激活的动力来源。两个小例子:

例一:中央政府的布告:鉴于我们再次接到指示,命令我们保护基督徒……

例二:分权的盟约:我们的权威是互有区别的——在我们的各自范围内。

我们将不干涉另一方的事务。

根据我们的指导准则,我们同意进行合作。

不要狡诈,相互尊重。

在柏格理与土目完成盟约文本后,土目的情感是愤怒的,他说:朋友——对,我们将是朋友;药品——对,我将会买你们的药品;基督教——一文不值。

例一显示了中央政府的直接参与,传教士志在标明自己的权利身份,既然土目隶属于中央政府,就必须按照由中央政府签署的"布告"来行事,这一例子显示了另一权利极的介入;例二是传教士与土目直接的分权,盟约的内容明白无误,"我们将不干涉另一方的事务","不干涉"实际上意味着权利的分解,因为土目在传教士到来之前,没有不能干涉的领域,现在有了不能干涉的空间。

---

① 周宁:《人间草木》,商务印书馆 2009 年版,第 23 页。

② 周宁:《人间草木》,商务印书馆 2009 年版,第 24 页。

所以,柏格理最后两句关于土目态度的描述很是精妙,几个破折号的运用,确切地展示了土目不甘而无奈的心理。

图四 英国传教士——塞缪尔·柏格理

图五 当年的牧师楼

传教士来石门坎之前，由于中央政府对花苗的权利真空，造成了土目的单极结构，石门坎花苗的社会资格被单极权利所剥夺，他们没有资本去追求由各种形式资本组成的社会位置，石门坎社会空间成为一个"死场"或"悬置之场"。传教士的到来，改变了石门坎的单极权利结构，形成了一个三元政治空间——土目、中央政府、传教士。传教士作为政治权利的一极，有着双重的权利意义，一是它直接削弱了土目的统治权，传教士的出现，使土目在政治权利上表现为某种程度的妥协。同时，中央政府虽然推行土司制度，但无时无刻不想着消灭这种制度，土目就是土司制度的残存；传教士的到来也激活了中央政府对土目的控制欲望，以保护传教士为由，中央政府的角色也得到了强化，除名义上的所属之外，又有了实质性权利运用的着力点。利用传教士的理由剿灭土目，是中央政府时刻等待的借口，土目当然"心知肚明"，土目与传教士往往能够达成妥协，就是为了避免"授人以柄"，这在客观上弱化了土目的权利，形成了石门坎权利的多元化。传教士的对象是石门坎花苗，他们的权利运用也是围绕花苗展开的，所以，推动石门坎政治权利的再分配，促使社会空间位置关系发生变化，把石门坎花苗重新拉入"游戏圈"之内，是他们传教事业成功的关键，因此，传教士扮演激活社会位置关系的角色。

二、学校空间：新秩序的竖立

"退去摩登"的地形图。石门坎背靠猴子岩，前面是深深的石门坎沟，呈现出北高南低的地势，从远处看，其地理形状就像一层层不断攀升的弧形台阶，因此，石门坎前面十分开阔，太阳出来能不遮挡地照射；再加上煤炭丰富、水源充足、地势平缓以及花苗族群，确有"桃花源"的意蕴。石门坎与外部世界呈现出两种完全不同的秩序。"石门坎"的命名意味着什么？当地老人也无法解释，他们只是努力地澄清石门坎是一条"路"，是上文介绍过的狮子洞的入口，为此，杨华明老人还复原了当时的地形图片。而现在许多人都把柏格理开掘的石条路当作石门坎的来历，因为石条路边恰好有个酷似门的巨石，解释起来颇合乎情理。但大量田野工作的结果告诉我，这不是石门坎得名的原因。

石门坎在柏格理来之前就叫石门坎，而不叫狮子洞，具体什么时候、为什么称石门坎还真说不清楚。①

从模糊的田野"数据"中看，石门坎作为一种秩序、空间的隐喻更具说服力，这也契合了布迪厄的观点："门槛是两个空间的界限，是对立的原则发生冲突、世界颠倒的所在。"②柏格理生硬地把石门前的榨子门译为"Stone Gateway"，意味着这是一条重重阻隔的路，它是沉重的，打开它是艰难的；但这又是一条通往光明和圣洁之路，它能使石门坎花苗走向更高的生命层次。柏氏译名意味着门里门外存在着两种秩序，他就是用这条路来贯通两种秩序，从而改变被封存千年的石门坎秩序。当时，柏格理清楚地意识到了这一点：

勿需更多的证据来使柏格理确信，到昭通找他的来访者不是无所事事地寻找廉价的教育，请教他们读书的神情的真正含义是对某种事物的一次探索与一次需要，其意义远远大于这项基本要求。③

图六　灰暗的苗家窝棚

石门坎的苗族寨子呈现出灰暗、低矮、凌乱的特征，并大都存在于遮掩之处，从而折射出极低的社会组织和自然状态的社会秩序。石门坎光华小学的建筑布局与之形成鲜明的对比，大礼堂、石房子、长房子、女教师宿舍等学校建筑，由低到高、层次分明地分布在山坡上，外表用白灰粉刷，显得整洁庄重。从远处看，学校通体洁白的建筑，秩序井然地挺立在山坡上，使人耳目一新，这对于封

---

① 王文宪口述。
② 皮埃尔·布迪厄著，蒋梓骅译：《实践感》，译林出版社2003年版，第357页。
③ 塞缪尔·柏格理著，东人达译：《未知的中国》，云南教育出版社1997年版，第535页。

闭千年的石门坎花苗来说，是从来没有看到过的，一种新秩序巍然屹立，它迅即点燃了花苗心中无法描绘的热情，朱玉冰（亲历者）说："那时的学校闹热的很，大家都很喜欢，连村民都很向往。"①

图七　洁净的女教师宿舍

经过百年风雨的冲刷，石门坎学校的旧貌基本不复存在，除了仅存的三栋房子外，当年显赫一时的大教室、长房子（尚存）、小砖房（尚存）、女教师宿舍（尚存）、游泳池、大球场、灵修室等设施，只剩下残垣断壁，这些荒芜的设施静静地躺在那里，似乎努力地保留着当年的故事。笔者数年来已经多次来到这里，每每站在这些设施前，好像总能听到当年狂潮般的书声，看到龙腾虎跃的身影、虔诚严肃的灵修和汹涌澎湃的激情。

图八　石门坎的游泳池

---

① 朱玉冰口述。

游泳池。当年是一个室内封闭的游泳池,现在屋顶已经不复存在,土沙结构的围墙也成了残垣断壁,墙高约5米。游泳池底小口大,呈现出梯形体的样子;整个池的内壁是用石头砌成的,中间用加墙分开,一边是女池,一边是男池;女池宽8.3米,长5.7米,深1.12米;男池宽8.3米,长10.9米,深1.41米,中间的加墙宽0.6米。从规格上,它算不上一个游泳池,而只能说是一个坑塘,坦率地讲,里面也装不下几个人。

大球场。"天无三日晴,地无三尺平"是石门坎自然条件的真实写照,所以大球场的场地很不规整,整个场地似月牙形,呈东西走向。北边的山坡被往里掏削,像月牙的外弧一般,成了球场一边的边界,南边是一条深壑,自然地向内弯曲,沿着沟壑的边沿成了另一边的边界,为了防止球掉下去,特意打了一个一米多高的土垄,因为"球一旦掉下去,要背着晌午捡"。由于场地极不规整,所以只作出了大约的丈量,选了总长度和四个地点的宽度来丈量,总长度约97米,场地西头宽15.6米,东头宽19米,中间两处的宽度为19.5米和24.2米。这样的球场在全世界可能也找不出第二个。

图九 石门坎的大球场

长房子。总长29.1米,宽8.1米,墙高2米,石墙青瓦,外有走廊,西式拱形门窗,体现出中西结合的款式。

图十　石门坎的长房子

小砖房。长16米,宽4.8米,墙高2米,共四间房,每间一门一窗,木质结构,小青瓦。

灵修室。屋宽5米,长8米,南北墙高3.8米,东西墙高3.5米,石墙(已倒)。

图十一　石门坎的灵修室

女教师宿舍。宽5.15米,长10.15米,拱形的门窗,雅致精巧。

石房子。长度约20米,宽度无法丈量。当年作为传教团的居所,现在已不复存在,其地基和院落经过修整,现变成了一个废旧的、小于标准尺寸的篮球场。

　　大教室。石门坎光华小学的标志性建筑，上世纪九十年代被拆掉，在原来的旧址上建成了新的教学楼，已经无法数字化。

　　根据上面的数据信息，我们不得不问，学校的设施不大且极不规整，为何能引起进校读书的狂潮？从尺寸上看，游泳池根本容不了几个人，池深只有一米左右，并不是什么理想的游泳场所。作为足球场的大球场，形状和尺寸与正规足球场相差甚远，如果没有两头的球门，没人能判断出这是一块足球场；还有长房子、石房子、小砖房、灵修室、女教师宿舍等建筑，尺寸都不大。

图十二　石门坎大教室的复原图

　　石门坎端午节运动会的场所也是依托自然的"就地取材"，它是苗族花山节的旧址：

　　耍山梁子在一座小山的顶部，好像是用刀把山拦腰削平了一样，整体上像一个平放着的"腰子"，东西长度大概有两百米，南北宽约一百米，地面开阔平整，地上长着一层茸茸的青草，就像铺了一层绿色的地毯，整个场地有些坡度，两头高中间低。在"腰子"的内侧，地面突然凹陷下去，像一个圆圆的天坑，里面长着一些并不稠密的小树或草本植物，但足以遮挡住人们的视线。花场四周的地势较低，反衬出它像一个突兀的圆柱体，在花场四周远处的山坡上，分布着一些苗族寨子，这是一个天然的舞台。

图十三　石门坎花山节举办地——耍山梁子

　　就是这样的一块山坡，每年阴历五月五日，石门坎区域的花苗群众几乎倾寨来此，参加运动会，运动会既设置了本土的穿针、绩麻、斗牛、赛马、对歌、射箭、拔河等传统项目，也设置了田赛、径赛、球类等西方现代项目，所以几乎人人参与其中，比赛结果几乎没人在意，斗牛、穿针等项目根本就没有胜利者，有的项目全是胜利者，他们只是陶醉在过程之中；同时，男女相亲、货物交易、盛装展示等非比赛活动也如火如荼，形成了一个全民狂欢的海洋，苗族人内敛、胆怯、麻木的性格在这里一扫而光，呈现出来的是竞争、积极、纯真和道德。

　　再看石门坎当年的设施分布图，它分为内外两层，内层是学校的基本设施，学校四周的外层则分布着一些社会设施——孤儿院（现只剩两米左右的墙基）、医院（现已改建，只剩一些残碑碎石）、麻风病院、运动场（花山节旧址，俗称耍山梁子）、电报代办点（不复存在）、基督教堂（新建）、农业技术推广部（不复存在），石门坎当年的建筑已大都成为"废墟"，这些"废墟"意味着什么呢？我们不妨与古希腊"废墟"作出直观的比对，看能否获得顿悟的灵感。奥林匹亚山上的宙斯神殿、赫拉神庙、帕特农神庙、奥林匹克运动场、半圆形的露天剧场……它们虽然失去了往日的风采，但其残存的辉煌气势，仍在向我们昭示着当年的一切。大型的庆典、祭祀仪式、艺术剧目等都在这些空间里上演，通过时空的位移，巨大的露天剧场在上演着当年的剧目：

　　　演员在表演时戴着面具，穿着高底靴，声音洪亮且动作夸张。在此期间政府要停止办公,全体公民都去看戏,甚至在押的囚犯也要被押解着看戏。此外,政府还特别向穷人发放"看戏津贴"。①

"面具"、"高底靴"、"夸张的动作"等虽然是为了戏剧的效果,但也绝不是单单为了戏剧效果的,这颇有些滑稽、怪异的举止打扮是现世所没有的,而是带有强烈的神性色彩;并且全体公民甚至罪犯都要去"看戏",这充分展示了古希腊人的浪漫,更彰显了古希腊人情感和生命的浪漫。

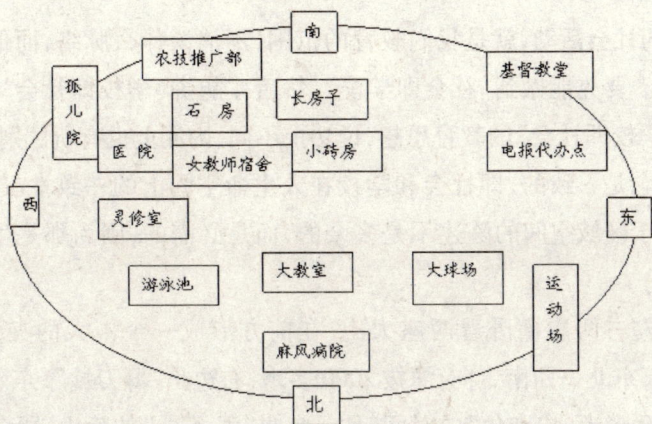

图十四　石门坎设施布局图

图十五　石门坎原校园实景

---

① 李彦:《神的旨意:古希腊狂欢》,中国画报出版社 2009 年版,第 36 页。

这些历经千年风雨而仍然残缺耸立的"废墟"，标示着一种秩序，一种人神共舞的空间，在这一空间内，出现了泰勒斯、阿纳克西曼德、赫拉克利特、德谟克利特、苏格拉底这样一个惊人的哲学群体，柏拉图的"理想国"就像赫拉神殿一样完美，"这些哲人就如同雄伟的建筑一样不朽"①。古希腊的天文学、数学、法律、文学、绘画等都产生在这一空间，正如雪莱所说："我们都是古希腊人，我们的法律、文学、宗教、艺术的根源在希腊。"②这一空间，缔造了人类史上光芒四射的"轴心时代"。

"整个的社会活动，就是我们教育的范围，不消谈什么脉络，而他的血脉是自然流通的。要先能做到'社会即学校'，然后才能讲'学校即社会'。"③"社会即学校"、"学校即社会"的教育思想，说法上不同，内涵上也有所区别，但两种教育思想的理念是一致的，即社会和学校在人生命空间上的一致性。由此表明，我们前面关于区域空间的陈述不是多余的，而是必需的，因为那是生命存在的地方。

石门坎左右两边横卧着两座大山，在前方形成一个不大的夹角，左边是"野衣梁子"，东北—西南走向，海拔2000多米；右边是"薄刀岭"，东南—西北走向，海拔2800多米。"夹角"的对面，是一座叫"猴子岩"的险山，顾名思义只有猴子才能攀越的山岩。野衣梁子、薄刀岭、猴子岩三座山恰好围成一个天然的三角架构，石门坎在大山围成的三角形内"被降临"。超强封闭的环境结构，对外来气息形成完全阻隔，就像一个被封存千年的"木乃伊"。

稳定的社会结构，使两极位置的行动者处于"机械团结"的状态，我们可以预见，如果这一结构没有被打开，它就会一直保持着某种程度的稳定，即使有些许的变化，也是微不足道的。需要指明的是，这种变化有可能朝着结构增强的方向发展，而不是松动，因为环境、土地、人口的压力只会增大，而不会减少。

社会组织和现存秩序表现为一种结构，千年不变的结构使历史停滞不前，它使苗族一步步滑向沉醉的深渊。这需要一种反结构（或促结构）以形成对现结构的对抗，从而使个体由沉醉走向清醒，由黑暗走向光明，学校就是这种对抗

① 李彦：《神的旨意：古希腊狂欢》，中国画报出版社2009年版，第111页。
② 李彦：《神的旨意：古希腊狂欢》，中国画报出版社2009年版，第1页。
③ 李彦：《神的旨意：古希腊狂欢》，中国画报出版社2009年版，第154页。

性结构的赋形。

　　1904 年,英国传教士塞缪尔·柏格理来到石门坎创办了石门坎光华小学,学校是一所规模不大的完全小学,有着"牛皮大学校"的称呼,分设男女两部。石门坎光华小学既是一所学校,又是一个教育领导机构,当时被命名为"循道公会西南教区苗疆部教育委员会",统辖着以石门坎为中心、涉及滇黔川三省的教育体系,其他各支校皆冠以"光华小学第×分校"。石门坎学校是整个系统的教育业务中心,所有学校的课程设置、时间安排、考试命题都由石门坎光华小学统一负责,"石门坎的教育势力范围,计滇黔境界 27 所分校,川境 15 所分校,共计 42 分校"①。

　　石门坎光华小学代表着一种新的结构,并致力于结构模型的再生产,努力使之遍植于社会体系之中,不留"盲区"地与固定结构形成对抗。更为可贵的是,新结构不是立志于对现存结构的彻底破坏,而是根植其中并形成对抗,从而在原有结构基础上形成超越。正如石门坎《溯源碑》所述:"愿他野橄榄枝,接我真葡萄树。"石门坎的事实证明,学校的本质是社会结构与反结构对抗的赋形,它根植于社会并推动着社会的发展。

　　学校并不是天外来物,它是由社会而生,代表着社会的理想。石门坎光华学校的布局结构图天然地显示了二者的关系,内圈的教室、球场、宿舍、游泳池等,外圈的孤儿院、农技推广部、电报代办点、医院、麻风病院、教堂,二者形成了一个有机的整体,学校根植于社会之中,学校的理想像阳光一样辐射到社会里,共同形成了一个教育的社会空间。

　　空间的设置是为了生命活力的唤醒和激荡,人的知、情、意是活生生的生命过程,而不是被掏空了血肉和灵魂的法则、教条、图式等,在石门坎的"波拉德"体系中显示得清清楚楚。因此,无论是杜威还是陶行知,都力求把学校描述为一个促使生命秩序再生产的空间,而不是处处画地为牢。基于理解的直观,我们有必要走进动物园:

　　动物园是由一个个笼子组成的,动物被分门别类地"关押"在由铁丝网组成的空间内,并取名为"馆",狮馆、虎馆、熊馆、猴馆、豹馆、鳄鱼馆、鸟馆等等,动物

---

① 贵州民族研究所:《民国年间苗族论文集》,未刊,第 195 页。

们虽近在咫尺却无法"交流",它们的活动空间一律铁丝网"伺候"。笼子是根据动物的种类和大小而定,大概是为了节省资源或者参观方便,笼子的空间相对于动物来说十分狭小,以至于鸟类张不开翅膀,虎豹迈不开脚步,鳄鱼无法隐身和猛扑,猴子没有攀援的高枝……

　　动物们刚被关押进笼子时,总是很不情愿地怒吼、撕扯、碰撞,好像宣示着自己的天性,然而,动物们与铁丝网搏斗的结果,总是以动物的失败而告终,于是,动物们渐渐变得安静了、慵懒了、老实了;它们看上去毛色杂乱、毫无光泽,更是没有精神,连那些骇人的猛兽也终日睡个不醒,有时小孩子想看看它们的威猛,可无论如何喊叫或者投掷杂物,它们都懒得理会。一个小孩子说:爸爸,大老虎为什么这样没精神呀?像咱们家的猫,我一点都不害怕!你不是说孔雀很美吗?可眼前的孔雀翅膀下垂,身上脏脏的,身子吃得圆圆的,像市场上出售的肉鸡一般,一点都不美呀?唉!都是铁丝网圈的啦!可恶的铁丝网把活活生的动物都圈得不像动物了!

　　空间的压缩,使源于环境的生命本真状态丧失,生命的好奇心和情感的敏锐性大大降低。由此我们可以判断,石门坎的这些场所绝不是单纯功能化的设施,而是唤醒和激荡苗族生命的空间,人生命状态的生发需要"游戏"空间,人生命本真状态中的攻击、爱、信仰、群、性等特质,需要在一定的空间内得到释放,使生命秩序得到再生产,从而培育出激情、美感、信念、爱心、进取等人类所必需的生命元素。否则,人也会像动物园里的动物一样"睡个不醒"。

　　散落的历史记忆。一切都是历史的!是布迪厄实践逻辑的前提。历史原点是一个民族精神形成、生发的基础,族群的历史记忆是族群成员信念储存的"容器",这种由历史原点形成的原始信念是无需争辩的、前反思的、朴素的、与生俱来的,它是一个民族的精神之根。石门坎花苗在千年的重压和奴役下,几乎失去人之为人的资格,然而,他们对于民族的历史记忆或神性记忆始终没有消失,只不过散乱地、无意识地存活于他们的行为里。这种行为不是个体的,而是群体的;不是有意识的,而是无意识的;不是理性引导的,而是自然趋从的。

　　格凸河。为追寻石门坎学校的延展部分——紫云县新驰小学,笔者与王明基之孙王文宪老师一起来到格凸河景区,格凸河两岸长满了翠竹,郁郁葱葱,因2010年遇到了百年不见的大水,两岸的树枝上还挂着一些塑料袋、丝线等杂物,树身被水浸泡过的地方呈现出土黄色,可以清楚地看出当时河水上涨的高度,河面不是太宽,约有五十米,但水质很好,沿岸的居民不经过任何处理就直接饮用。河流的长度约四公里,河流两端是两个山洞,河水从一个山洞里流出,形成四公里左右的地上河,然后流入下游的一个山洞,转入地下部分,整个河流酷似一个两端带着螺母的螺丝。坐着快艇在河上游览,新鲜的空气和碧绿的植被,使人心旷神怡。坦率地讲,就景色而言这里和许多地方比起来并无二样,甚至还相形见绌,但两头的山洞却是独一无二,上游的山洞叫悬棺洞,游船从狭小的洞口进到洞内,里面水流湍急,不知其发端;由于太阳无法照入,显得阴冷潮湿,使人心惊胆战。在洞的尽头,豁然开朗,整个水面之上呈现出半球形的轮廓,高约十余丈,洞的四周和上方分布着大大小小的平台以及形状不一的孔,平台上和孔里摆放着许多棺材,有的比较完好,有的已经散架,如此惊险之处,要想把棺材摆放上去绝非易事。

　　我:为什么这么费力地把棺材摆在这里呢?

　　王文宪:这里有神灵保佑,平时外人和其他的东西不敢来,或者来不了,不易被打扰。

　　我:入土为安,不是更好吗?

　　王:我们苗族之所以死后把棺材摆着,而不埋于地下,是因为这里不是我们的家园,我们是被赶到这里来的,我们的家园在黄河岸边,等到有一天我们迁回自己的家园时,再把棺材迁回入土,所以,我们苗族采取悬棺的办法,就是不忘故土,不忘历史,不忘本。

　　河流转入地下的洞叫燕子洞,形状像一个拱门,据说因洞中有数以万计的燕子而得名,洞深约五百米左右,到洞的尽头水流突然下降,由于落差的缘故,发出巨大的声响,从水面到洞的顶端约有十五到二十丈高,洞壁上分布着密密麻麻的小孔,成了燕子天然的家。导游介绍,有位"蜘蛛人"能不用任何保护措施爬到洞顶,称其为"蜘蛛人",就是能像蜘蛛一样地攀爬。看他表演收费50元,出于好奇的缘故,我们就让导游请来一位"蜘蛛人",这位"蜘蛛人"个头不高,还是个瘸脚,我们一时犹豫和担心起来,导游说没事,这是他家的祖传绝活,从来没有出过问题。果不其然,只消一刻钟工夫,"蜘蛛人"抓住洞壁上的岩石迅捷地爬到了顶端,令人称奇。

图十六　格凸河燕子洞岩壁上的"蜘蛛人"

我："蜘蛛人"为什么要练习爬洞？

导游：主要是掏燕子粪用来施肥。

我：（我不大相信这一说法）没有比这更好的办法寻找肥料吗？

导游：反正都是这样说的。

王文宪：我估计应该是为放置棺木而练就的本事。现在苗族死后大多都入土了，所以这门绝技只有用来掏燕窝，或商业表演用了。

我：这是一个讲得通的解释。

"蜘蛛人"解释了悬棺洞里的疑问，棺木是由他们悬起来的，这一殡葬形式造就了"蜘蛛人"特殊的本领。苗族人的历史记忆，已经溶化到他们生活的方方面面，悬棺殡葬就是一个明证。

图十七　农业技术推广部负责人王明基之孙——王文宪

新寨古歌。绕过石门坎后的猴子岩,有一个叫作新寨的苗族寨子,崎岖难行的山路,散落低矮的房舍,穿着花裙子的苗族妇女,散养的牲畜以及臭气熏天的牛粪等,标示着这是一个典型的苗族村寨。在新中学校校长卞素美的带领下,我们进入苗寨之中,在寨子里遇见了一位老人,高高的身材,穿着像战袍一样的苗族男式花衣,由于长期烤火的缘故,面色蜡黄且皱纹很多,看上去有九十多岁,拄着一根拐棍气喘吁吁地站着。刚一见到我们,他有些胆怯,但当他得知我们要他唱苗族古歌时,胆怯之气一扫而光,只见他直直腰、喘喘气、清清嗓、正正神之后开始歌唱,歌声低沉、悠扬、平滑,带有一种凄清、悲凉的韵味,大家受到曲调的浸染而鸦雀无声地听着,由于老人咳嗽得厉害,听了一会儿,我们虽意犹未尽但也只好作罢。停下后,我问他唱的歌词是什么意思,他具体也说不上来,只是说是苗族的苦难历史,经过进一步访问得知,寨子里的人也听不懂是什么内容,但他们说,老人唱的就是我们花苗的历史,我们只要在唱古歌,我们就不会忘记我们是谁。

独一无二。在深山苗寨里钻了一天,躺在宾馆的床上已是十分的疲乏,但安顺紫云楠木冲的见闻依然使我兴奋不已,加上又喝了许多"花苗亲自酿造和亲自敬奉"的酒,我和王文宪老师躺在床上闲聊。

我:今天在楠木冲我感觉到了从来没有遇到过的尊重,这种尊重不是交换式的,不是算计式的,而是发自肺腑的。全寨子里的男女老少都来,寨老拖着长长的烟筒主持着,几个中年男人很起劲地杀着、切着、煮着一只黑山羊,这是花苗待客的最高礼仪,小孩子欢快地追逐着,像节日一样认真、严肃、快乐;宴会上刚劲雄浑的敬酒歌和酣畅淋漓的痛饮形成一种古朴的自然热情。令我新奇又难忘。

王:中国一直存在着一个独一无二的苗族群体,他们受欺辱,在乌蒙山区没有生命的基本权利,连当朝官员都不敢进,他们被禁锢在那里当奴隶,只知别人读书,喜欢打猎交土目,从石门坎一直打到安顺,行程达三百多公里。延续着蚩尤当年战争的习俗,例如:苗族有几支,主要以穿衣、语言、长相来分,各支虽语言有不通的地方,但也区别不大,生活习俗也基本相通,比如:都称"苗"。但只有乌蒙山区的苗族古歌中有古代北方地名"直米力"(古歌中)——"直隶"(现代称呼——今之河北)、"甘肃地"——"甘肃"等,现代汉语中的很多词汇都是借用苗语的,可以看出汉苗互相借用的事实,证明苗族是与汉族同样古老伟大的民族。

这支苗族男女都有服装,大概男式的有两种,其中一种上面有披肩、护手等——好像盔甲的延续,以纪念远古战争,后来就发展成了麻衣礼服。这支苗族是主力军,比如,晚上睡觉不脱鞋和衣,就是当年打仗习俗的延续。

王:只有苗族吃炒面。

我:过去,我家乡河南也有赶路带炒面的,我记得当年生产队的人去外地买马,就带炒面。我家里也炒过炒面。

王:北方有这种现象,说明当年花苗战败后,在北方流落着不少苗民,只不过隐姓埋名罢了,要打仗就带军粮(炒面),又一证明!后来生存要靠打猎,从石门坎要到很远的地方打猎,比如从威宁到安顺的普定打猎,就得带炒面。

时至今日,读过大学、深受汉文化熏陶的王文宪老师,竟然还保有这个习惯,炎炎夏日,他冲完澡却仍然要穿上一层衣服,和衣而睡,起初我有些不解,他说,石门坎花苗十之八九基本都是这样的。其实,我在石门坎苗族的一次安葬仪式中也遇见过类似情况,因为安葬的事情,主人家来了很多客人,一位叫吴善宇的老人与我聊到夜里 12 点,我问他有地方休息吗?他说:"有啊,床上、凳子上、地上、桌子上都能睡,我们花苗哪里都能睡。"当时,我只是敬佩他的吃苦精神,并没有想到花苗习俗的层面,看来还延续着远古行军露宿的影子。

融入花苗生活与血液之中的历史记忆,随着时光的推移,虽然变成了无意识,但仍然倔强地存在着,它是历史性在身体里和事物中的关系实现,"惯习脱胎于一整套历史,它就和这整套历史一起,筛选着可能有的各种反应,并强化了其中的某些反应"①。

幻象追求的狂欢。花苗的历史记忆,既表现出零散、转化、无意识的外在特点,同时,也显示出坚韧、深刻、多样化的内在品格。它是花苗自我认同的基础,也是幻象(illusio)产生的凭借。场域中资本的分布与分量一旦发生变化,行动者会根据自己的位置,采取相应的策略并迅速地行动起来。传教士柏格理作为

① 皮埃尔·布迪厄著,李猛译:《实践与反思——反思社会学导引》,中央编译出版社 1998 年版,第 168 页。

政治权利的一极,改变了石门坎的单极政治结构,并促成了三元政治空间,这是石门坎花苗"行动"的基础,石门坎花苗因作为宗教对象而获得了一定的社会资本,石门坎被悬置几千年的场瞬间被激活。传教士作为权利的一极存在着,但形式上表现为间接权利,因为传教士的政治权利是通过中央政府(清政府或国民政府)实现的,而中央政府与土目之间只是名义上的隶属关系,对于土目来讲,传教士的权利是单薄和不稳定的,就像远处高楼上演奏的名曲一样,时断时续、时有时无。在石门坎,土目对传教士的敌视和迫害从来就没有停止过:

1903 年,在渡口等船的间隙,柏格理及其随从玩起了类似打棒球似的投石游戏,伙伴的投石被柏格理一一接住,因为在英国很多人都受过初级的训练,接住投手的投掷是很自然的事情。但绑架者看到这一幕,惊得目瞪口呆,认为他有某种"魔法",就胆怯地退却了,绑架未遂。

1899 年,土目在传教士居住的弄堂里埋伏了杀手,目标直接锁定了柏格理,漆黑的夜晚使柏格理幸免于难,但他的同事却倒在了血泊中。

1903 年,陪同柏格理的人员中,有位有一定势力的人,若用沉船的办法他肯定会和柏格理一起死去,这样会招来他家族的残酷报复,谋杀不得不放弃。

1907 年,一天夜里几声枪响之后,柏格理被抓住,最后,用硬币的正反面来决定柏格理的生死,最终来自硬币的偶然性保住了柏格理的命。

1911 年,在结束"洋鬼子"性命时,一个凶手突然倒地,竟然暴病身亡,柏格理又侥幸躲过一劫。

列举旨在说明柏格理权利的间接性和脆弱性,这直接关系着苗族因传教士而获得权利的性质,在传教士"间接性"、"脆弱性"权利面前,石门坎花苗的政治权利,就是依附在这样的"间接性"和"脆弱性"上的,它的政治能量是极其微弱的,传教士也清楚地感觉到了这一点,"恰如我们所预料的,苗族人终究看出《圣经》不是医治他们所有苦难的万灵药。并非每一朵花都是玫瑰,也不见得每一只鹅都是天鹅。虽然他们信奉上帝,但苗家毕竟还处于一种农奴身份"①。"靠天吃饭,靠地生财"是中国的土地观念,土地是中国农民的根本问题,它不但能生财,更为重要的是,因土地所形成的一套社会关系,它决定着人在社会空间

---

① 塞缪尔·柏格理著,东人达译:《未知的中国》,云南教育出版社 1997 年版,第 412 页。

里的位置,以及占据该位置而获得的权利资本的形式和分量。在"地无三尺平"的石门坎,土地的珍贵可想而知,土地越"珍贵"因此而获得的政治权利的权重就越大,反过来又增强拥有者对土地的控制欲。"关于财宝就藏在田里,于是人们就卖掉所有的东西去购买田地的比喻,对我们苗族人来说是没有吸引力的东西,因为这种事,我们从来就是力所不能及的,我们永远不可能从地主那里买到土地。"①因此,传教士所能做的只是帮扶性的行动——抢救病人、抢救自杀、树立信心、伤害解救等等,传教士拥有的这种点状的、脆弱的和间接的权利,使依附于传教士的花苗所获得的资本相当单薄,即只获得一些极其微弱的社会资本,实质性的经济资本并没有发生转移。之所以细化并反复强调花苗拥有的资本形式,因为它决定着行动者的行动策略,采取直接革命性的斗争是不可能,因为他们不具备那样的资本,根据自己的实际位置、资本分量、历史记忆和现实需要,花苗选择的行动策略——采取间接的形式来改变自己的社会位置,那么,他们的策略形式就是"读书"。历史就是"一本书",石门坎花苗在对"历史书"的千年阅读中,认识到他们受欺压、被蔑视和自我沉醉的根源是没有文化,几则年头不远、老人尚有记忆的事例:

事例一:一个苗族人来卖鸡,要五元钱,一位买鸡者说:这鸡我要了,给你五元钱,你把钱装口袋里,被人拿走了就不好了。苗族人不识数,就装起了买者所说的五元钱,在买别的东西的时候,结果才知是五角钱。

事例二:一位苗族老者赶场卖荞子,五角钱一斤,用秤一称是八斤,买者就说:一斤五角,八斤,五八二十,就是两元。苗族老者也不知道准确与否,结果上当。

事例三:官府要征兵,就给土目派了征兵的任务,土目就把名额下给各个苗族寨子首领"谁"和"巴"(谁和巴是管理寨子的人,相当于现在的村组长),于是就写好条子,让物色好的人送到征兵的地方,说是让他去送一个字条,实际上条子上写着:"这个人就是你们征的兵丁",就回不来了。(杨华明口述)

花苗因没有文化而招致的明欺明骗以及自为性地走上送死之路,对苗族人的伤害是巨大的,他们的记忆是深刻的。所以,一旦有了些许的资本,他们首先

---

① 塞缪尔·柏格理著,东人达译:《未知的中国》,云南教育出版社1997年版,第178页。

渴求的是读书,"第一件事情就是:他们非常迫切地想要读书"①。

读书爷爷。威宁黑石镇的张家村有一位老人,周围的人称他为"读书爷爷",这位姓张的爷爷因为在地主家里服过劳役,在地主儿子学习的时候,他也偷偷地跟着认识了几个字,因此,他成为方圆几十里很受人尊重、唯一的读书人。有一次,土匪要来寨子里讹诈和抢劫,就事先写了一封信来,信上恫吓说:"把你们的草房晒好,等到风大太阳烈的时候我们来玩。"寨子里的人不知道信上的内容,就请来"读书爷爷"来弄清信的内容,大家明白了信的内容后大惊失色,非常害怕,认为又要遭受土匪的祸害了,对此,众人面面相觑毫无办法。此时,只见"读书爷爷"镇定自若,毫无惊慌之感,拿起笔就回了一封信,他在信上写道:"我们的草房晒干了,等待你们来。但我们的弩药不多,只有几斤,你们若来迟了,恐怕弩药过期了。"土匪看过信后就不敢来了。(张国辉口述)

苗族太多的灾难根源于文化的缺失,读书爷爷为苗族人免除了灾祸,故事真假无从查证,但苗族人没有人认为是假的,读书爷爷的真名叫什么,几乎没有人能够讲出来,但这则故事被绘声绘色、普遍地传颂着,大家印象的重心不是"那个人"是谁,而是他"读过书",而正因为他用"认识的字"吓跑了恶人,因此,"读书识字"在苗族人心中成了能够解决一切灾难的万能钥匙,"读书识字"成了他们的奢望和渴求。

这里,文化展现出明显的力量,文化力在增进人的生活力、凝聚力、精神力、意志力、心智力等方面有着不可替代的作用。用中华文化促进会主席高占祥先生的话说:"'文化力'是给予科学进步、经济发展、社会繁荣等无限力量的原动力,可以说是'人类的第二个太阳'。"②

"读书爷爷"作为文化力的隐喻,也作为苗族人的历史记忆,在苗族中广为流传,难以忘怀;而失去文化力后,面对凶狠现实的撞击,他们成为"读书爷爷"的梦想一直存留在内心深处,只是在等待发芽生长的土壤。

如潮涌来。1904 年,山里来的四条苗族汉子,拿着安顺基督教会党居仁牧师的信来到昭通寻找柏格理,当他们站在门口的时候,柏格理和他的同事看到

---

① 塞缪尔·柏格理著,东人达译:《未知的中国》,云南教育出版社 1997 年版,第 687 页。
② 高占祥:《文化力》,北京大学出版社 2007 年版,第 12 页。

他们脚穿草鞋，身穿蓑衣，头顶斗笠，带着长途旅程带来的倦意和灰尘，风尘仆仆地站在那里，眼中充满着狐疑、胆怯、渴求和期待，柏格理的同事、汉族老师钟焕然问他们："找柏格理牧师有什么事情啊？"他们说："读书。"对于传教士和找寻者而言，这次找寻活动实在无法想象出意味着什么，若要问他们自己在找寻什么，若想要他们表达清楚几乎是不可能的。他们代表着一个种群，怀着微薄的希望，向外面的世界伸出了一只犹豫的手，些许的傲慢和偏见，都有可能使他们缩回犹豫中伸出的手。柏格理简单、热情而力所能及的招待，使他们获得一种以理解、友好与同情为特征的人际关系并由此产生一种奇异的感觉，在他们过去的人际关系中，遭遇到的总是鄙视、欺骗和压榨。柏格理用友好的接待对他们的来访作出了回应，就这样激情被点燃，呈现出迅猛发展之势：

> 有些天他们以十几个、二十几个人一伙来到！
>
> 又有几天是六十多个或七十多个！
>
> 随之来了一百人！二百人！三百人！四百人！
>
> 最后，说来也凑巧，在一天之中竟有一千名山里的苗族汉子到来！①

这样的人潮难以理解，"它是一种难以解释清楚的奇怪现象，没有人能够为它作出计划或组织，再或以最奔放的思想设想出来"②。他们并非单单因为读书收获颇丰而来，"我问他们刚才我讲了些什么，他们回答：我们没记住。但他们的脸色变得明亮快活"③。为了幻象，所有的尝试、努力、冒险对于他们来说都是值得的，这样的机遇和机会他们已经等待了上千年，具体获得多少知识已经不是最重要的了。

牛皮大的学校。"柏格理看中石门坎这块地皮后，就派人请来土目安荣之协商土地之事，柏格理知道土地对土目意味着什么，也知道正常情况下土目是不可能给他大块土地的。所以当安荣之问柏格理需要多大面积时，柏格理说只要一张牛皮大的地。安荣之一听哈哈大笑，心想一张牛皮能干什么，给你又如何！于是就满口答应，在场的人也都不理解他的用意。柏格理买来一头公牛，

---

① 塞缪尔·柏格理著，东人达译：《未知的中国》，云南教育出版社 1997 年版，第 111 页。
② 塞缪尔·柏格理著，东人达译：《未知的中国》，云南教育出版社 1997 年版，第 521 页。
③ 塞缪尔·柏格理著，东人达译：《未知的中国》，云南教育出版社 1997 年版，第 687 页。

杀来款待安荣之和在场的苗族同胞,并把牛皮在水中浸泡,然后从浸泡的牛皮中抽出很细的线条,用这牛皮线条在选中的山坡上围圈土地,一共围了 60 丈见方(即约 60 亩)地,安荣之看见后知道上了当,但又敬佩柏格理的智慧和为人,于是伸了伸舌头,就只好答应了。"①

微弱的资本,狭小的空间,立刻激起了石门坎花苗对利益(幻象)的追求,由惯习确定了行动策略,并立刻行动起来,场域真正得以被塑造出来。"场域与机器(或系统)之间,一个基本的差别就是:争斗,以及因此而产生的历史性。"②距离石门坎 15 公里的山坡上,有一片冷杉林,按照正常的眼光看,这里的地形险恶到为人力所不能及的地步,正因为土目相信把树木运下山是不可能的事情,所以抱着一种挑逗的态度,以一英镑把它卖给了柏格理。"建设苗家自己的学校"——使苗族人迸发出了令人震惊的力量,放在今天也是一种壮举:

石门坎的男男女女昼夜不分地往返于冷杉树林和石门坎,他们争分夺秒地与时间赛跑,许多人一天往返路程达一百六七十公里,一点也不觉得累,并毫无怨言。他们在比赛,在拼耐力,在拼力量,在拼贡献,看谁流的汗水多!王文宪老人在谈到自己祖辈的举动时,神采飞扬,手舞足蹈,浑身充满着活力,充满着自豪。③

石门坎光华小学既是石门坎苗族群众几千年渴求文化的历史凝结,又是获得新生的希望。"石门坎光华小学的建筑是苗族人民用千百年当牛马做奴隶的伤心泪水、汗水凝结成的。儿孙要努力学习,要成才,要摆脱文盲痛苦。苗家如饥似渴迫切需要文化知识的心情是他人所不能理解的。"④

场域和惯习的关系,既不是主观和客观主义所硬性划定的主客二元对立关系,也不是解释学和现象学所采取的模糊调和关系,而是二者在自己特定逻辑上存在着的对应关系,所以社会现实存在于事物中,也存在于心智中,既存在于场域中,也存在于惯习中,而当惯习遭遇到了适应它的环境时,就会有种自由自

---

① 王文宪口述。
② 皮埃尔·布迪厄著,李猛译:《实践与反思——反思社会学导引》,中央编译出版社 1998 年版,第 140 页。
③ 王文宪口述。
④ 杨明光口述。

在的感觉,"它感觉不到世间的阻力和重负,理所当然地把世界看成是属于自己的世界"①。

奇异的狂欢。"未知的中国,几千年的'三角牢笼',牛皮大的学校",这一组关键词所描绘的场景,应是一个边远荒芜、愚昧落后、毫无生机以及并不为人所知的狭小偏僻之地,长期文化的缺失,使其像一潭绝望的死水,根本无人相信能够在这潭死水中晃动出任何波纹。然而,就是在这样的一潭死水里,投下了一颗石子,却出人意料地激起了巨大的涟漪,并不断地向外延伸,这波涟漪就是出现在石门坎的巨大读书浪潮,这股浪潮以其巨大的磁性席卷一切,吸引着每一个人投身其中,读书声震得周围的山谷轰轰作响,出现一种难得一见的"奇观"。

在厨房里,在餐厅,在书房,在起居室,在客厅,在教堂,在学校教室,在院落,在马厩里,在台阶上,早晨、中午和晚上,他们无处不在!②

远近的苗民都各自背自己的包谷——食粮,及行李,来参加一年一次的神圣的读书会,读书的人数不一,有的头痛齿落,有的龙钟潦倒,有的血气方刚,这其间有多少是父子共读,但集合在一块儿读书绝没有父子老少之分。③

学生们放声读自家的书,像中午的蜂箱一样嗡嗡作响,或者像中国乡村忙于交易的集市一样活跃。④

彝良、大关、六枝等地的人来石门坎读书,把石门坎读得轰轰响,反正空余的时间都在读。⑤

几个惊人的"镜头":

1904 年 7 月 12 日,从石门坎到云南昭通找柏格理读书的四个人,把学到的"太初有道"4 个字写在手上,以便回家读念,走到半路上滑了一跤,因为下雨的

---

① 皮埃尔·布迪厄著,李猛译:《实践与反思——反思社会学导引》,中央编译出版社 1998 年版,第 172 页
② 塞缪尔·柏格理著,东人达译:《未知的中国》,云南教育出版社 1997 年版,第 110 页。
③ 贵州民族研究所:《民国年间苗族论文集》,未刊,第 253 页。
④ 塞缪尔·柏格理著,东人达译:《未知的中国》,云南教育出版社 1997 年版,第 112 页。
⑤ 杨华明口述。

缘故,手上的"道"字抹掉了,就又冒雨挨饿着返回几十公里把"道"字添上才回来。①

"石门坎有位姓张的青年,当年二十几岁,腿有些残疾,家住石门坎的爱华山,因为读书,每周都是家人用马驮着来,因为有一年没有升上级,就上吊自杀了,当时学习不好的耻辱感竟如此强烈,令人吃惊!

石门坎有位朱大妈,把一本苗文《圣经》和一本《苗民夜读课本》读得烂如破布,没有一页是完整的,死前还在翻着看,到死还说自己不是识字人。

一位王姓的青年,与其他同学一起到薄刀岭上砍野竹子做"亮篙"(干竹子可以照明),"亮篙"可以照明,每根丈余,能点燃20分钟左右,王姓青年总是采比别人更多的野竹子,晚上能更长地读书。②

杨忠义在华西读书,一个星期吃两碗面,有一次饿晕了,从路上掉下来,把胳膊都摔断了。平时帮别人挑东西挣些钱,维持着自己的学业。③

1985年在石门开一个苗学研讨会,云南武定县红河州的人大常委会主任,作为当年石门求学的亲历者发言,他讲话说:"我离开石门几十年了,我这次来是回母校,石门的山、水、地还是石门的山、水、地,但我的老师不见了!我当时来石门读书须走17天,心中只有一个念头——读书!"④

石门坎几乎没有路,石门坎沟上游的寨子,有位老人吹胀六个山羊膀胱,把它们捆在一起做成一个皮筏,把自己的孩子放到上面,孩子不会游泳,临撒手时爸爸说:"冲到石门坎若没有人拉起你,你的命就没了,若有人拉起你,你就会成为一个读书人,为了我们寨子的命运值得赌一赌,这对你来说既可能是灾难,更可能是福分。"

我上学的时候都是第一名,没有第二名,身体要健康,脑子也要健康,我脑子不健康了,因为读不好书,我就自己写了申请,主动退学回来。⑤

于是,石门坎溯源碑有言:"时闻山鸣谷应,伫见户诵家诠。"

---

① 杨明光口述。
② 以上三段张以强口述。
③ 杨智光口述。
④ 张国辉口述。
⑤ 以上两段吴善宇口述。

苗文溯源碑上说：我们苗族没有见过书已经四千多年了，读汉文书非常难，比什么都难。苗族谚语也说：最难吃的是屎，最难读的是书。石门坎花苗虽然不怎么读得懂，但却是如饥似渴、激情万丈。试图用一般教育理论解释这种狂欢式的读书浪潮，结果肯定会令人失望。他们说不清自己为什么要读书，一定的功利色彩是肯定的，但这种功利性是模糊的，并没有明确的目标，所以又显示出超功利的一面。"任何场域都将自身体现为各种可能性——报酬、获益、利润乃至制裁的可能性——的结构，但也始终隐含了某种程度的不确定性。"①很明显，用当下的眼光是无法透视这一狂欢浪潮的，我们必须回到历史中去观察，"不存在超越历史因素影响的场域之间关系的法则……"②

石门坎光华小学的学生并不限于适龄儿童，班级中学生的年龄相差很大。

首批入校的王西拉，当时年过半百，是年龄最大的一个，但他和青少年同学共同拼搏比学习，学校为鼓励他，特意送给他一副眼镜。③

也不是一般意义上的复式教学，因为学生不存在水平上的参差不齐，无论年岁多大，但在知识上都是零起点。这些男女老少如此狂欢式地忘情投入，绝不是单单为了识几个字，他们似乎在追求着某种东西，一种在他们的历史记忆中曾经存在的，在现实中已经反复证明过的东西，它既是清晰的，又是模糊的；既是历史的，又是现实的；既是事物的，又是心智的；既超越个体之外，又囿于群体之内。这是一种幻象的追求，作为"利益"形式存在的幻象的价值，对于石门坎花苗来说是无需证明的，因为他们的历史事实无时无刻不在证明着一个事实：一个民族没有知识，就是自我毁灭。石门坎苗文溯源碑上说：

石门坎大花苗真真实实地是中国的一个古老族群，先人们实际地住在中国的地方里，我们的古歌里唱有：我们来自哪里，到了哪里。以后流落到荒野里，再没有哪一个管我们。

---

① 皮埃尔·布迪厄著，李猛译：《实践与反思——反思社会学导引》，中央编译出版社 1998 年版，第 18 页。

② 皮埃尔·布迪厄著，李猛译：《实践与反思——反思社会学导引》，中央编译出版社 1998 年版，第 150 页。

③ 威宁县政协：《威宁文史资料（第四辑）》，2004 年印（内部资料），第 105 页。

作为宏观的历史记忆存储于共同体之中,形成了一种集体意识,在集体意识中,这种由知识缺失、生命资格缺失而滑入沉醉深渊的宏观记忆是清晰的,但对个体而言并非是清晰的,虽然个体从宏观认识上存在着模糊性,但石门坎花苗对遭受符号暴力却并不陌生,比如,乡场中的利用苗族文盲的明欺硬骗,甚至无知地自寻丧生之路,一切现实都是历史的积聚,一切历史也都是现实的记忆。一次次刻骨铭心的上当、受骗,为花苗提供了一条认识读书价值的现实路径,当然,也还有像"读书爷爷"那样的正面例证。宏观的、历史的集体意识和现实的、刻骨铭心的个体体验,使他们认识到书是包治百病的良方,是改变不幸历史和现实的魔力,书作为一种全阈的力量已根植于花苗内心,为求重生而进行的读书狂欢,其本质表现为"幻象追求的赋形"。

花苗作为一种社会角色,其拥有社会资本的形式是间接的、单薄的,所以他选择行动策略的取向,也表现为间接性,即通过读书使"历史的我"变成"现在的我",采取一种自我历史续写的方式来行动,因为传教士到来之前,他们的历史表现为断裂性,没有行动、革命和争夺的历史是停滞的。传教士到来后,花苗因为资本的类型和分量,并没有采取与土目直接争夺的策略,而是选择读书——这一纵向的自我改变来参与社会位置的争夺,表现为"间接的直接性"。石门坎花苗数千来年来被禁锢在一个封闭的区域里,进出的石门紧紧关闭着,固化的秩序被悬置起来,与外界秩序形成自然和人为的双重区隔,交融无以实现。那么它造成的直接后果,就是被自然、社会结构所形塑的花苗生命状态,也被冷冻起来,像一个被封存千年的"木乃伊",正如甘铎理所言:"自己正生活于两种文明中:一种即在他的眼前,古老而自我陶醉,另一种隐藏于深山,天然而蒙昧。"①以至于形成一种"晦盲否塞,蠢如鹿豕(猪)"、"大地上最无所作为的一群人"、"只适于当农奴"、"苗子能读书我的狗也能读书"的侮辱性观点,"他人"对花苗非人的定义是可怕的,这种定义剥夺了花苗为人的资格,"我们实实际际是中国古老的民族,我们住在中国的地方,古歌中唱:我们从哪里来,到哪里去……"②花苗绝望的呼喊和明证,并不能改变他人的定义。拥有全部资本、与花苗同居一隅的彝族土目把他们当作自己的"动产"。抹去了花苗为人的资格

---

① 塞缪尔·柏格理著,东人达译:《未知的中国》,云南教育出版社 1997 年版,第 509 页。
② 苗文溯源碑。

之后,人的生命空间必定受到挤压,在花苗的记忆里,嘲笑、蔑视、压榨、迫害等行为一刻也没有离开过,空间的凝固带来的必是生命状态的萎缩。"在英国,基督教被确立为国教几个世纪后,我们还是要面对着令人震惊的酗酒问题、急迫的性问题,以及一个迷信招魂者的社会。"①所幸的是苗族把自己作为人定义着,虽然他们采取的是一些荒诞的、极端的举措,顽强地维系着族群的认同,即使很多行动是无意识的。一旦有了生命生发的空间,他们就忘我地投入进来,旨在奋力地挣脱生命的桎梏,使自己的生命状态得到生发,由此获得为人的资格。这种纵向的自我竞争,能够促使个体迸发出巨大的能量,因为它来自生命的深处,被称为"充满热血的源泉"。对于它的形式和能量,推动这场运动的传教士也没有充分估计到,"看来我们是疏忽了,从未设想到复兴会以这种方式到来……那是一场不停息的复兴运动"②。石门坎花苗的读书浪潮,是花苗由沉醉走向清醒、萎缩走向伸展、本真走向生发的生命游戏,是石门坎苗族生命复兴的赋形。

缘于石门坎情结,我和我的硕导经常进行有关石门坎的倾情叙谈,没想到我们的谈话竟也塑造出不少向往者,我的一位研究生师弟在毕业前夕,决定亲临石门坎去感受那奇异的"未知中国"。到达之后,他的一个电话,使我竟不知如何给出他问题的答案:

师弟:师兄好! 我到石门坎了!

我:是吗? 什么时候到的?

师弟:昨天晚上,今天早起转了一圈。师兄,你看我需要看哪些东西呢?

我:就是看与教育有关的地方呗。

师弟:没有什么东西呀! 就几处原来留下的旧房子、破池子和凸凹不平的操场,学校周围的坡坡岭岭空荡荡的,十分荒凉。

我:哦……哦……

我:那……你去看一些墓碑了吗?

师弟:看了,死气沉沉的。

---

① 塞缪尔·柏格理著,东人达译:《未知的中国》,云南教育出版社1997年版,第413页。
② 塞缪尔·柏格理著,东人达译:《未知的中国》,云南教育出版社1997年版,第112页

我:学校展览室看了吗?

师弟:学校吴善国书记领着我看过了,脏兮兮的。

我:你不是都看过了吗?

师弟:还有什么可看的?

我:那……那……你,到苏科寨看看吧,那里的风光不错。

师弟:好吧!

师弟的失望之情溢于言表,作为观光旅游和猎奇的目的地,石门坎显然是不会令人满意的,当年的热潮经过猛烈政治风暴和历史风雨的反复冲刷,能看得到的只剩下一些"残存",正如师弟所描绘的那样——旧的、破的、凸凹不平的、死气沉沉的、脏兮兮的……今天的石门坎及其教育已经失去了当年的"血脉",若没有一定的背景知识,是难以跨越时空把历史续接起来的,在这些场中填充不了"血脉",难免给人一种"空荡荡"的感觉。师弟再也没有给我打电话,估计他费时费力,却一无所获,有种上当的感觉。

由于反复的田野工作,资料得以不断积累,我每次站到那些空荡荡的地方,好像总能听到、看到当时狂欢式的一幕。石门坎学校周围聚集着大片大片的人群,有的站着,有的蹲着,有的慢慢地走着,他们都拿着书在读,相对于人群的数量,教室显得那么的狭小,像巨大旋涡中的一叶小舟;人群中有老态龙钟的老人,驼背弯腰地拄着拐棍、拿着书,像一尊移动的塑像;稚气未脱的小孩,摇头晃脑地读着,其摆幅之大,令人好笑;还有穿着花裙子的妇女们,也绚丽地点缀其间,形成一道独特的风景线。他们的身影不但充满了学校的整个空间,他们的声音更是大得惊人。"在一片喧闹的读书声中,除非能够听到本人的声音,就不会确信自己在读书。……就像中午的蜂箱一样嗡嗡作响,或者像中国乡村忙于交易的集市一样活跃,这里充满着喧闹和激情、拥挤和人流。"①

---

① 塞缪尔·柏格理著,东人达译:《未知的中国》,云南教育出版社1997年版,第112页。

图十八　作者远赴重庆渣滓洞考察

革命小说《红岩》也展示了一个能量巨大的革命熔炉。小说首先塑造了几个具有坚定革命意志的革命者,例如江雪芹、许云峰、齐晓轩、龙光华等,他们是坚毅、勇敢、机智的代名词,充满着血性和雄壮,充分展示出英雄"斩钉截铁"式的力之美:

他用硬朗的脚步声,铁镣碰响的当啷声,向每间牢房致意,慰藉着战友的关切;并且用钢铁的音节磨砺着他自己的,每一个人的顽强斗争的意志。①

其次,《红岩》中的十八条诗抄、标语、口号,烘托出一种浓郁的革命氛围。

例一:……为了免除下一代的苦难,

　　我们愿——

　　愿把这牢底坐穿!

例二:刽子手,你莫慌,

　　我有骨头你有枪!

　　不怕特务枪和弹,

　　学生你总杀不光!

　　一个倒下去,

　　万个紧跟上!

―――――――――

① 苑青松:《构建民族国家想象的宏大浪潮》,《安顺学院学报》2007 年第 3 期,第 5 页。

例三:(对联)横批:扭转乾坤。上联:洞中才数日。下联:世上已千年。

横批:极乐世界。上联:歌乐山下悟道。下联:渣滓洞中参禅。

横批:苦尽甜来。上联:看洞中依然旧景。下联:望窗外已是新春。

最后,《红岩》创设出一种死亡之美的场景,把红色的革命氛围推向高潮,例如江雪芹对待死亡时的从容和义无反顾、许云峰对待死亡时的自豪与光荣、齐晓轩死时的雄伟崛立、胡浩的抱敌坠崖,龙光华的站立牺牲……

图十九　笔者在渣滓洞前留影

《红岩》中的渣滓洞监狱成了革命意志的磨炼场,这样的"红色熔炉"、"红色磁场",使幼稚者成熟、动摇者坚定、软弱者坚强,直至聚合成一股冲刷一切、席卷一切的巨大洪流,催发更多的人投身于这场革命的大搏斗中。刘思扬就是这一熔炉的涅槃者:

多时以来,他始终感到歉疚,因为自己不像其他战友那样,受过毒刑的考验,他觉得不经刑讯,就不配称为不屈的战士。①

无论是《红岩》中的渣滓洞,还是石门坎学校,都形成一个巨大的力场,它像磁铁一样不断地吸引着周围渴望进入的人们,并用自己的能量塑造着置身其中的人们,使其符合自身的特定逻辑,人群数量的增加,又不断地强化它的能量,

---

① 苑青松:《构建民族国家想象的宏大浪潮》,《安顺学院学报》2007年第3期,第7页。

依此成几何状渐次增强……最终形成一个具有巨大能量、极具活力、吞噬一切的能量场，石门坎宏大的读书奇观，是行动者重塑场域的赋形。

四书和五经。1906年开办的石门坎光华小学，面对零知识起点的花苗学生，起初只开办了一门课程——语文，仍然把中国传统的四书、五经、蒙学读物作为他们的教材，开始时是识字发蒙，用《绘图蒙学》教学生看图识字，方法是以字代词，连词成句。如第一课识字：一、二、六、八，连词：一、一个、一个人等；高年级有《千字文》、《三字经》、《百家姓》、四书、五经。顺序是先汉字、后课文。

作为语文课程与教学论为专业方向的研究者来说，对石门坎教育现象的研究，在较长一段时间内，陷入语文教学的内容和方法之中难以脱身，在研究者的头脑中总是存在着一个预设——石门坎教育中肯定存在着内容和方法上的秘诀，于是，带着这样的预设，在田野工作中总是把它作为一个结构性的内容，有目的地访问受访者，然而受访者的回答却是完全的一致——没有答案。

我：石门坎的教育成就很大，学习的劲头很足，这肯定与老师的方法有关吧，那么，语文课老师是怎么教的呢？

张以强：哎！老师怎么教的，还真没听老人们谈过。

张以强：我们上学时，就是读书，不懂的地方问老师，其他的也都没有印象了。

杨华明：记不起了！

张国辉：这方面留下来的比较少。

王文宪：老师很负责任，具体怎么教的方法，这方面的资料比较少。

杨明光：我们当时就是下劲读，拼命读，比赛读，也没有什么特别的方法。

……

大量田野工作的实际数据说明，当时石门坎学校的教材、方法与国内其他地区并无二样，寄望从内容、方法上突破的企图不得不改变，田野工作的事实与先前的预设出现重大反差，难免令人失望，从本质上讲，石门坎早期的教育只是一种识字教育而已，从方法上并没有跳出中国传统识字的方法——呆读死记，然而他们在没有功名驱动的情况下如此拼命，确实令人费解。然而这促成了我思维和研究重心的转变，石门坎教育辉煌的关键不在内容方法上，而是在深层次的生命言说层面上。正如朱熹所说:"小立课程,大作功夫。"同时,也正好标示出语文的性质:语文是一种工具化的精神,不但要理解它在本体论上的意义关系,更不能遗忘促成它起源的社会关系。

三、公共空间:新秩序的位移

自然空间、学校空间、公共空间是石门坎空间场域中的三个子单元,本研究分成这样的三个空间来叙述,划分未免生硬、偏颇,似乎还存在着外延关系上的重叠,但分类不是以分类为目的,是根据研究对象的实际存在和研究便利而为的。学校是专门化的教育机构,是社会的一个特殊空间,所以它与公共空间的区别是明显的,我们之所以把本为隶属关系的学校与社会划为并列关系,目的正在于此。前面对学校空间作了分析,展示了它的特色和成就,如果仅满足于此,我们就会失去探究的动力,只好心存疑问地遗憾下去,更有可能忽略一个十分重要的问题——公共空间的教育问题;学校作为社会的一个组织、空间、机构,必然与社会有着千丝万缕的联系,蜗牛壳里造屋会问题丛生,当前学校教育的现实清楚地证明了这一点;学校与社会的联系也必然是以其专门的教育职能为前提的,学校除了内部的职能之外,公共空间与学校的关系构型是什么样的呢? 这是一个重大的社会问题,它关乎社会风气、社会素养、公民组织等一系列社会要素的走向,学校教育对这些社会要素的影响有些鞭长莫及,因为人不可能待在学校里一辈子,所以有效的公共空间教育是至关重要的一环,同时,也有可能帮助我们揭开石门坎教育的真正秘密。

端午节运动会。按照维克多·特纳的分类,人类之间相互联系的关系模式有两种:并列和交替。在并列模式下,社会是一个有组织结构、存在彼此差异的形式;在交替模式下,社会是没有组织结构或者有着较低的社会组织、人们之间没有差别、形成一个地位平等的社会共同体、只是听命于寨老或部落首领的存在形式。

图二十　当年的石门坎运动会

石门坎花苗的社会组织水平极低,是一个彼此之间没有差别的共同体,属于典型的交替模式。所以,描述石门坎端午节运动会之前,必须重温石门坎苗族花山节,石门坎端午节运动会是在花山节基础上改造的结果,是生命层次的纵向交替;花山节既是石门坎苗族生命状态的赋形,也是一种特殊的、病态的场域,在这一场域里不存在社会位置的竞争,只是用极端(外人看来)或惯习(历史意识)的方式(滥饮、狂欢、性放纵等)来显示生命和共同体的存在。唤醒生命意识必须有用以唤醒的场域,该场域还必须与行动者的惯习相契合,柏格理很清楚地认识到了这一点:"如果不把花苗精神生活的转变包括在内,我们就无法评价他们于社会生活所有方面业已发生的巨大变化。"①对年轻人的精神生活给予特别关怀是阻止滑向旧习的关键,因为惯习有着一定的惯性和滞后现象,柏格理经过对花苗惯习的了解,结合花苗通往更高生命层次的需要,指出了发展的方向——变花山节为运动会,我们以图表信息和对参加者的精神刻画来描述石门坎端午节运动会,这样可以从场域与惯习的契合这一角度来观照花苗的生命诉求。

石门坎端午节运动会是 1910 年正式开始的,采取这一替代形式不是偶然的,它是花苗生命诉求的需要,因为苗民将借此取代在黑暗历史上维系生命存

---

① 塞缪尔·柏格理著,东人达译:《未知的中国》,云南教育出版社 1997 年版,第 545 页。

在的花山节;同时体育也是柏格理本人的爱好,体育在西方有着深厚的历史传统,从本质上说它是生命游戏的现实原形,是一种生命的艺术;在石门坎教堂开建时,柏格理对此就进行了试验性质的尝试:

我们进行了两人三腿赛跑(每组两人,把一人的左腿与另一人的右腿缚在一起)、独轮小车赛跑、单足跳赛跑、蛙跳赛跑及许多其他项目的比赛。拔河赛尤为精彩。对于这些游戏人们无不感到新鲜,个个玩得尽兴。①

石门坎花山节内容要素如下:

参与人员:花苗群众。

举办时间:每年阴历五月五日。

举办地点:石门坎耍山梁子(后来叫运动场)。

节日名称:花山节。

组织形式:自发性的仪式。

仪式内容:斗牛、赛马、唱歌、跳舞、吹芦笙、滥饮、放纵等。

石门坎端午节运动会内容要素如下:

参加人员:石门坎光华小学及所属各分校的师生、地方官员、社会名流以及各族群众。

人员类别:观众和运动员。

人员数量:不限定,不固定。约有万余人。

举办时间:每年阴历五月五日。

举办地点:石门坎运动场(即耍山梁子)。

大会名称:端午节运动会。

开幕仪式:由石门坎光华小学师生编排、演出,使用器具有号、锣、鼓、芦笙等。

人员着装:学生是西式学生装,花苗群众是花苗传统盛装。

项目设置:(学生项目)团体操、篮球、足球,径赛有100米、200米、300米、500米、10000米和高低栏,田赛有平地跳高、跳远、三级跳远、标枪、铁饼、铅球、

---

① 苏大龙:《民族研究参考资料》,未刊,第46页。

女生舞蹈等。(群众项目)足球、拔河、赛马、斗牛、射击、爬山、妇女绩麻、穿针、识字、穿衣裙比赛等。

赛程安排:足球比赛在后,其他项目比赛在前。(因为足球在石门坎十分普及且水平颇高,是苗民最喜爱的项目。)

奖励形式:彩带、红旗等。

组织形式:精心组织的盛会。

从仪式的整体性来看,花山节要单调得多,虽然有固定的时间、地点、人员,但都是传统的历史性延续,在仪式上,舞、酒、性充当着主要的元素,花山节仪式的参加者全部是花苗,没有外族人员的参与,更多显现出氏族社会的特征,用放纵、滥饮、狂欢的极端形式来显示共同体的存在,更多表现为沉醉、萎缩、压抑等特征的生命姿态。花山节是石门坎花苗生命状态呈现的现实原形,人的表现,更多地体现为身体素性,即生成地象征行为的身体、姿态和语言,用以引导和控制自己的情感,比如仇恨、恐惧、发狠、爱慕等,仪式实践是一种集体诉求的表达,或希冀,或求救,或彰显等,意在以此影响社会,花山节是一定时空下的结构赋形。

值得注意的是,石门坎端午节运动会在举办地点、时间、集会(作为一种形式)上与花山节是相同的,五月五日和耍山梁子作为苗族传统节日及举办地,延续了几千年,已经融入他们的血液之中,是花苗难以忘怀的,历史是不能硬性隔断的,"对异教徒的欢宴必须吸收和移植,并把新的事物渗透到蒙昧的意识中去"①。这清楚地显示,新事物的到来,不是以彻底砸碎传统为前提的,而是根植于传统之中的,表现为一种融合。

二者在"皮壳"上是完全一致的,但在"内核"上体现出完全不同的精神,"面临的首批紧迫任务之一就是创造新的事物以取代古老的部落节庆"②。这一"内核"改变的基本原则是"割除沉醉,整顿精神"。

为此,石门坎运动会把之所以称为"花场"的宴请、饮酒、舞蹈、性放纵等使人沉醉的元素彻底地割除,取而代之的是张扬生之力的体育项目,从列举看大

---

① 塞缪尔·柏格理著,东人达译:《未知的中国》,云南教育出版社1997年版,第547页。
② 塞缪尔·柏格理著,东人达译:《未知的中国》,云南教育出版社1997年版,第547页。

致包括四大类：一是西方现代体育项目，如 100 米、单杠、铁饼、足球等；二是石门坎传统力量项目，如斗牛、赛马、拔河、爬山等；三是生活习俗项目，如绩麻、穿针、穿裙子等；四是识字比赛项目，这是非常特殊的项目设置。

除了比赛的运动员以外，还有大量的观众，这是花山节所无法比拟的，"周围几百里路远的群众都来参加运动会，大约有万把人，秩序井然，根本没有出现像现在令人头疼的治安问题，形成一种人人向往的景观"①。

花山节和运动会的实质是结构，只不过花山节是以固化、沉醉为特征，而运动会是以唤醒、激荡为指归，它所选定的策略是移植和嫁接，这正是考虑到惯习特有的"惯性"，"有时惯习和场域并不吻合，除非你考虑到惯习和它特有的惯性，特有的滞后现象，否则其中的行为就不可理解"②。所以，运动会表现为另一种结构，是一种脱胎于花山节之中，又与花山节形成对抗的结构，在这一结构中，使人看到社会结构变化的迹象，进而获得一种希望感。

从形式上看，花山节没有统一的组织机构，没有相应的规则、规范，没有明确的目的和指归，它既不是一种纯粹的宗教信仰，也不是一种祖先崇拜，跳舞、滥饮、性放纵是花山节的主要内容，既不是一种竞赛性质的仪式，也不是祭祀性质的仪礼，从本质上讲只是共同体习俗的延续，它以微弱的力量维系着生命存在和族群认同，更多地表现为一种自组织。

端午节运动会从整体性上看丰富了许多，有着明显的组织色彩。例如训练有素的入场式、分列式及统一的着装：

男同学上穿黑色上衣，下穿黑色裤子，头戴黑色帽子，女同学上穿蓝色上衣，下穿白色裙子，同学们一身整体的学生装，显得威风凛凛。他们排着整齐的队伍，喊着响亮的口号，在铜号、锣鼓声中入场，在场中变换着各种各样的队形，让石门坎花苗群众耳目一新，他们从来没有见过这样的东西。③

石门坎端午节运动会是一种竞赛性质的聚会，设置有具体的比赛项目，项目数量多达二十多项，体现出中西结合、竞赛与娱乐结合的特点，有完整的竞赛

---

① 杨明光口述。
② 皮埃尔·布迪厄著，李猛译：《实践与反思——反思社会学导引》，中央编译出版社 1998 年版，第 175 页。
③ 张国辉口述。

程序,共分十一个细类;有不同角色的人员组成,例如各族群众、地方官员、社会名流、学校师生等,另外还有明显的竞赛规则、奖项设置等,运动会更多地表现出组织性,在这样的组织中,使人从中获得一种秩序感。

花山节,从表面上看,是花苗群众庆祝自己的节日,是节日的一种仪式;从实质来看,是花苗在长期压迫之下精神沉醉的赋形,因为酒、舞蹈、性是花山节上的主要元素,他们用这样的沉醉物来麻醉和放纵自己,它是生命力萎缩的外在表现。

端午节运动会是一个体育盛会,运动员参加是为了竞争的目标,从而达到展示自我的目的。

最激烈的比赛要数拔河比赛了,双方的力量相当,中间的红布一会儿被拉到这边,又一会儿被拉了回去,两边的观众都在喊加油,声音大得震天动地,真是闹热得很!拔河把运动会推向了高潮,参加拔河的和加油的观众都很高兴,也很兴奋![①]

当然,竞赛的魅力很好地渲染了气氛,但石门坎运动会并不十分在意最后的结果,而是追求着精神上的跌宕起伏:

一头非常健壮的黄腱牛获得了斗牛的第一名,牛头上系着一条红布带,获胜者牵着它绕场一周,观众为他热烈地鼓掌,他看上去非常激动和自豪,就像获得了世界冠军一样。运动会最后的重头戏是足球比赛,因为足球是石门坎开展最普遍、人们最喜爱的项目,并且水平也很高。最后的决赛是石门坎光华小学与彝良小学两队间比赛,结果光华小学赢了,获得的奖励是拿着一面红旗绕场一周,彝良的输了不服气,把红旗抢了去,我们光华小学的也不跟他计较。反正大家都很高兴就行了。[②]

石门坎端午节运动会是公共空间的运动盛会,群众参与是具备"公共"性质的关键,石门坎约有一万六千人,参加运动会的就达到一万多人,基本上属于全民性质。在运动项目的设置上,体现出适合群众参与的特点,比如绩麻、穿针、

---

① 朱玉冰口述。
② 张国辉口述。

穿衣、识字、赛马等;没有比赛项目的群众也都赶来,有的来做生意,有的为了和熟人亲戚碰个面,有的来相约相会、谈情说爱,大家都穿着盛装出席,把运动会装扮得一片绚丽,他们与场上运动员一样激动和兴奋。"虽然我是农民,但看了运动会,精神就振作了,也起到了文化交流的作用。"①比赛规则上,学校对学校,农民对农民,锣鼓喧天,响彻云霄。井然有序的组织程序,你争我夺的竞赛过程,友好和善的会际交流等,使参与者从中获得了秩序感、自我感、向上感以及团结意识,这些都是生命生发所必需的元素,这既是做人的根本,也是人发展所凭依的基础。由此可知,运动会是花苗(准确地说是区域居民)精神生命的赋形。

哪里有教堂,哪里就有学校。"哪里有教堂,哪里就有学校"是基督教循道公会在滇黔川边的传教方略,它使传教士迅速深入到整个石门坎区域,并在传教和教育事业上均取得了辉煌成就。

图二十一　石门坎的福音堂

因为前者,石门坎被称为"海外天国",因为后者,石门坎被称为"西南边疆最高文化区"。这一方略是如何形成的,人们对此有着怎样的认识,这一方略的价值到底在哪里,等等,这确是一个值得深入探讨的问题,因为它是整个区域社会进步、生命生发的关键,若不能准确深入地认识其内涵,就很难真正剖析石门

---

① 杨明光口述。

坎教育的秘密。

把福音传到世界的每一个角落是传教士的终极目标和不懈追求，正因为此，柏格理辞掉了养尊处优的公务员职位，漂洋过海、不远万里、历经艰险（在长江三峡差点被淹死）来到中国，到达昭通后，先在学院街租了房子，那里是科举的举办地，所以也是外来人口的集散地，柏格理想以此扩大基督教的影响，结果是应者寥寥。由于学院街房屋狭小，又搬至房屋较为宽阔的集贤街，他采取了种种办法，比如中国化的打扮：

头戴小圆帽，上穿长袖上衣，下着肥大长裤，脚穿缎子鞋。甚至还在脑后拖着一条辫子，当然这是假的。①

他利用中国人爱看热闹的习性，敲着小铜锣来吸引路人的注意，对于这个敲铜锣的矮个子洋人，孩子们朝他投石块、吐口水，追逐嬉闹等等，面对困难，柏格理仍然意志坚定地坚持着，然而，愿望不等于现实，如果愿望等于现实，乞丐早就发了财。他虽然使出了各种办法，结果是令人失望的：

从柏格理1888年到昭通至1904年四个苗族人到来，在十七年的时间里，只有几个大妈、阿太和李国钧、李国镇兄弟（因经常来看病）加入了教会，柏格理的信心甚至开始有些动摇了，就准备撤走了，山里花苗的到来，使得各自有了成就对方的机会。②

1904年四个花苗人来了，但目的不是信教而是读书："要来念书。你可以教我们读书吗?"③

传教与读书是两种不同的目的，目的上的偏差，柏格理必定要进行取舍的抉择，最终他选择了接受，于是，基督教的复兴就以这样的方式开始了，连他本人都没有想到，"这些群体最大的愿望就是读书。看来我们是疏忽了，从未设想到复兴会以这种方式到来"④。柏格理的传教事业之所以选择以读书开始，是由主客方面的原因造成的：一是他在昭通毫无成就的传教事实；二是花苗的明

---

① 张坦:《"窄门"前的石门坎》，贵州大学出版社2009年版，第21页。

② 王文献口述。

③ 塞缪尔·柏格理著，东人达译:《未知的中国》，云南教育出版社1997年版，第527页。

④ 塞缪尔·柏格理著，东人达译:《未知的中国》，云南教育出版社1997年版，第112页。

确诉求;三是基督教循道宗重视教育的理念;四是他对失去一次同样机会的反思(在昆明时,曾经失去了到红苗传教的机会)。

在昭通十七年的实际经历、山里花苗的到来以及"山里还有成千上万人在期待着"的信息,让柏格理决定改变策略,主要体现在两个方面:一是到山里去寻找成功的空间,那里有适合基督教发展的肥沃土壤;二是教堂学校一起办,这样,"哪里有教堂,哪里就有学校"的理念应运而生,需要强调的是,从范围上说,这是针对石门坎区域的,从对象上说,主要是针对石门坎花苗的。

但凡涉足石门坎的人,都不可避免地会涉及这一问题,石门坎之所以闻名中外,无外乎因为两点:宗教和教育,这一理念正涵盖了这两种要素,并且还标示了要素之间的关系。认识事物固然重要,但有时候认识事物之间的关系比认识事物本身更重要。那么,我们就把目光放在认识教堂和学堂之间的关系上,来观察它们是如何协调和发挥职能的。

不了解别人的观点,孤陋寡闻;没有自己的观点,人云亦云。为此,首先倾听学者的声音:

"教育重心说"。张坦先生在其专著《"窄门"前的石门坎》中分专节探讨了这一问题,该节的标题直接命名为"哪里有教堂,哪里就有学校",其内容大致包含三个方面:一是详尽罗列史料,旨在说明花苗在客观上存在着文化知识的缺失,主观上也因遭受压迫而有着强烈的读书诉求;二是阐述柏格理提出了"哪里有教堂,哪里就有学校"的著名方略,以教会为依托创办学校,这里涉及了三者的关系问题;三是用数字、图片、表格等方式,详细描述了石门坎光华小学以及各分支小学的情况,从学校数量、在校人数、设施结构、师资数量、学生层次等方面,全面展示了石门坎教育成就,并由石门坎的成就过渡到"基督教是重视文化的"。

张坦先生论述的重心是学校,目的是说明石门坎在极短的时间内所取得的巨大教育成就,而对教堂与教育关系的论述较为单薄,只有"以教会为依托"的说明,并没有展开分析。

"宗教重心说"。陈国钧在20世纪40年代研究石门坎苗族教育时指出,大礼拜堂是传教士们活动的中心场所,学校是他们辅导事业的所在,他们不是"为教育而教育",而是"为宗教而教育",目的是为了宗教麻醉。他们的最高指挥机关是"英国中华基督教循道公会西南教区"。很显然，陈国钧认为石门坎现象的重心在宗教，一切为了宗教目的，宗教统领一切。

"信教为学说"。石门坎知识分子杨明光很坚决地持有这一观点：

> 苗族人以前就像一个"病人"，谁拉一下就想站起来，他们认为耶稣是爱稣，认为柏格理就是上帝，并不真正知道基督教是什么，所以不是真正地信教，端午节运动会中就不涉及宗教，石门坎信教是假的，是为了读书才信教。20 年代教会为百姓做了些事情，比如打官司、提高生活力、改变不良习俗、让读书等，很多苗族加入教会是为了得到一定的保护，读书时还可以少缴学费，后来石门坎光华小学的学费信教与不信教的有区别，上初小，教徒子弟包谷 5 升，教外子弟 7 升；读高小，教徒子弟交 7 升，教外子弟交 1 斗。石门坎苗族太贫穷了，为了节省就信教，但不是真信！30 年代在反帝反封建时，教会就没有力量。①

学者们关于"哪里有教堂，哪里就有学校"的讨论，重心放在教堂或学校的选择中，他们的选择像是晃动在以教堂和学校为两个端点的振摆。张坦先生的论述详尽而有力，全面展示了石门坎学校的成就，但其论述的薄弱之处也恰恰出在"学校成就"上，如果单从内容上把握，题目只用后半句就行，很显然，张坦先生在这一重要方略的研究中缺失了一半。

陈国钧的极端宗教说，有其立场的背景，他本人是国民政府驻石门坎的代表，任何一个政府对外来势力的影响都会保持警惕，尤其是石门坎云集响应般的势头，以及迅猛地扩展到三省的范围，更会引起政府的特别关注。杨明光先生的谈话或许是最好的解释：

> 石门坎的影响很大，一是创办学校早，当时附近没有学校，县城里面都没有正规学校；二是接受新文化早，比如体育、艺术等，引起了国民党的重视，把石门坎说成"小香港"，所谓"小香港"，实质上是把石门坎推出去，不是赞扬石门坎，而是别有用心。1945 年我在石门坎光华小学下属的教学点教书，县督学到石门坎来视察，回去后诬蔑石门坎有不轨之图，他的报告中说，当提问石门坎的学生"委员长是谁"时，学生答："耶稣。""首都在哪呀？"答："香港。"根本就没有这回

---

① 杨明光口述。

事,石门坎背上了黑锅,因此,国民党就引起了注意。这个黑锅背了很久,新中国成立后,我51年在贵州民族学院,54年搞统战工作,我比较清楚,有一次,在一位民委干部(长征过)的带领下去调研,快到石门坎时他说:要到"小台湾"了,大家说话要注意。把石门坎当成威胁,还传说石门坎有枪支、电台呀等等。现在写石门坎的文章很多,但对"小香港"、"小台湾"的真意没有搞清楚,背黑锅抬不起头,有一段时间入党、参军、升学都没有资格,直到十一届三中全会以后才改变。①

把有宗教背景的石门坎刻画成"小香港",于是宗教就成了被指责、被迁怒的对象,很明显这种观点有着浓厚的政治色彩,体现为一种政治性归罪,是一种极端的认识,并且有着极强的惯性影响。"学校是知识的集团,一方面便于大批地注射儿童的宗教麻醉剂,他方面又可借儿童的力量来传播到各个家庭。"②

从价值取向上,他认为一切是为着宗教目的的,而在宗教与学校的关系上,认为学校是宗教传播的工具。

"信教为学说"是石门坎老人普遍认同的一种说法,是为了读书而"被入教"的,因入教可以"少缴两升包谷的学费",这对花苗来说是重要的,因为他们的贫穷是外人难以想象的。这种观点在突出民族共同体诉求的同时刻意回避着宗教问题。

在正反相对、各执一词的观点罗列中,我们恰好可以找到理解它所需的路径,至少可以断定,用分割的立场来看肯定有失偏颇,要想准确把捉它的内涵,必须秉承辩证统一的观点和态度,"从现在出版的权威性著作看,对教会在中国办学,找不到一点一分为二评价的影子,更看不到丝毫的肯定之处。笔者认为,这不是实事求是、一分为二地对待历史"③。

自1904年四个花苗到昭通以后,柏格理在与花苗不断的接触中,认识到花苗族群是"荒野里的人",他们的生活就像"瞎子追逐水牛"般杂乱无序。他们要求读书,但好像也不单单仅是读书,"他们的第一项要求就是教他们读书,这似乎一直是他们头脑中一个明确的想法,当然也并不仅仅为寻求受教育而来。

---

① 杨明光口述。
② 贵州民族研究所:《民国年间苗族论文集》,未刊,第251页。
③ 威宁县政协:《威宁文史资料·石门专辑》,2006年印(内部资料),第34页。

他们在寻求进入一个更高的生命层次"①。那么,怎样使花苗进入生命的新世界呢? 柏格理用宗教和教育两个工具来引领花苗进入未来,宗教作为形而上的存在,可以使花苗在精神上皈依,学校作为形而下的知识生产场,可以成为社会进步的动力和保障,柏格理提出"哪里有教堂,哪里就有学校"的方略,就是用形而上的宗教关怀和形而下的知识基础带领他们进入新的生命层次。宗教的好坏优劣不在我们的讨论之列,但用基督教来取代花苗万物有灵的本土宗教,对石门坎花苗来说,至少存在着两点积极意义:一是把花苗从对妖魔鬼怪的恐惧中解救出来,由多神恐惧转向基督之爱,"他们体验到了再也不用生活在一个需要害怕鬼怪的世界中的新经历"②。这是苗族精神上的一次革命和解放,它是后来发展的基础;二是破除了各种巫术迷信,消除了大量不必要的祭拜浪费。知识是发展的真正基础和力量,《圣经》终究不能当饭吃,苗家高级知识分子的培养是他们能否进入生命新层次的关键,基于此,石门坎教会在教育上的成就是其他宗派所少有的,在这方面,临近的基督教内地会与石门坎循道宗相比是不可同日而语的。

"哪里有教堂,哪里就有学校"的方略,是基督教循道公会传统和石门坎客观现实的反映,是基督教本土化过程的体现。

"哪里有教堂,哪里就有学校"作为一种实践的考察。在石门坎,教堂和学堂相伴而生,迅速拉起了宗教和教育的架构,以石门坎联区(它包括石门坎和长海子两个小联区)为例,到解放初期,学校和教堂共生的信息如下:

表一　石门坎小联区教堂和学校信息统计表

教堂名称	学校名称	建立时间
石门坎教堂	石门坎光华小学	1905 年
天生桥教堂	石门坎光华小学天生桥分校	1906 年
简角寨教堂	石门坎光华小学简角寨分校	1906 年
路家营教堂	石门坎光华小学路家营分校	1907 年
爱华山教堂	石门坎光华小学爱华山分校	1907 年

① 塞缪尔·柏格理著,东人达译:《未知的中国》,云南教育出版社 1997 年版,第 527 页。
② 塞缪尔·柏格理著,东人达译:《未知的中国》,云南教育出版社 1997 年版,第 543 页。

续表

教堂名称	学校名称	建立时间
罗卜甲教堂	石门坎光华小学罗卜甲分校	1908 年
木槽教堂	石门坎光华小学木槽分校	1916 年
大寨教堂	石门坎光华小学大寨分校	1945 年
马街教堂	石门坎光华小学马街分校	1948 年

表二　长海子小联区教堂和学校信息统计表

教堂名称	学校名称	建立时间
长海子教堂	石门坎光华小学长海子分校	1906 年
龙井教堂	石门坎光华小学龙井分校	1906 年
纶子河教堂	石门坎光华小学纶子河分校	1908 年
切冲教堂	石门坎光华小学切冲分校	1910 年
上海枯教堂	石门坎光华小学上海枯分校	1914 年
瓜拉教堂	石门坎光华小学瓜拉分校	1920 年
牛街教堂	石门坎光华小学牛街分校	不详

每设立一个支堂,就开办一所学校,有的教堂本身就是学校;教堂和学校的开办随着时间的推移不断向四周扩展,在范围上扩展的同时,分布上也由疏到密,迅速构建起一个区域性教育体系,基于实践的分析,它无疑是成功有效的。它使花苗的精神得到了相应的解放,使灵魂有了存放的地方,学校使他们有了努力的方向和着力的地方。

在一个地方,他们砍倒一片神圣的小树林的树木,此处原先是他们实行精灵崇拜和混乱聚会的场所,使用这些木材建造一所学校兼小教堂。①

教堂和学堂标示着一种新的秩序、新的结构,与花苗数千年所遵循的完全不同的秩序和结构,同时,也是为了改变原有结构而与之形成对抗的结构和秩序。这样的秩序、结构是花苗千年不灭的生命诉求,一旦有了这种秩序的现实原形,他们立刻把它作为生命游戏的空间,狂欢式地加以利用。

---

① 塞缪尔·柏格理著,东人达译:《未知的中国》,云南教育出版社 1997 年版,第 550 页。

　　小教堂在礼拜日最为繁忙。大批人群从四面八方赶来,有几个礼拜日里,一千或者一千五百之众,甚至更多的人都挤进教堂参加了礼拜。苗族人建造的小教堂得到了充分利用。首先它是一所走读学校,很快又变成了寄读学校。①

　　"哪里有教堂,哪里就有学校",从表面看就是建一些教堂和学堂,表现为具体的建筑和场所,这也是众多研究者所关注到的层面;但这些潮湿得可怕、并不美观、满打满算至多不过值二十五英镑的建筑,为什么会引起巨大的轰动呢?单纯从建筑来看是无法解释的。花苗人追寻柏格理是为了进入一种新的生命层次,如何才能引领着他们达到他们所需求的生命层次呢? 换句话说,他找到入口了吗?

　　因为一块天然的岩石和旁边的台阶,当地人把它叫作石门坎或石门槛,柏格理通过他的禀赋的感触,立刻把它生硬地译为 Stone Gateway,以此来宣示它是一条花苗通向新秩序的门坎。②

　　那么,柏格理所找到的、能带领花苗走向新秩序的道路是什么呢? 那就是"哪里有教堂,哪里就有学校",很明显这是一种理念,一种方略,是为着唤醒、激荡生命而出现的,实际存在的、相伴而生的建筑只是这种理念的赋形。

　　"哪里有教堂,哪里就有学校"作为一种改变生命状态的理念,教堂和学堂只会是统一的,而不会是分裂的,至多会存在各自功能上的侧重点不同。据上分析,教堂和学堂表现为一种结构性空间,那么,遵循其实际存在形态,笔者就以其存在的空间性作为考察的取向,来观测其关系构型。2011 年在我的结构性访问中,我把这一问题列为首要的、统摄性话题,与有着石门坎"活字典"之称的张国辉秘书(当过十一任乡长的秘书,是光华小学的学生,每位外来者必须拜访的人,对石门坎的过去和现在有着较为详尽的了解)进行了专题性的讨论:

　　我:但凡研究石门坎的文章,几乎没有不提到"哪里有教堂,哪里就有学校"的,由此看来它是促成石门坎辉煌的关键性理念,但我总感觉并没有真正理解其精髓,因为他们的目光总是放在有形的建筑数量和取得的成就上,对二者关

---

①　塞缪尔·柏格理著,东人达译:《未知的中国》,云南教育出版社 1997 年版,第 120 页。

②　塞缪尔·柏格理著,东人达译:《未知的中国》,云南教育出版社 1997 年版,第 549 页。

系的分析非常有限，你是如何看待这一问题的？

张国辉：从实际上讲，教会是教育的领导机构。"哪里有教堂，哪里就有学校"这句话中包含着这个意思。

我：为什么教会会成为领导机构呢？

张：柏格理以宗教为域场，统一设计，整体规划。当时超过50%的苗族信教，信教的感染不信教的。于是宗教就成了一个组织性的领导力量。

我：你对基督教循道公会怎么看？

张：从历史背景上看，宗教是伴随着侵略从西方大规模传来的，加上一些传教士的恶性，使我们对宗教的印象总体上不是那么好。对待传教士和宗教要具体情况具体分析，不能一概而论。

我：柏格理和石门坎循道公会如何？

张：这是个特例，我们花苗称他为"救星"、"爱稣"、"堪德"、"苗王"等，这些不是能靠欺骗、麻醉得来的，是用纯真的爱和为爱而牺牲生命换来的，花苗对他的拥护是发自内心的。他不但改变了花苗，而且还改变了基督教。

我：改变基督教怎么讲？

张：在石门坎区域，先有柏格理，才有基督教，有了基督教才有文化，有了文化才有石门坎的发展。基督教产生2000多年了，但传入石门坎才105年，所以关键在于柏格理。

从与张国辉秘书的谈话中，可以清楚地看出柏格理的双重性功能，他在改造石门坎的同时，也改造了基督教，柏格理立足于石门坎花苗的生命需要，赋予基督教新的内涵，使其表现出更多的文化教育功能倾向，最终形成"哪里有教堂，哪里就有学校"的理念，其内涵具体表现为：学堂教堂化，教堂学堂化。

"学堂教堂化"，是指学堂承载着教堂的功能，二者形成一个紧密的联合体，学堂的经费划拨、师资来源、校舍建设、学校特色（有灵修室）、课程开设（圣经课）、升学渠道（升入教会中学、大学）等，从外在要素上看是不可剥离的；从内在要素来说，宗教把学校变成了一个赠爱与受爱、信仰与皈依的平台，知识学习和知识服务成了爱的表达方式。学校作为一个专门的教育空间，本书已有前述，这里不再重复。

"教堂学堂化"，是指教堂承载了学堂的功能，即兼具信仰和教育的双重功能。如果以教育的空间观来看，学堂和教堂还是有所区别的，学校主要是以培养精英人才为主的教育空间，它的涵盖对象主要是不同层次的适龄儿童；教堂主要是以大众教育为对象的，或者说是以大众扫盲为主的。这正是石门坎教育成功的关键，它不但有用以培养精英的学校教育，而且有行之有效的大众教育。在爱的情感中，大众教育孕育并吸引着精英，精英服务又引领着大众教育，形成了一个动态的文化递进循环系统。

公共空间的教育是区域整体性进步的关键，它有着自身的特殊逻辑，很多时候，社会行动者并不按专业人士缔造出来的理性行动理论来行动，"社会行动者不一定是遵循理性的但总是'合情合理'的"①。石门坎现象不是一种纯理性行动，而是立足于实践的实践感，它摒弃了那种学究谬误，真正获得了一种实践活动中的理性，所以个性十足、丰富多彩、自我鲜明。为此，把其投放到具体的情景中来梳理是十分关键的，我将从组织形式和学习内容两个方面来考察。

为了有针对性地论述，有必要对公共空间作范围上的框定，从区域范围内理解，一切公共活动的地方都属于公共空间，但有些空间只能供一些特殊人群活动，所以，它只能属于那些特殊人群的专门空间，而不再属于区域性的公共空间，但公共空间也是属于专门空间人群的，并不是排斥关系，而是共有关系，即那些特殊人群既拥有公共空间，也拥有专门空间；而与特殊人群相对应的普通人群，就只拥有公共空间，而不拥有专门空间。就石门坎教育而言，本研究把它分为作为专门机构的学校空间和学校之外的公共空间。公共空间严格来说是一种生活、生产性空间，里面活动着不同性别、不同年龄、不同禀赋、不同个性的个体，他们恰恰反映了该空间的真实面相，这决定着区域整体文化水平的高低，石门坎被称为"西南边疆最高文化区"，这里所比称的绝不单单是拥有的最高学历层次（石门坎花苗中出现两位博士），而主要是以区域整体文化层次而言的。

公共空间里的教育与学校相比呈现出完全不同的特点，它不是一种严格序列化的体系，没有统一的学习单位、时间表、课程表、硬性指标等等，呈现出更多的生活化气息，这是由该空间里人员组成、活动方式、性格习惯所决定的。所以公共空间的教育要想取得成效，在组织形式和学习依凭上，必须与该空间的特

---

① 皮埃尔·布迪厄著，李猛译：《实践与反思——反思社会学导引》，中央编译出版社 1998 年版，第 175 页。

殊逻辑相适应,就如洗澡所用的水,太冷太热都不行,一定要合于现实所需要的。笔者在火车上听到的一段对话,颇有味道:

商业人士:大学快毕业了吧?

大学生:是呀!

商业人士:毕业即失业。

大学生:正发愁呢! 郁闷!

商业人士:正常得很,我认为现在已不是文凭社会了(认为是文凭社会是主流)。

大学生:(一脸惊愕)为什么?

商业人士:要到社会上做事必须要有做事的本事,这种本事是最难获得的,书本知识的学习有学校,学校里有老师教,你能学会,那么,社会知识谁教你? 社会能力谁教你? 全靠自己在社会中的学习和理解,社会上有很多人成功,也有很多人失败,成功者他具备那种能力,失败者他不具备那种能力,表面上是成功和失败,实际上是社会知识和能力的优劣,你若不信,可以把成功者和失败者调换一下位置,失败者还是会失败,成功者还是会成功,所以有的人赚钱很容易,有的人则很难,就是这个原因。

"文凭社会"的闲谈,道理的有无不是主要的,关键是它揭示出一个重大问题,即社会空间里的教育问题。柏格理及其同伴因地制宜、因族制宜地开展公共空间里的教育活动,具体采取"四结合"的办法来实施。

教堂与家庭相结合。每周的礼拜要在教堂里进行,因此,大众教育就有了固定的场所和时间,到了礼拜日,四周的男女老少都聚集在教堂里,教堂里礼拜用的长凳制成宽窄不等的款式,可以兼具课桌的功能。毕竟每周一次的礼拜时间有限,因此,教堂里的学习必须要与家庭里的复习相结合,这样才不至于遗忘,于是大家在教堂里学会的字,回家以后进行复习巩固。教堂相对于家庭来说,是有组织的学习场所,是个体间有一定比较的学习,家庭是一种没有组织的"自习"场所,教堂里的组织性不断使他们的家庭学习达成自觉,因为个体差异较大,所以每周五天的自由支配时间,可以使不同个体得到充分的自我调整,所以这种形式有着较强的自由度和伸缩性,由于教堂里生产出来的信仰——这一特殊产品,能把学习活动纳入到信仰的仪式之中,成为信仰的内容,这种信仰化的学习,使学习者的意志力和自觉性不断得到强化。另外,信教的影响不信教的,使不信教的家庭成员也能获得学习的途径和内容。

信教与读书相结合。1905 年柏格理建立石门坎教堂以来,并没有专门的书籍实施教育,用的恰是汉文版《圣经》。"其中一个人从怀里掏出两本书。我接过来一看,一本是基督教的《颂主圣诗》,一本是《真理入门简要》。"①用《圣经》进行初步的识字教学,既解决了识字教材的问题,又增强了对《圣经》的了解,随着识字水平的提高,对《圣经》内容的理解也会同步提高,可谓一举两得。在时间上二者也不冲突,由于在石门坎跋涉艰难,有的信教群众需要走上几个小时的路程,所以,礼拜时间按人员到达的情况而定,现在石门坎教堂仍然沿革着这样的习俗,笔者在石门坎时曾特别留意过,礼拜日大约上午十点左右才开始讲经,这与安顺、昭通等城里的基督教会有着很大的不同,他们都按照固定的时间来进行。宣道前就是识字教学的时间,"柏格理依然能听到他们的声音,或是背诵努力学到的文字的喃喃低语,或是低声合唱时爆发出某些圣歌片段的宏大声音"②。所以,根本弄不清他们是在识字还是在诵经。

固定与流动相结合。教堂是群众固定的学习场所,有着一定的组织,可以集中、同步地提高学习者的学习水平,但毕竟一周之内只有短短的几个小时,一周七分之六的时间是在自己的生产之中,群众在教堂里获得的学习热情在六天时间里容易消失,因此,不断的巡行成了传教士的主要任务,深入非洲大陆的李文斯顿、早于柏格理来到中国的马里逊以及柏格理的父亲都是巡行者,为此,柏格理继承了这一传统,他总是在身体力行中去指导工作,绝不在战略中心发布命令。

估计在崎岖的山路上一天大约可行走 20 至 25 英里,那么走到教区的东北边要连续五天的时间,到东边要三天,东南边要四天半,西北边要三天半,西边须两天半,西南边则三天半。③

柏格理日记中出现频率最高的词汇就是"巡行","他度假返回的最初几年

① 钟焕然:《西南各少数民族皈依基督五十年史》,未刊。
② 塞缪尔·柏格理著,东人达译:《未知的中国》,云南教育出版社 1997 年版,第 540 页。
③ 塞缪尔·柏格理著,东人达译:《未知的中国》,云南教育出版社 1997 年版,第 406 页

里,就把时间用于骑在马背上从一个村寨到另一个村寨的不停顿的巡行上。骑在马鞍上疲乏的一天又一天,这些就是他的日常生活内容"①。正因为他终日与马背相伴,被当地人赋予"马背上传教士"的称呼。柏格理走到哪里,哪里就是活动的教堂和学堂:

> 两位汉人传教士和我就依次教他们认字读书。我不停地在各个小组间徘徊,或勉励,或指点及讲解,给每群人都要送上一句十分幽默的鼓劲话语。②

这样的巡行,使传教士与群众的联系更为紧密,群众学习的热情也因此不断高涨。

学校与家庭相结合。石门坎学校和家庭的联系是通过"小先生"实现的,每到星期天、节假日等,学生回到家中就充当起"小先生",指导"大学生"们读书认字,正如陶行知所说:"小先生是一根流动的电线,这一根根电线四面八方伸展到社会底层构成一幅生活教育网、文化网,把学校与家庭构成一体。"③

图二十二 苗文版的《圣经》

由于"四结合"的教育形式是建立在花苗群众生活习性、组织结构特点基础上,再加上柏格理及其同事的爱心和躬行,所以它激发出无限的生机和活力。

---

① 塞缪尔·柏格理著,东人达译:《未知的中国》,云南教育出版社1997年版,第571页。
② 塞缪尔·柏格理著,东人达译:《未知的中国》,云南教育出版社1997年版,第539页。
③ 方明:《陶行知教育名篇》,教育科学出版社2005年版,第233页。

按照知识的性质和呈现方式可以把知识分为三类:描述性知识、程序性知识和策略性知识。描述性知识,或者叫叙述性知识,就是通过对事物进行描述,而获得的有关事物的性质、特征、状态等,它是一种通过语言描述可以获得的知识,因为语言和文字在时空上的非限性,所以,获取这种知识可以跨越产生它的时空,学习者不必再一一经历;由此可知,这是一种间接性知识,我们平常所说的书本知识大多属于这一类,在教育中,可以在一定的时间内,获得较多的描述性知识,其特征更多地表现出理论性和经济性。程序性知识,是一种必须亲身经验的知识,它可能也需要一定的语言描述,但语言描述是为亲身经验作准备,不进行实际的体验仍然不可能获得它,比如游泳,不下到水里,再好的语言描述也无济于事。因此,这种知识更多地表现出实践性和空间性。策略性知识,是研究描述和程序技巧、策略的知识,它不以描述或程序的对象为对象,而是以描述或程序技巧本身为对象,有些元知识的味道。

知识的归类及比较,旨在说明知识获得的途径和方法是有很大区别的,是不可越俎代庖的,或者相互遮掩的,否则学习的效果就难免事倍功半;反之,遵从知识类别的规律,能更好地指导实践。就石门坎区域而言,教育对象的年龄、性别、禀赋等方面有着明显的特殊性,尤其是在理解力上表现得更为突出。

当地人对柏格理的提问:

你们国家和我们一样吗? 有我们这样的月亮吗? 太阳呢? 和我们的太阳一样吗? 你们是不是住在高高的箱子里? 早晨睡醒后出来的时候,是不是要从箱子口爬出来? 是不是要顺着一根杆子滑下来? 是不是女人在统治你们的国家?

柏格理要住店,柏格理雇用的苦力和老板娘的对话:

苦力:你在干什么?
老板娘:我在给老师铺床,你看我干得如何?
苦力:老师要睡在床上?
老板娘:是啊! 你以为他要睡在哪里?
苦力:哎呀! 我以为那些洋鬼子像马一样,都是立着睡觉!

当地人关于对耶稣理解的问话:

你们国家不是有耶稣吗？为什么耶稣总到你们那种小国，而不来我们这样的大国呢？说明耶稣也是没有见过大世面的东西。你不是说信耶稣能够进天国吗？你信耶稣怎么没有进天国？

小男孩的讲话：

我以为外国人肯定与我们不一样，有可能长着两个脑袋。但现在一看，这位洋人和我们一样，也是一个脑袋，不可思议！

特定区域里个体的理解力让人难以相信，但这就是一种事实存在。嘲弄，无济于事；讽刺，徒劳无功！他们见识的短浅为启蒙增加了难度，但他们的思维方式展现出鲜明的自我感，用于表达见识的话语却鲜活无比，没有丝毫的程序化印迹，充满着生活的清新气息，透露出诱人的乡土趣味。

基于空间性，居于其间的大众教育必须顺应这一特性，才能取得应有的成效。这与作为专门机构的学校是有所不同的，它并不立足于高深描述性知识的获得，更多面向的是程序性知识，乡土空间在言说能力的培养上得天独厚，它是言说能力生成的天然土壤。几则例话：

大家听到汉人和诺苏说什么洋人！洋人！我们起初感到害怕，不久后我们来到这里，看见并发觉您不是一个外国人，而就像我们自己人一样……同样的一家人，只不过你来自远方。

是的，我们的儿子就是我们的银子，我们的女儿就是我们的金子。

花苗人说：真的，真的，他把它们取了出来，又换上新的。我们用旧的眼睛无法认字，用新的却能够读书了。

有个姑娘以一句古老的苗族谚语作为她的开场白：喜鹊叫，客人到。（Kencbab ncbab，ncbab，ncbab，ia ma k'a da.）听着喜鹊在 ncbab、ncbab、ncbab地叫，我就想会有什么客人来我们村寨，现在你看！我们的父亲和母亲来到了。①

例话中的乡土气息扑面而来，这种言说的形式和内容不是被设计出来的，是自然的、即时的反映。主要表现出以下几个方面的特点：

---

① 塞缪尔·柏格理著，东人达译：《未知的中国》，云南教育出版社1997年版，第707页。

一是言说内容的场景性。言说内容不是空洞的，而是与具体的生活、生命状态相贯通的，"洋人！洋人！"是以汉人、诺苏所说的"洋人"为背景，"儿子是银子，女儿是金子"是以地主压迫为背景，"洋人挖眼睛"是以谣言为背景，"喜鹊叫，客人到（Kencbab ncbab，ncbab，ncbab，ia ma k'a da.）"，是以文化传统为背景，言说内容的场景性，使人感觉到他们的言说是生命的吟唱，而不是为了展示技巧的表演。

二是言说形式的衔导性。这种言说总是能从前提缘由上巧妙地衔导开来，或反击，或强化，或称赞，或表达，等等，例如，洋人挖眼睛，但挖去的是不能读书的旧眼睛，又装上了能读书的新眼睛；汉人和诺苏都说洋人是怪物，可和"我们"是一样的人，一家人等等，从实际生存的背景中引导出话语，自然、流畅、通达并显示出朴素的机敏、睿智和鲜活，没有丝毫的生硬之感和断裂现象。

三是言说者强烈的情感性。"自己人，一家人，只不过你来自远方。""我们用旧的眼睛无法认字，用新的却能够读书了。""我们的父亲和母亲来到了。"言说中所表现出的情感是浓郁的、真挚的、丰富的、敏锐的和发自肺腑的，这样的情感中流动着朴素的智慧以及由这种智慧产生的爱，它是个体对生活本真体验的反映，这种蕴含着本真爱的情感是最能引起共鸣的，因此，有了这样的特质，言说总是动人的，场面总是热烈的。

四是言说语词的生动性。言说中所用的语词不是刻板规整的，也不是高雅精致的，而是活泼生动的口头用语，"洋人！洋人！""是的，儿子是银子，女儿是金子。""真的，真的，他把它们取了出来，又换上新的。""现在你看！"通过这样的口头语词，我们能想象得出言说者自然流畅而又激情四射的言说姿态，这种语词是言说者内心情感和外在姿态的赋形。

当惯习与场域相契合，并激发起幻象的时候，在自然气象与个体追求之间往往会呈现出无限的生成性，猛然间看似不可理解，实际是很自然的，因为它是历史积聚在特定场域中的瞬间爆发，正因为它的历史性，所以展示出更多的精神元素。时至今日，石门坎老人吴善宇的言说，仍然是言必声高、吾气浩荡且文质彬彬，尤其是言说中所形成的气场让人感受至深。几个真切的言说片段：

关于语言。语言是交流经验、交流思想最重要的工具，说这你听不懂，说那你听不懂，那就停止了，因为别人就走掉了。英语听得懂，彝语听得懂，苗语听得懂，汉语听得懂，哪里你都能待，干什么你都行，就能永远前进。语言能力很容易获得，那就是学，例如老文盲马书记，讲话好，大家都爱听，吐字清晰，抑扬顿挫，该高的高，该低的低，该快的快，该慢的慢，他一说话周围就聚很多人。一个老文盲为什么呢？就是一个字——学，这人这讲得好，他就学这，那人那说得好，他就学那。

关于精神与气。人要整顿精神、奋发图强、努力向上，就能走下去；垂头丧气、迷迷糊糊、昏昏沉沉是活不下去的，因为在自己的道路上总是有困难挫折，要通过，有的要流汗，甚至有时要流血，垂头丧气怎么能行！

教会学校与当今学校的教育方针之比较。教会学校的教育方针：灵、德、智、体、美、群，新学校的是：德、智、体、美，缺乏了"神"，没有了敬畏的东西，丢掉了灵魂，我们有教堂、有礼拜，在教堂不但人敬神，而且人敬人，因为人既不是神，也不是牛马，人就是人。人敬人是万物之宝！"群"，就是大家在一起耍，教会学校不但刻苦学知识，而且还要赛跑、唱歌、跳舞、打球，现在的学生死气沉沉、雀鸟无声，整天坐在那里读死书、死读书、读书死，比如读"大学之道，在明明德，在亲民，在止于至善"，唉！

读书。现在条件好了，学生就是不读书，校园里死气沉沉、雀鸟无声。大人不说（管制、督促的意思），小人不学！大人不谱（可能是"辅"字），小人不懂！没有大人的说和谱，小人就松松垮垮、嘻嘻哈哈、一片涣散、百事无成，没有了文化，就会灭亡了！

睡觉。（吴善宇老人是来亲戚家参加葬礼的，一刻不停地言说至夜里十一点左右，七十岁的年龄，由于担心他的身体，我就打断他说：该休息了，有地方休息吗？）有！地上、凳子上都能睡，我们苗家瞌睡了坐着眯一会儿就有精神了！哪里都能睡！①

这样的言说散发出特殊的魅力，对比起来，它使当前许多精心准备的演讲比赛相形见绌。这种特质是由个体的历史记忆、幻象追求、活动空间等要素所共同积聚起来的。由此可知，这种程序性知识的获得，不是通过描述就可以完成的，空间是言说能力获得的前提条件，空间性是言说品格形成的必要条件，因

---

① 吴善宇口述。

为没有空间,言说者就失去了舞台,就像鱼儿跳出了大海,鸟儿离开了天空一样;一定空间内的自然、习俗、幻象、历史等要素,使空间具有了空间性,它在一定程度上塑造着言说者及言说,决定着言说的品格。公共空间的丰富性是学校空间所难以比拟的,于是就有了陶行知对杜威的超越,"学校即社会"变为"社会即学校",绝不单单是语序的调整,而是空间性的变更。石门坎老人王明基与其孙的谈话,也强化了这一点:

王明基:小学毕业算完了吗?

王文宪:没有完,还有中学。

王明基:中学完了,算完了吗?

王文宪:还有大学。

王明基:大学完了呢?

王文宪:就上完了。

王明基:没有完,还有社会大学。社会大学完了就真正算读完了。

"学校的最大浪费是由于儿童在学校中不能完全、自由地运用他在校外所得的经验;同时,另一方面,他又不能把在学校里所学的东西应用于日常生活。"①由于空间性的限制,造成学生程序性知识的缺失,学生从学校出来,"种地不如老子,喂鸡不如嫂子"。成了公共空间里有文化的文盲,因此,无论是杜威先生的"学校即社会",还是"社会即学校",虽然提法上不同,内涵上也有些区别,但他们都看到了学校教育的弊端,即基于空间性的程序性知识的缺失。他们反复论证学校与社会的相通,目的是为了使本就生存于社会之中的个体,获取与社会互动的知识和能力,并推动社会的改造和进步。

通过教育在一定空间里获得的程序性知识,是个体生活经验的积累、重组、改造的结果,它深深地融入生命之中,与生命一起生长,既能应生命所需,也能应社会所需,这种知识更多地表征为实践能力,它来自于生命存在的区域空间,经过一定的教育改造,再投放到生命空间之中,在环境与个体的相互作用下,个体就拥有了生存的技能,也就是通常所说的"一技之长";同时,它也能造就一种社会精神、社会气象,给予生命成长以丰富、活泼的良性文化支撑。清平山堂话

---

① 王承绪:《杜威教育论著选》,华东师大出版社 1981 年版,第 52 页。

本《快嘴李翠莲记》中,李翠莲的言语很好地展示了教育的空间性。

李翠莲出嫁前,父母担心其到了婆家口快如刀、多言失礼,因而满面愁容、双眉不展,李翠莲得知后,便道:

纺得纱,绩得苎,能裁能补能绣刺;做得粗,整得细,三茶六饭一时备;推得磨,捣得碓,受得辛苦吃得累。烧卖匾食有何难,三汤两割我也会。到晚来,能仔细,大门关了小门闭;刷净锅儿掩橱柜,前后收拾自用意。①

这是一段描摹生命经验的话语,它既概述了个体生存所必备的生活经验,也展示了个体所应遵循的道德礼仪标准,更为重要的是这种话语本身,不是干瘪瘪的语言碎片,而是生命精神的多彩表露,它的风韵体现为——形式上的外在朴实性和内容上的内在丰富性。无论是外在朴实性还是内在丰富性,都是空间逻辑和个体经验的语言化构型,因此,我们从中强烈地感受到一种本真情感的"神气"。

花苗真正的"圣经"——《西南边区平民千字课》。

大众教育不但要有教育的空间,而且要与空间性相一致。丰富多彩的本土化生活是空间性的表现,教育必须根植于本土化生活之中,这是教育成功与否的关键,同时,这种空间性也能反哺教育,使之愈加丰满和适切,并促使教育不断地自我改造。因此,公共空间里的教育不但形式上要为教育对象所喜闻乐见,内容上更要满足他们的需求。《圣经》作为识字教材实属无奈之举,《圣经》被喻为西方文化的百科全书,其内容体系、价值取向、生命经验都是以西方为原型的,是区别于东方的一种文化体系,由它所塑造的个体的认知图式,与置身于西方文化传统之外的区域有着本质上的区别。因为语言情景的差异,造成在《圣经》中识字效率的低下,编纂适合石门坎苗族的识字课本则成为大众教育的关键。《西南边区平民千字课》是继《圣经》之后的识字教材,它在石门坎花苗文化复兴中起到了关键作用,深受当地人的喜爱,其当时的影响覆盖滇川黔三省。

《西南边区平民千字课》是由苗族学者朱焕章编纂,1935 年由成都口口石印中心刊印,全书共四册。

---

① 洪便:《清平山堂话本》,中华书局 2001 年版,第 3 页。

图二十三　《西南边区平民千字课》

《西南边区平民千字课》在石门坎的大众教育中起到了至关重要的作用,被誉为"苗家的圣经",基于相关关键词的分析:

关键词一的分析:"苗家的"圣经——奇观、历史和赋形。

图二十四　朱焕章与家人的合影

《西南边区平民千字课》被称为"苗家的"圣经,主要是基于花苗历史和现实情感的内涵,下面具体分为三个方面来探析其"苗家的"特质。

首先,它的出现点燃了花苗全民学习的热潮。大众教育有着自身的规律,再加上石门坎花苗的智力特点和生活经验,获得符合上述要求的学习材料成为必需,《千字课》正是在前人识字经验和石门坎区域特点基础上编纂而成的,因为是出自苗家大学生之手,在花苗心中它是一种成功的隐喻,所以,它的出现在花苗中引起了巨大的反响:

　　各地群众得到时喜出望外、如获至宝、手不释卷,孜孜不倦地学习。有的人把课本揣在身上,带到地头,以便劳动休息时学习。各地青壮年男女主动组织起来,利用晚间学习,能者为师,不计报酬,识字的担任义务老师,处处书声琅琅,歌声嘹亮,掀起一场学习文化的高潮。①

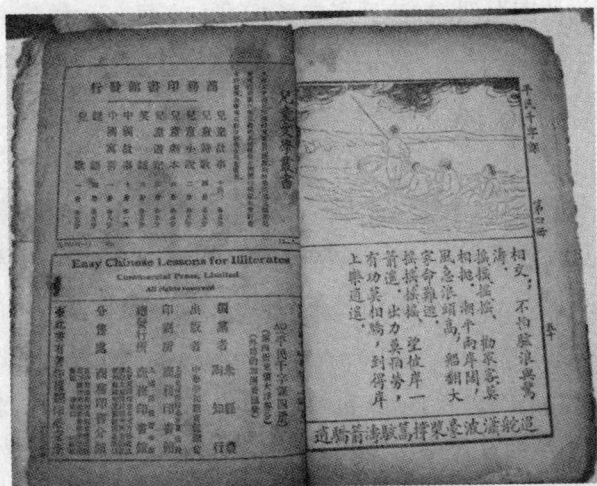

图二十五　石门坎的《平民千字课》

管承泽在《贵州石门坎苗民的见闻与感想》中记述道:

　　远近的苗民都各自背自己的包谷——食粮,及行李,来参加一年一次的神圣的读书会,读书的人数不一,有的头痛齿落,有的龙钟潦倒,有的血气方刚,这其间有多少是父子共读,但集合在一块儿读书绝没有父子老少之分。②

石门坎老人张以强讲:

　　石门坎有位朱大妈,把一本苗文《圣经》和一本《苗民夜读课本》读得烂如

---

① 东旻:《贵州石门坎:开创中国近现代民族教育的先河》,中国文史出版社 2006 年版,第244 页。
② 贵州民族研究所:《民国年间苗族论文集》,未刊,第 253 页。

破布，没有一页是完整的，死前还在翻着看，到死还说自己不是识字人。

一位王姓青年，与其他人一起到薄刀岭上砍野竹子做"亮篙"，"亮篙"可以照明，每根丈余，能点燃20分钟左右，王姓青年总是采比别人更多的野竹子，晚上能更长地读书。①

它确如《圣经》一般，促使男女老少云集响应，形成一种令人难以置信的读书奇观，花苗把它看作自己的"圣经"，其痴迷程度达到了信仰的境界。

其次，《千字课》是历史积聚和现实遭遇的结晶。当时，石门坎一带三分之二的群众都能诵读四册课本，达到了扫盲标准。在每一个村落里，几乎大人小孩都能熟唱书中的《爱国歌》、《平民歌》，石门坎从一个整体文盲区域跨越到"西南边疆最高文化区"，《千字课》起到了关键作用。

1931年至1935年，朱焕章与华西大学同学张超伦、杨汉先、王建明等苗族知识分子一起编制了《西南边区平民千字课》，它的成书不是偶然的，而是有着特殊的背景。从大背景来看，由于长期的内忧外患，造成中国的贫穷与落后，与世界的差距越来越大，一批有留洋经历的仁人志士，抱着教育救国的理想开始了科学启蒙的行动，陶行知、梁漱溟、晏阳初、陈鹤琴等人是这一时代的杰出代表，他们的生活教育、平民教育、乡村教育、幼儿教育等就是教育救国思想的真实反映，他们和他们的教育思想、实践一起，奠定了这一时代的教育基调。"唤醒民众、开启民智"的时代洪流，使大批知识分子投身其中，而此时作为四川华西大学大学生的朱焕章，深受时代主旋律的影响，萌发了献身教育的伟大理想。从区域背景来看，历史和地理的原因，造成了石门坎文化盲区的现状，数千年来，石门坎花苗可以说是数字数盲、文字文盲。文化进步的停滞和文化水平的低下，所造成的直接后果——一是愚昧，二是因愚昧而生的欺压。石门坎花苗愚昧无知，因而崇信万物有灵的原始宗教，精神上时刻处于对妖魔鬼怪的恐惧之中，以至于逐步沦入沮丧的深渊；由于没有文化，他们遭受着土目的任意欺诈，以至于到了20世纪，花苗仍然保持着自己的农奴身份。朱焕章就是千万花苗中的一个，1903年，他出生于威宁县龙街镇的一个普通苗寨里，3岁时就成了孤儿，过着流浪的牧童生活，后来祖父送他到石门坎光华小学读书，因天资聪

---

① 张以强口述。

颖、成绩出众，被英籍牧师王树德看重，资助他到华西大学就读教育学专业。朱焕章从小尝尽了人间疾苦，为此，后来他把它雕刻为歌：

> 寒风刺骨似针扎　雪下纷纷不停歇
>
> 孤儿眼泪流滴滴　娘去世谁来待养
>
> 年幼就丢邻弃舍　到处流浪忍饥寒
>
> 浪游他屋前篱后　吃苦贫寒谁知晓

朱焕章是威宁苗族生活的缩影，他们的历史充满着苦和泪，作为孤儿的朱焕章可以说是吃百家饭长大的，他之所以能够就学，是乡亲们为他创造了求学的机会，需要说明的是，花苗群众的贫困程度令人难以想象，朱焕章在《千字课》序言中作了真实的描述：

在云贵交界的地方，有十多万生活极困苦、文化极低落的苗民，他们就是用尽了群众的财力，也不能给三四个人同时去受高等教育。因此在这20年之内，有机会来享受大学生活的，前后只有三四个人。

十万之众供给不了三四个学生，其贫困程度可见一斑。花苗群众用十万之众的钱财和心情凝成了三四个就学的机会，而朱焕章身在其中，可见多么的幸运和难得，犹如梦境。花苗族群之爱成就了朱焕章，这种爱也注满了他的心灵，使他的读书有了超越的性质——为自己而读书，更为族群而读书。这种族群之爱转换成了钢铁般的意志和信念，正因为如此，朱焕章的学业成为同学中最杰出的一个，被推举为应届毕业生代表在全校毕业典礼上发言；在成都和南京，蒋介石与他两次会面，并分别留他在成都绥靖公署和教育部工作，都被他谢绝并依然回到石门坎。以自己所学作为对家乡之爱的回馈，是朱焕章时刻都不曾忘怀的，一旦投身到对爱的回馈之中，朱焕章心中产生了难以言说的兴奋情感，形成了一种宏大气场，在他心中，为族群献身是至高无上的荣誉，这样的机会与求学机会同等难得和珍贵，而他有幸成为其中的一个。《千字课》序言细腻地刻画了他的内心：

我就放胆地抬起头来，望着这目标，像一个两岁的小孩子，半步、半步地向着责任之所在地前进。男女同学和教师们又对我说："不要怕，让我们来帮你的忙。"果然，他们有的为我们募钱，有的帮忙绘图，有的帮忙修改，有的帮忙请熟人代印或鼓吹;所以我还没有编纂完毕,其余的事他们都先预备好了。并且他们成立了一个"协助苗民文化促进会"来推进这件事。①

时代潮流和民族需要的交汇,使《千字课》应运而生。

第三,《千字课》是花苗生命情感的赋形。《千字课》对于石门坎花苗来说,已远远超出了一本书的范畴,是爱心、责任、理想、智慧的凝结,它激起了花苗重获生命资格的强烈诉求。

关键词二的分析:苗家的"圣经"——体例、内容和目标。

《西南边区平民千字课》是花苗生命激荡的百科全书,其体例、内容和目标,有着鲜明的地域特色和浓厚的情感气场,下面对此作详尽的分析。

"针对性"——是《西南边区平民千字课》名称的基本内涵,它从名称上直截了当地指出该书的使用范围和适用对象,范围是"西南边区",对象是"平民","千字"是平民扫盲所要求的识字数。这标示着它是一本在特定区域内用于大众教育的识字课本,有着很强的针对性。

"合于我们地方情形"——是《千字课》的编纂原则。"我们地方"特指石门坎区域,它并不是纯粹的地理概念,而是一个文化概念,即石门坎光华小学所能影响到的地方,实际上也有威宁花苗族群指称的意思。

"我们地方'情形'",内含两个方面的指称,一是人的方面,即石门坎区域个体的实际文化水平(极低)和智力特点;二是物的方面,即石门坎区域所涵盖的自然风物、传统习俗等一切实际存在的自然和文化要素。人和物的基本形态是石门坎区域性的实际反映,二者之间是相互联系、密不可分的,具体表现为塑形和形塑的关系。因此,在推进区域进步中,既要认清区域中的两大要素,更要认清它们之间的关系。这样,个体可以成为推动场域再造的力量,场域也为个体的发展规定着方向,同时,场域中的诸要素(自然的、风俗的等)也会成为改造凭借(工具)的源泉。

"'合于'我们地方情形",是指《千字课》的形式体例、内容要素、难易程度等,要与石门坎区域的实际存在物相一致,即要尽可能多地吸收区域内要素,在内容和形式上,力求达到与学习者信息储存和认知图式相一致的效果,使学习

---

① 朱焕章:《西南边区平民千字课》,未刊。

者对学习材料有一种本能的情感共鸣。另外,《千字课》是提供给黔滇边区群众免费试用的教材,也是为着"合于地方情形"的。

《千字课》的编纂原则有着明显的区域性和极强的针对性,是以取得良好效果为目的的,其实际效果也证明了这一原则的合理性。教育材料与生活经验的内在统一性,是教材编写的基本原则,只有这样才不至于造成"最大的浪费"。

《千字课》体例的整体构型。《千字课》全书共四册,第一册命名为《西南边区平民千字课》,第二、三、四册命名为《黔滇苗民夜课读本》,全书以第一册《西南边区平民千字课》的名字统之。该书顺序上由左向右翻页,内容上由右向左编排,文字上为纵向阅读结构,采用32开尺寸纸张,字体为欧体小楷;全书由附页、封面、序言、参考书目、内容五部分组成。

附页,是封面前面的一个说明性加页,上面说明的内容有五块:一是印刷费用——"每册印费八分",说明不是精装印刷,本着省钱的原则,能用即可,但这种把印费附在上面的很少见,它反映了当时经济的困难程度;二是编纂的时间——"中华民国二十三年六月";三是编纂者的姓名——"朱焕章";四是版权声明——"非得编者同意,不得自行翻印"。实际上,附页相当于现在的扉页,只不过放在了封面的前面,作为首页出现。

《西南边区平民千字课》和《黔滇苗民夜课读本》分别设计了略有差异的两种封面,封面是由图案和文字两种要素组成,顶部是交叉在一起的国民党党旗和"中华民国"国旗,孙中山先生的圆形头像设计在交叉处(另一种没有孙中山先生的头像)。旗子的下方设计成带花边的竖匾模样,匾框中间用繁体汉字纵向写着"西南边区平民千字课"的字样,书名的左边一列小字写着"威宁朱焕章编纂",右边"第×册"。带头像的封面用深蓝色绘制,另一种呈现出通体的红色,封面设计体现出简洁、大方、高远的意境。

序言共包含四个方面的内容,一是介绍《千字课》编纂的背景,描述了石门坎区域的特殊性以及奉献担当的情感表现,笔法细腻,极富表现力;二是展现编纂者的谦虚态度;三是描绘了编纂者因爱心和奉献所形成的宏大气场,为此,在编纂者周围聚集了一批爱心人士,还成立了专门的"协助苗民文化促进会",他们的精神感召日月,令人唏嘘不已! 四是编纂的原则和内容体系,编纂原则主要是借鉴与"情形"相结合,"地方情形"作为筛选的"筛子",内容、形式等等本着"合乎地方情形"，灵活采用。从体例上更多地体现出借鉴性，从内容上更多地展现了区域性。

参考书目共有两个序列，一是参考书目，一是推荐书目。参考书目是编书的常识，旨在说明它的编纂是建立在前人基础上的，不是随意为之，目的是使读者产生一定的信度。推荐书目是该书体例上的一个创新点，在其他书的体例中很难见到，其目的是针对石门坎无书的现状，提供一个具体的阅读书目，为持续阅读创设了一个伸缩的空间。

表三 《西南边区平民千字课》的参考书

农民千字课本	平民教育促进会
市民千字课本	
民众千字课本	世界书局
千字课本	
民众识字课本	中华书局
民众千字课本	中华书局
民众工人课本	中华书局
民众商人课本	中华书局
平民千字课	青年协会

表四 《西南边区平民千字课》的介绍书

平民新家教	广学会
儿童管理学	广学会
卫生故事	广学会
城市学校招生法	商务书馆
平民学校招生法	商务书馆
城市平民学校规律法	商务书馆
平民教育运动术	商务书馆
平民算术	青年协会书局
平民历史	青年协会书局
平民地理	青年协会书局
平民卫生	青年协会书局
平民书信	青年协会书局
平民常识	青年协会书局
平民学校证书	青年协会书局

图二十六　《苗民夜读课本》

《千字课》内容上体现出两大特色,一是编排体例的借鉴性;二是课文范围的广阔性。编排体例的借鉴性,主要是指其内容体例基本是借鉴陶行知的《平民千字课本》,具体表现为模块化构型、情景化呈现、直观化辅助的特色。

模块化构型,是指从整体上看,四册《千字课》是按照一个体例组合起来的模块,成为一个完整的结构模块;从局部看,四册书之间相互独立,每册书都由封面、目录、课文三部分组成,每册三十课,都是按照一至三十的顺序编排,各自成为一个次级的结构模块;从单篇看,都是由课别、题目、课文、生字、附属图表组成,它构成了最小的结构模块。这一模块化构型的实质是单篇课文的连缀,从外在构型上看,课与课的形态毫无区别,呈现出典型的并列关系;从内在程度上看,文字的数量、难度、指称都是由浅入深,显示出隐性的递进关系。模块化编排,弱化了前后的连缀程度,前面课文中的字,在后面课文中不断出现,学习者可以从任何模块切入学习,不需按着固定的顺序进行,它较好地顺应了平民学习的随机性事实。

情景化呈现,是指生字不是孤立存在,而是在一定的情景中呈现,学习者在具体的语境中识字,能直观地理解字的用法,强化记忆并富有情趣。例如:《报名》:"我来报名,我姓万,名多识,今年十五岁,住在万家村。"其中的"万、岁、识、姓、报"为生字,它们存在于花苗熟悉的语境中,学起来饶有兴趣,便于记忆。语境中识字的体例是对《平民千字课》的借鉴,例如:陶行知的《用书》:"用书如用刀,不快就要磨。呆磨不切菜,怎能见婆婆。"其中的生字为"磨、菜、婆、切"。语境是生字活的意义场,这种意义场与学习者的生活经验相联系,生字成为个体生活经验的赋形,"大脑皮质总体结构因接触学习机会和在社会情景中学习而改变"①。这样能延长字与字之间意义的链接时间,从而获得有效性和经济性的记忆。情景化的识字规律是中国传统识字经验的延续和改造,中国传统识字教材《三字经》、《千字文》、《千家诗》等都是在具体语境中识字,《西南边区平民千字课》并没有越出这一经验范围。

直观化辅助,是指除课文外,每篇还大都配有辅助记忆的直观形式,这种辅助形式大致分为三类:

第一类是插图。《千字课》中采用三种插图形式,风物性插图大多都是选用区域里存在的内容,显示出很强的地域特色,例如,人物、花草、树木、背篓、刺绣等,主要功能是用图解语言对课文进行直观再现;常识性插图,主要是直观地说明事物,比如,眼、儿、口、鼻、空气等;抽象性事物和事理的插图,例如,传染病、早婚之害、相爱、民主等,使抽象的事物或事理直观化,便于理解和记忆。

第二类是曲谱。例如,《爱国歌》和《平民歌》,作者就为课文谱上曲子,使生字变成一种生字歌,利用无意识记忆,不但记住了生字,而且把德育播撒于无形,收到了很好的效果,当时石门坎区域的男女老少几乎人人会唱。

第三类是表格,例如,《一年四季》课中,作者用圆环套的格式来说明一年四季,一年四季,每季包括哪三个月,每个月各有多少天,一目了然。采取直观辅助的形式主要是强化记忆,使记忆更为敏锐和持久,心理学在比较人们对指代同一物体的词和图片的记忆表明:"不同的学习特征影响到记忆的持续性或脆弱性。图片的效果优于词,如果在学习中同时使用词和图片,图片的这种优势仍然存在。"②另外,《千字课》课文由简单到复杂、由单一到多元,因此,生字在课文中并不是一次性出现,而是重复出现,前面课文中的生字会在后面课文中不断地重复,这种内在递进式的课文编排,除了表达思想以外,也是为了生字的重复性,这能够加强记忆,防止遗忘。总之,"图表、字词和重复基础上所形成的

---

① 安·L 布朗著,程可拉译:《人是如何学习的》,华东师范大学出版社 2002 年版,第 134 页。
② 安·L 布朗著,程可拉译:《人是如何学习的》,华东师范大学出版社 2002 年版,第 138 页。

复杂认知加工的信息分类激活了大脑,激活使长期记忆中的编码事件动起来"①。

课文内容的广阔性,是指其内容的指涉要素很广,涉及不同层面、不同领域,表现出相当的丰富性。为了解剖其丰富性,本研究把该书内容分成不同的指称领域,大致包括读书学习、民族国家、民主平等、生活常识、道德品格等领域,再根据各册书的实际情况进行微调,具体情形如下:

表五 《西南边区平民千字课》内容范围数据表

第一册	读书学习	民族国家	民主平等	生活常识	道德品格	
	7	3	1	13	6	
第二册	读书学习	哲理故事	应用文体	生活常识	道德修养	兴致情趣
	3	9	5	6	4	3
第三册		民族国家	民主平等	生活常识	道德精神	社会机构
		8	4	8	5	5
第四册		民族国家	信仰	人物	法	故事
		9	2	3	2	5

从《千字课》内容范围统计表中可以看出,四册书内容上存在着不同的侧重和指引,第一册书中"读书学习"和"生活常识"两项,占了全册内容的三分之二,并采用歌谣的形式呈现生字,例如,《读书好》:"读书好 读书好 读书不分老和小 你读书 我读书 大家读书要趁早 会写信 会记账 会看报 知识才能思想也都好"。《一年四季》:"一年有十二个月 分春夏秋冬四季 每季有三个月 大月三十一日小月三十日 只有二月 平年是二十八日 闰年是二十九日"。充分显示出编者重在规劝读书和让人们了解生活知识的目的;当然,也一定程度地涉及有关国家认同的启蒙,《爱国歌》:"我爱我中华 立国亚细亚 人民四万万 亲爱如一家 物产丰富河山美 五千年前早开化 如今共和作新民 努力治国平天下"。这是由石门坎的实际状况决定的,他们缺乏读书的机会,在生活常识的认识上存在着不足,从最基本的生活经验入手,学习者既容易理解,又是他们所实际需要的,这样能够开好头,使学习持续下去。

---

① 安·L 布朗著,程可拉译:《人是如何学习的》,华东师范大学出版社 2002 年版,第 139 页。

第二册里"读书学习"的课文量有所减少,其他各项的比例较为均衡,涉及范围也更为广阔,例如个人情趣、生活常识、哲理故事、道德修养等都有体现,课文内容不再是简单式的直白,开始向哲理的故事性和实际的应用性发展。"哲理故事"和"应用文体"的比例占了全册内容的50%,这样的内容既有故事性,为群众所爱,又有功能性,为群众所需。例如,《十个矮人》、《猎狗捉狼》、《老鼠开会》等很有启发意义。应用文体中借据、介绍信、收条、请帖、地契等是主要内容。

第三册内容在重视生活常识的基础上,更多地转向到民族、社会、国家方面上来,这说明教育并没有仅仅停留在实利层面上,而在生活实利基础上,逐步增强国家民族意识。这种观念从柏格理时期就加以提倡,"如果这个过程只凭借教育而导入一个绝对实利主义的世界,亦将成为不幸"①。第三册中出现了相当篇目的"社会机构"的内容,如"邮政局"、"政府"、"合作社"、"乐园"等,这在前两册中是没有的,它表明编者对石门坎由一个无组织或组织低下的社会结构向新结构转变的希冀。

第四册内容更多地介绍国外的事物,以开阔人们的眼界,如佛、耶稣、富兰克林、瓦特等。开始灌输世界的意识,培养世界的眼光,汲取全人类的给养。(因残缺影响了分析)

《千字课》的编者绝不单单满足于千余生字的识认,"学新知、求大同"是它的特质,其特质具体展现为三个方面:

一是极强的针对性。《千字课》主要是为黔滇边区群众实际所编,由于历史和自然的原因,那里地形封闭、意识落后、知识缺乏、社会组织水平低,为了改变这种极端落后的社会现实,朱焕章编制了《千字课》,《千字课》在内容上也正契合了黔滇区域的真实情形,即地域生活的丰富性和群众文化基础的薄弱性。书中很多课文都是用地域文化因子作为材料,对生活经验进行合理的位移和利用,所以为群众所喜闻乐见。

屠夫牵了小羊走到一家菜馆里去,小羊认识字,他看门口一块招牌上面写着"羊肉大面"四个字。小羊说:"他们要吃我的肉,我不去,我不去。"小羊不肯

---

① 塞缪尔·柏格理著,东人达译:《未知的中国》,云南教育出版社1997年版,第582页。

进菜馆,屠夫就赶了鸭子去。鸭子也识字,他看门口一块招牌上面写着"清蒸鸭子"四个字,鸭子说:"他们要将我放在锅里头去蒸,我不去,我不去。"屠夫便赶了小猪进去,到了菜馆门口。另外有一块招牌,上面写着"红烧猪排"四个字,但是小猪不识字,他便走了进去,屠夫拿起一把尖刀把小猪杀死。(第三册《因为他不识字》)

这篇课文所用材料有着极强的区域针对性,"屠夫"、"小羊"、"鸭子"、"小猪"、"菜馆"、"招牌"等形象和物件都为区域群众所熟知,在城市里,"小羊"、"鸭子"、"小猪"等动物形象不会成为用材的主体,也很少有"屠夫"、"菜馆"、"招牌"这样的称呼,因为城市里主要的话语形式不是它们,区域性用材是为了达到去陌生化的效果,用以联结自我的生活经验,从而唤醒内在的经验记忆。故事情节用三种动物与否成为菜肴来安排,识字的没有被做成菜肴,避免了被别人吃掉的下场,不识字的就主动送上门,稀里糊涂地被杀死和吃掉。故事虽然构型简单,但读起来很有情趣,而哲理的导出自然、准确;人们通过阅读这则故事,能够获得阅读情感上的享受。同时,其哲理的揭示,很容易引起人们内在生命体验的共鸣,花苗历史上,因为不识字而主动走上丧生之路是司空见惯之事,他们为此遭受了太多的罪责。这则故事的血肉是花苗的,灵魂也是花苗的。《千字课》中这样的故事很多,《两只牛过桥》、《老鼠开会》、《猎狗捉狼》、《不要怕难》、《茅草屋》等等,因此,这些故事是花苗生活经验和历史事实的现实原形。

二是合理的启蒙性。"启蒙",是指运用一定的科学知识,使人由蒙昧状态向现代科学化状态的过渡。当时石门坎社会确实处于蒙昧状态,主要体现在两个方面,第一是精神层面,他们信奉万物有灵的原始宗教,整日里处在妖魔鬼怪的恐惧之中,靠巫师的巫术维系着整个体系的精神诉求;第二是生活层面,不讲卫生、早婚近婚、酗酒纵性、缺乏知识、甘于压迫等现象较为普遍。精神和生活层面的蒙昧,使花苗在族群比对中越发呈现非人化状态,运用现代科学知识的启蒙是必需的,是应该加以肯定的。当前许多学者对现代启蒙积极意义的缩小和对消极意义的扩大,是用当下的眼光去看待过去的历史,更是脱离实际生命情景的臆说,其实质是"要不要启蒙"和"怎样启蒙"问题的混淆,启蒙是历史的必然,怎样启蒙是方法的选择。"合理"的启蒙,说明启蒙的形式和内容不是隔断历史的、完全陌生化的强置,而是一种外来与本土融合的合理嫁接。"我们并不想让这些人欧洲化,而是要在他们自己的环境中去产生他们的形象。"①柏格理的这一原则是为本土性现实所决定,他艰难的起步历程使他明白,必须按照花苗的方向前进,否则所获得的只能是失败,这一原则对石门坎本土知识分子的朱焕章来说,更具历史性和现实性。以上思想在《千字课》中得到了充分的体现,《分工合作》、《做买卖》、《爱干净》、《看报》、《选种》、《做事歌》、《苍蝇》、《传染病(二)》、《早婚之害》等体现了在生活力上的启蒙,一篇课文的剖析:

乡村的人多有早婚的恶习惯,男女十几岁就结婚,这是很不对的。早婚最大的害处有三个。第一是害身体,十几岁的男女,身体发育还不完全,结婚之后,发育必受阻碍,身体因此而衰弱。第二是害家庭,年纪太轻的人,还不能自立,就加上妻室之累,不但阻碍志气的前进,并且使家庭生活也因此而感困难。第三是害国家,早婚的青年,身体既不好,生的子女也不会结实;因此国家就缺乏健全的国民,自然国家就难得富强了。(《早婚之害》)

由于花苗在性方面较为自由,因此,石门坎存在着严重的早婚现象,早婚不但造成人生物学意义上的衰退,而且还影响着社会肌体的健康发展,为此,编者采撷区域现象为内容,运用区域性口语为形式,好似就身边之事与群众亲切交流,合情入理地阐明早婚之害,达到改造不良习俗的启蒙目的。

《千字课》中的《佛》、《耶稣基督》、《瓦特》、《服务的道德》、《十个矮人》、《自立》等体现了精神上的启蒙。例如,《自立》:"依赖人的人,不算是好汉,我自己的事,应当自己干,流自己的汗,吃自己的饭。"它提倡人积极、向上、果敢、勤劳,这是针对花苗沉醉、懒惰、麻木的精神现实提出来的。学习这些课文,使花苗不断地从蒙昧中解脱出来,在身心两方面都获得了很大解放。

三是全面的发展性。《千字课》的内容致力于全面发展的目标,它的内容涉及生活、道德、精神、趣味、社会、国家、世界等广泛领域,意味着凡是生命存在和社会进步所需要的都在其范围之内,《平等》、《三民主义》、《平等的意义》、《自由》、《和平》、《五权宪法》、《民生主义》、《法制精神》等更多地展示出对上层建筑的了解诉求,一篇课文的示例:

① 塞缪尔·柏格理著,东人达译:《未知的中国》,云南教育出版社 1997 年版,第 762 页。

平等有三种重要的意思是人人应当知道的：第一，不问男女老少，不分士农工商，人格是同等的尊贵，这是人格平等。第二，不问天资的智愚，不分境遇的好坏，都有发展的机会，这是机会平等。第三，不问宗教种族，不分贫富贵贱，都受法律同样的保护，这是法律平等。（第三册《平等的意义》）

不平等可以说是石门坎花苗历史的全部内容，没有一样东西是真正属于他们的。"都说我们花苗不会过日子，不注重积累收成和牲畜，殊不知，只要有了积累，土目立刻就盯上，然后随便找个理由就弄走了。"①因此，花苗对于平等的诉求是最强烈的，课文从性别年龄、天资禀赋、种族宗教三个方面来阐述平等的范围和层次，之所以这样，一是因为上述三个方面都是带有历史痕迹的，有着很强的针对性，彝族土目认为花苗"晦盲否塞，蠢如鹿豕（猪）"，只能作为他们的奴隶。二是保持一种发展的眼光，不仅仅要求人格的平等，还要求机会的、法律的平等，显示出对发展要求的全面性。

《千字课》内容上涵盖了生活、信仰、知识、习俗、异域等宽广领域，展现了启蒙的全面性；同时，其内容也从个体、社会、人类三个层次来呈现，凸显了其作为生命课程的发展性。

技术支持是教材编纂的必备要素，情感态度则是教材存活的关键要素。生命情感的投入使《千字课》得以作为生命课程的凭借而存在。作为编者的朱焕章并不是教材编写的权威，而是作为赠爱尽责的化身出现，"给他们一个小小的机会"、"减轻他们的痛苦"、"望着这目标"、"像个两岁的小孩子"、"半步、半步地向着责任之所在地前进"等等，通过这些序言中的话语，编者的情感投入得到了淋漓尽致地抒写，在如此纯粹情感下编纂教材，肯定不是算计性的、名利性的、随随便便的，而是立足于尽其所能、极端谨慎的编纂。这种担当精神形成了一个宏大气场，从而聚集了一批协助者，使他们自己也都燃烧在其中了，以至于朱焕章还没有编好，协助者所协助的经费、纸张、印刷、绘画、出版等事项，却提前齐备了。这种担当精神在《千字课》中以不同的内涵和形式展示出来，除了课文内容之外，还赋形在三个方面：

首先，情感赋形之一——序言：

---

① 张国辉口述。

他们有的为我们募钱，有的帮忙绘图，有的帮忙修改，有的帮忙请熟人代印或鼓吹；所以我还没有编纂完毕，其余的事他们都先预备好了。并且他们成立了一个"协助苗民文化促进会"来推进这件事。此外还有五六位同乡时常帮忙；就是代印的朋友也是尽力帮助我们。①

其次，情感赋形之二——"每册印费八分"：

在学习者第一眼投射的首页（封面前面的附页）中间位置上，印着"每册印费八分"，"八分"意味着所能节省到的最低限度，同时，它的背后承载着一个群体的爱心行动——选编、绘图、印刷、找人帮忙、凑钱等，找到所能找到的、最便宜的所需用品等，所有的心血和行动最后凝结成六个字"每册印费八分"，它是担当精神所形成的宏大气场的赋形。

最后，情感赋形之三——"不取钱的"：

如此艰难的编纂活动，明确表明"不取钱的"态度，其目的不是为着经济的、名利的、造势的，而是为着族群向更高生命层次前进提供一个机会，所以它是纯粹之爱，其中饱含着信仰、担当和奉献。

族群担当的情感浸透在字里行间，作为一种精神活在书中，它必将在学习者心中生根、发芽、开花、结果，并成为学习者前进的不竭动力。责任担当是教材编纂者真正应该秉承的态度，可以断言，有了对学习者的纯粹之爱，编纂者就会用自己的全部去编纂，编出的教材也肯定是高效的，因为它真真切切是"为人的"。

编纂者在书中形成的情感结构，是建立在对学习者充分了解基础上的，它是教材生命力的前提；编者的情感倾注与学习者的情感期待达成天然的契合，教材才真正获得了生命和灵魂，体现出了一致的重要性。神经生理学认为，"大脑额叶前部的神经联系是人产生情感的一个更加重要的生理依据"②。神经生理学的研究成果表明，人有着特定的情感生理结构，它对学习产生着特殊的影响，应把其作为学习的一个要素加以利用。石门坎群众所蕴含的主动学习情感，在《千字课》出现后的狂欢式阅读中尽显无遗，产生了极好的效果。需要说

---

① 朱焕章：《西南边区平民千字课》，未刊。
② 朱小蔓：《情感德育论》，人民教育出版社2005年版，第15页。

明的是,阅读效度的获得,绝不是《千字课》在技术上的"经典化",恰恰得益于学习者情感的预设。因此,科学化的技术运用、本真性的情感共鸣是教材编纂的两大核心要素,技术上不存在最好,情感上则存在最真,技术意味着学习规律的找寻和效能的追求,情感则预示着学习者的学习态度,没有学习者主动的情感倾注,技术则很可能成为碎片,事实不断地证明着这一点。近三十年来,语文教材处于不断变换的动态之中,从表面看是技术革新的应有之义,而事实上是情感缺失所造成的碎片化表现。

表六 1979～2003 年语文教材信息表

	1979	1981	1982～85	1985～88	1989	1996	2000	2003
初中	十年制中学语文课本(初中试用本)	十年制中学语文课本(初中修订本)	《阅读》、《写作》(初中)	《阅读》《作文·汉语》(初中)	九年义务教育全日制初级中学语文课本(六三制和五四制两套)	九年义务教育全日制初级中学语文课本	九年义务教育初中语文教科书	九年义务教育全日制初级中学语文教科书(试验)
高中	十年制中学语文课本(高中试用本)	十年制中学语文课本(高中试用本)	《阅读》、《写作》(高中)	《阅读》《作文·汉语》(高中)	新编高中语文课本	全日制普通高中语文课本	全日制普通高级中学语文教科书(试验修订本)	全日制普通高级中学语文教科书(试验)

上表的数据,是以初中(新课改后划入义务教育范围)和高中为对象来显示的,从数量上看,近 30 年来人教社共出版了 16 套语文教材,再加上新课改后"一纲多本"语文教材理念的提出,北师大版、苏教版、西南师大版、语文版等也相继研制成功,平均一至两年就有一套新教材产生,周期是短暂的,数量是丰硕的。从内容、体例上看,语文教材尽力摆脱政治、经济、制度等外部因素的干扰,逐步转到技术化道路上来,1979 和 1981 年版是"拨乱反正"的产物,1982 和 1985 年版凸显"工具"特色,1989、1996 和 2000 年版是"工具性与思想性"并重

的反映,新世纪的版本是"工具与人文统一"的缩影。语文教材的发展速度和效度表明,只想依仗技术改良达到所预期的效度,那只能成为碎片的再生产;新课程中情感、态度和价值观的提出,预示着情感重建的开始。

第二节　石门坎故事描述:信仰场域

马克思·韦伯说:"我们并不关心宗教的本质,我们把研究特定类型的社会行动的条件和后果当作我的任务。"①信仰是灵魂存放的地方,是不可或缺的生命元素。它标示着生命对于未知世界的理解和理解模式,由此呈现出一种结构,它构建着个体意识、社会组织、精神诉求等方面的内在秩序,这种结构表现为双重的空间性——外在的仪式空间和内在的心灵空间。仪式化的外在空间是人建构世界的现实赋形,"建构"一词是中性的,对于任何一种信仰,不能抱着简单褒贬的态度,那样会化约生命和生命认知,保持其复杂性和复杂性认知是所应预设的研究前提,因为复杂性本来就是生命的真实面目。心灵空间的转换,呈现于外在空间的位移,由此,我们获得了一条逆向的路径——通过外在空间去透视心灵空间的存在,否则,要想达到对复杂信仰的认知是极为艰难的。石门坎存在一个复杂的信仰秩序,它由原始宗教、基督教、儒教复合成一个三环套的信仰结构。我们将以外在空间的形式来考察生命的内在生成。

一、花苗的"灵山"

2010 年夏季,我在石门坎的调研活动接近了尾声,"新中学校"——是我最后的一个目标,也是最后一天的安排。新中学校是由一对来自东北的年轻夫妇开办的私立学校,距离石门坎约三公里,因位于新、中两个苗族寨子而得名。我在"门人"陈坤的陪伴下前往新中学校,道路弯曲犹如羊肠,海拔节节升高,三公里路程消耗的体力完全抵得上平原行走的几倍,不时又有摩托车掠过,因此我

---

① 苏国勋:《理性化及其限制》,上海人民出版社 1988 年版,第 59 页。

们走得很慢,在卞校长一遍遍地电话催问下,我们终于满身灰尘、疲惫不堪地来到了新中学校。高大险峻的薄刀岭就在它的右边,学校处于海拔2300多米的高度,站在操场边上远眺,一条条云带飘浮在脚下,低处的群山,在云雾掩映下时隐时现,朦朦胧胧,太阳出来,金色的阳光把云雾驱赶开来,广阔的山岭上顿时一片亮光,犹如舞台上猛然间拉开帷幕的视感,一片片拥挤的山包,就像互相打闹的孩童——纯真自然、富有节奏,颇有羽化登仙之感。

图二十七 海拔2300多米的石门坎新中学校

　　学校的卞校长热情地接待了我们,细致介绍了建校的艰辛历程,自己修建了水窖,从几百米高的薄刀岭上引下山泉,堪称石门坎上的"红旗渠",即使是在2010年百年不遇的大旱中也经受住了考验,一直没有断水。架设了电线杆、铺设了水泥操场、铲整了足球场、绘写了标语图案、选拔了教师等等,一切的一切都是夫妇二人用自己的双手实现的,他们硬是在山顶上创建了一所"空中学校"。夫妻二人分工明确,丈夫主管"硬件"——校舍的修整;妻子主管"软件"——教学上的事务,所以丈夫实质上是个泥水匠,而妻子骑着摩托车跑来跑去,因此得名"石门坎骑摩托车的女人"。这对热情、能干的夫妇,唱响了东北二人转的最强音,在他们身上透露出一种精神——坚定、严谨、幽默、自信、顽强,这种精神使他们浑身充满着力量和智慧,一切困难和挫折反而成了他们意志的磨刀石。这种内在的精神源泉是我最感兴趣的东西,当我提出之后,他们并没有正面回答我的问题,但却在迂回之中透出了我想得到的答案:

我:你们怎么到这里来了?

卞校长:怎么来的并不重要,重要的是我来了,想给新中寨的孩子一点读书的机会。

我:这里条件极苦,风像刀子一样,连小树都难以成活,你们能受得了吗?

卞:我自己也不知道能待多久,慢慢看吧!

我:你们原来是从事什么工作的?

卞:是东北一个城市里的小学老师。

卞的丈夫:我有自己的公司。

我:是吗? 这样你们肯定不是为名利而来!

卞:(微笑)是的。

我:为什么呢?

卞:我送你一本书。(拿出一本《圣经》。)

我:(我立刻明白了他们是一所教会学校。)有信仰就是不一样呀!

卞:你知道苗族的信仰吗? 石门坎花苗的灵山你知道吗?

我:原始宗教,后来被基督教取代。有灵山吗? 我很想去看看,因为多神崇拜的原始宗教触及到花苗的整个生活。

卞:我们学校背靠的这座山就是他们的灵山,一般是不许人上去的。天色已晚,不行了。

我:很遗憾! 明天一早我就返程了,只有下次再去灵山了。

　　这一闲谈触及一个重要领域——花苗的原始宗教,石门坎研究的学者更多地谈及它对人的禁锢,引证的源头大多来自柏格理日记,柏格理更多地是以基督文化的眼光来看待花苗原始宗教的。于是,学者们对花苗原始宗教的剖析,基本是遵从柏格理的视野走向,恐惧、沉醉、浪费成了原始宗教的代名词,言外之意是必须加以彻底改造。"在他们的脖颈上,环绕着无知愚昧和剥削压迫的重石,讲句心里话,就这样他们不可能向更高层次发展。"[1]然而,在笔者与当地老人的多次接触中,他们对原始宗教被赋予的"极端消极作用"并不怎么言说,据我体认,他们有种说不清的感觉。鉴于视之态度的迥异,时隔月余,我又专程

---

[1]　塞缪尔·柏格理著,东人达译:《未知的中国》,云南教育出版社 1997 年版,第 401 页。

为了灵山返回了石门坎。

图二十八　笔者在石门坎花苗灵山上

图二十九　石门坎灵山一角

"骑摩托车的女人"把我从石门坎接到了新中学校，刚一下车，我就细致地打量着灵山，像盼遇多年不见的好友一般，刚丢下碗筷，我就急不可待地走向灵山。灵山的山体不大、山势平缓，外形有些富士山的模样，山坡上长满了茸茸的细草，质地十分松软匀称，踩上去十分舒适，我从来不曾见过如此整齐美妙的天然草坪,一米来高的松树错落有致地点缀其间,碧绿干净而又和谐有致。

卞校长的丈夫江老师、武汉大学的两名大学生与我同行,平缓的山坡是划归学校的备用地,江老师熟悉这里的一草一木,称得上是这里真正的主人。在男主人不紧不慢而又成竹在胸的漫谈中,我和两位大学生的新奇和兴奋溢于言表,不大一会儿,我们没怎么费力就登上了山顶,呈现在眼前的山顶是一片稍微倾斜的平地,看上去很是独特,满地的奇树怪石,红刺树、红皮树、花椒树、青松等扎根于嶙峋怪石之中,让人感到不可思议。然而更多的是叫不出名字、测不出年岁的古树,其中一棵从巨石中倔强长出,树身粗糙苍老,满是裂纹,它旋扭着身躯使劲地向上伸展,树枝弯弯曲曲,如虬龙一般,上面长着一些桃子大的树突,猛看上去像活着的怪物化石,云雾像白色的带子在树丛中飘来飘去,让人有惊怵之感。此时,我窥视了一下两位大学生,来时的嬉闹和兴奋没有了,他们一脸的生硬表情,小心翼翼地走着,东张西望地看着,从眼睛里完全看得出他们收紧的内心。据江老师讲这些就是花苗祭拜的神树。云带、奇树、怪石、兽鸣——确有身居冥界之感。除此之外,让我感觉到从来没有如此直接地亲近自然,人就是自然的一分子,在这里得到了真切的体味,牛仔裤、照相机、运动背包等现代物件与这里格格不入,体现出一种极端的不协调。静谧、自然、狰狞是灵山的神韵,在如此的空间内,到这样的天地里,你会真切地感受到万物灵魂的存在。

我们沿着山顶的斜坡由东向西走去,走到山顶的边缘,清楚地看到新寨和中寨坐落的位置。据江老师说,苗族祭拜的神树、神石等一般都在高于他们居住的地方,柏格理也有着同样的记述:"每一个村寨都崇拜一些当地的大树,这些圣物均处在高于村民住宅的地势上,意在俯视万物。"①灵山的地势恰好验证了这一说法。

自然崇拜从根本上讲算不上真正的宗教,它没有像殿堂、庙宇、神龛一样的宗教设施,他们的祭拜是随时随地的,一棵大树、一个巨石、一个响雷、一只大鸟等存在的地方都是他们祭拜的地方,这些自然之物损伤之时和人们灾祸之际,都是花苗的祭拜时间,因此祭拜的场所是变换的,时间是即时的。对树的崇拜仪式:

---

① 塞缪尔·柏格理著,东人达译:《未知的中国》,云南教育出版社 1997 年版,第 397 页。

图三十　石门坎灵山上的"树灵"

在一棵地势稍高的古树下,花苗带着芦笙、酒、羊或牛进行祭拜仪式;首先宰杀牛羊,吹芦笙,"端公"口念咒语,带领众人跪拜祈祷,然后是祭拜者的狂饮,他们把自己饮酒的量当成树神的饮量,饮量越大越好,这暗示着树神对大地丰腴和多产的保障。①

关于门的祭拜仪式:

在太阳落山之后,把屋内和屋外打扫干净,待时间进入黑夜之后,在黑暗中把一头母猪抬到门边宰杀,事后猪血、清洗的脏水倾倒在门轴之内,鬃毛、粪便埋在门后。然后在院内支起一口大锅,把简单清洗的整猪放入,连同猪的内脏——肠、胃、肝、心等一并烧煮,值得注意的是,它们几乎不被清洗,就是肠也只不过把里面的粪便挤出而已,锅里不放任何作料,包括盐巴。在这一过程中全家人必须鸦雀无声,待猪肉煮熟后全家人开始默默分享,只有献祭者、父亲、妻子和儿子才能分享,女儿没有资格,因为她终究要成为别家的人。吃完后要清洗自己的双手,把洗手的水也要灌在门轴缝里,吃过的骨头要扔在火里烧掉,然后其他的人离席回去睡觉,只留父亲和儿子站在门后默默地守着,在太阳将要升起之前,儿子念着代代相传下来的咒语:"门啊,我们敬重你。要把疾病挡

---

① 朱明亮口述。

在外，要把疾病挡在外，要把伤人的闲言挡在外，要把所有害人的东西挡在外。"儿子一遍遍地念着咒语，等到出现曙光，仪式结束。①

仪式中猪的血、鬃毛、粪便、吃过猪肉后的洗手水等都要倒在或埋在门后，不怎么清洗的猪身和内脏一起烧煮，吃过的骨头也要烧掉并把灰撒到门后，这表明更早时期整猪祭品的形式，可以推测出当时是把整只猪都埋掉的，随着人类习俗的演变，被化约为形式化色彩的整猪祭品，不加清洗地入锅，代表着猪的原样，人吃代表着门神吃，与猪接触的一切都要清洗，然后倒在门后，这代表着全部的献祭。仪式在黑夜里进行，花苗认为存在着两个世界，人活在光亮的世界里，而神活在黑暗的世界里，他们认为神灵与人有着"同样的秩序"，这种认识不光限于花苗，而是有着广阔的存在空间，20世纪初云南府出版的一份《民众报》，刊登了一篇文章，标题为："阴间如何采用共和制"，若有然是地介绍阴间众神共和的社会状态。花苗之所以重视门神祭拜，是因为他们认为它是两种秩序的分界线，门可以开关，是一种十分形象的现实原形，门的打开意味着灾祸、疾病、不幸的降临，关闭则意味着对所有不幸的阻隔，从而使人得以幸免于难。

仪式中不可忽视的一个要素，是一位专职人员的存在，他熟知仪式的程序，独掌着咒语，在花苗中有着较高的威望，是仪式真正的主宰者，其他人只不过是他的"形式化道具"而已。正因为如此，一些人认为这种崇拜不具宗教性质，更为普遍的观点是巫术，主持仪式的专职人员——男性称作"端公"，女性称作"司娘"，即我们所熟知的巫师。宗教与巫术的区别在于对于神秘莫测力量的把握上，巫师认为他有能力控制神秘力量以达到人们的愿望，即人可以完成人的诉求；而宗教认为人在神秘力量面前是无能为力的，只有借助超然世界的神来解救。对巫术和宗教作出一定的探讨，意在说明巫师必须有着专门的技能，才能承担这一角色。"术"，是在对规律认识基础上的程序化技巧，是用以解决问题、满足人需要的工具，科学技术和巫术在这一点上有着同质性，即都是一种认识行为，只不过认识所获不同而已。石门坎的巫术和巫师相当普遍，他们有着对自然规律的一定了解，有着一些草药知识，以及对生老病死的经验积累。因此，他们在体系中有着较高的威望，实际上，正是他们维系着整个体系的运转，由于

---

① 朱明亮口述。

万物有灵在花苗心中的存在,巫术得以渗入到花苗生活的各个领域。一则示例:

一家的牛走失了,请来了巫师以询问找寻的方位和地点,巫师端来一只盛满水的碗,在碗口搭上两根交叉着的白线,把碗口平均分成四份以代表四个方位;然后用一根线绳一头拴住一个小木棍,一头拴住一只剪刀的手柄,拿起吊着剪刀的小木棍,使剪刀的尖正对着碗口上白线的交叉点,此时转动剪刀,停止之后刀柄对着的方位就是牲畜跑去的方向。①

它的真实性我们无法验证,也不在我们的论题之列,我们只是表明巫术和巫师广泛存在,对于生命诉求它有着一定的满足内容,按照英国人类学家泰勒的说法,他们是"药方",即英文首字母大写的"Medicine"。

巫师是花苗精神上的统治者,在人们心中,他拥有解除灾祸的手段,同样意味着也有招致灾祸的能耐,在石门坎施展灾祸的力量称为"监视的力量",一旦某人被"监视的力量"所控制,就会给他带来极大的灾难,那是一种可怕的力量。因此,花苗对巫师有着复杂的情感,一方面需要他的巫术为自己祛除灾祸,一方面又害怕他施展"监视的力量",给自己带来不幸,因此对于不安好心的巫师只能愤怒着忍受,虽然这种情况并不多见。

图三十一　维系天地秩序的巫师

①　朱明亮口述。

一名长相十分丑陋的男巫，总想在一名俊俏媳妇的身上占些便宜，在小媳妇怀孕期间，请他施展巫术以达到孩子平安的目的，他就说小媳妇的身上有魔鬼，必须要由他来驱赶，小媳妇在骂声中脱掉了衣服，就这样男巫与她发生了性关系，但小媳妇对巫师驱赶魔鬼深信不疑，只不过巫师所采取的方式令她愤怒。①

那么，通过一些实例的分析，对巫术的功能可以作一个基本概括：巫术可以促使个人获得解决问题的途径和信心、发展道德习惯、保持个性及人格。巫术使无序的社会秩序化，给社会生活引入规律并使之形成一定的结构，还可以发展先知先觉的能力。

万物有灵，就石门坎花苗而言，他们一方面认为万物都有灵魂，体现出生存形态的自然性特色，从一定程度上显示了世界存在的本真状态，世间所有的一切——包括人都是自然的一分子，在人的意念中它们都是作为不同的灵魂而存在，人类在社会生活实践中总会与其他的存在之物相联系，这是石门坎巫术无处不在的根本原因，这是与他们一定历史条件下的认识水平相联系的，它是一定阶段实践发展的真实存在。另一方面，石门坎花苗认为每一种事物的灵魂都是神灵，都是能带给自己灾害或幸福的主宰者，因此，人与万物相伴的同时，也对它们充满了恐惧。恐惧带来了各种祭拜仪式，为此花苗耗费了不少本就极端匮乏的钱物，这是对花苗最具破坏性的一面。不管是建设还是破坏，拜物教客观上把人由混沌引向秩序，由混乱引向组织，使社会结构的构成行走在秩序化的道路上。

拜物教的形成是人与环境相互建构的结果，就石门坎的具体情况而言，花苗特殊的历史背景，迫使他们生存于恶劣、凶险的山水之间，"山有多高苗家就有多高"是对他们生存状况的真实写照，他们置身于自然之中并与自然万物平等地存在着，在天荒未畴的时代里，人对自然的了解几乎可以忽略不计，人对自然的影响也几乎可以忽略不计，因此，以己推物的灵魂认知图式是完全可以理解的，它是场域与行动者相互之间的建构性生成，是实践的结晶，其作用表现为个体心灵的慰安，从而使给人类带来焦虑、恐惧、渴求、希冀等各种不可预测的

---

① 张国辉口述。

力量得以解除或实现,从群体上促使社会秩序化。它不需要通过分工出来的、作为专门机构的学校来传承,而是靠代际间的无意识影响,因此,这种内在的慰安和秩序有着很强的韧性和持久性,进而成为人生命中不可或缺的精神元素。

二、"废墟"上竖起的十字架

拜物教作为花苗生命中的精神元素,是其作为生命存在的必然诉求。与它在形而上层面上体现出的建设性相比,其在生活层面上更多地表现为破坏性,为了精神诉求的满足,大量的、即时的崇拜仪式,耗费了花苗不少本就十分匮乏的物质,为此,一旦出现特定的契机,这种原始宗教在客观上存在着被转换的极大可能性。泰勒、弗雷泽等早期的人类学家认为,人类的心智存在着迷信(巫术)——宗教——科学的发展轨迹,这正是基于被改造可能性的存在。

柏格理的到来改变了石门坎行动者的资本数量和形式,激活了停滞千年的"死场",促使行动者选择新的行动策略进行位置关系的争夺,这将在历史性的基础上塑造出新的场域形态,生命在此场域中也将获得新的内涵,展现出不同的生命姿态。

柏格理漂洋过海、不畏艰难地来到云南昭通城,想在以汉人为主的昭通城寻找一个安放基督之地,为此,他曾作了充足的思想准备,即中国化的改装,丢掉英语改说汉话,脱下牧师服改穿汉服,尽力地讨好当地群众——为他们治病、送信、舍饭等等。然而,顽强的儒教并没有给改装的基督多少机会,几位老太婆就是他们十七年的全部成就。柏格理虽有坚定的信念、顽强的意志,但此时也不免产生疑虑和困惑,"我大有一种困惑的感觉,好似置身于一堵巨大的城墙之外,想寻找入口却找不到"①。

---

① 阿信:《用生命爱中国——柏格理传》,大象出版社 2009 年版,第 51 页。

图三十二　柏格理在云南昭通的租住地——集贤街

　　两千多年的儒教形成了一个坚固的观念壁垒，它在个体生命和社会组织上，不存在能使异教有机可乘的明显缺陷；更为重要的一点，若不能激活行动者对场域位置的争夺欲望，单纯的宗教置换是不可能的，原因很简单，汉人所渴望改变的位置关系，基督教是无能为力的。柏格理想通过学子传播基督的失败就是明证，十字架始终没有安身之场。

　　石门坎为基督的置入提供了沃土，其成就之大、速度之快令人称奇。柏格理在石门坎与昭通并无二样，只不过汉服换成了苗服，汉话变成了苗话，但效果却大相径庭，关闭千年的石门毫不费力地被推开，十字架迅猛地竖遍滇黔临疆。柏格理用同样的教义、同样的"招数"，为什么会出现完全不同的效果呢？或许"活字典"张国辉的谈话能回答这一疑问，他讲了"和尚头与甜苹果"的故事：

　　　　你提的问题，具体原因说不清楚，打一个比喻。石门坎有一种植物，也是一种草药，因根部没有须根，果实就像白萝卜一样圆润光滑，我们当地人就叫它"和尚头"。其味道苦得很，若含在嘴里，能苦得口上起泡，如果把它拿出来立刻咀一块苹果，苦味顿消并立刻变甜。但若咀嚼两颗"和尚头"，时间长一点，再吃苹果也不起作用。①

　　这个比喻很有意蕴，"苦得起泡"确实是花苗之苦的形象比喻，由于苦到极致，所以形成一种对甜味的自然敏感，"咀嚼苹果，苦味顿消"，苦味并不一定是

────────────

　　①　张国辉口述。

真正地消失,而是一种感觉的扩大和掩盖,其原因是它太苦了。"咀嚼两颗,再吃苹果就不起作用了",恰恰说明是一种感觉,苦量加大之后,感觉麻木了,吃甜的就不起作用了。已有前述,花苗之苦来自于两个方面:一是对万物神灵的恐惧之苦;二是农奴之苦。这两点苦得花苗确实是"口上起泡",但恰恰它们也是基督得以成就的"窄门",基督教的成功,一是得益于拜物教的明显缺陷,二是由于花苗对改变位置关系的强烈诉求,这也是根本性的一点。"我们发现拒绝接受《圣经》的村寨,都建在开明地主的土地上;而绝大多数转向基督教的,都处在恶霸地主的领域里。"①

给予和渴求的契合使柏格理获得了准入的"许可证",但要真正达成信仰仪式的转换,却不是轻易可以完成的,"所有意识转换都要经过标识性的三个阶段:分离阶段、阈限阶段以及聚合阶段"②。之所以如此,是因为它要取代存在千年的历史,改换成新的文化体系。如果不破除巫术,十字架是不可能竖立起来的,因此,柏格理首先铲除巫师,用简单的科学知识使巫术破产,使巫师失去了赖以生存的"术"。柏格理采用幻灯的手段来击穿巫师的巫术,几则示例:

> 人们对幻灯的引进却表现出兴趣,幻灯令观众十分激动。幻灯机使人感到何等的惊奇,并起到一种震撼性的醒悟作用。③

幻灯片内容针对性地集中在三个方面,一是自然现象,二是疾病知识,三国外风物。这样一来,幻灯成为万物有灵观念的解构利器:

> 柏格理针对花苗认为雷电就是神灵的认识,就用幻灯片播放雷电的内容,证明雷电不是神灵控制的,是正常的自然现象。传染病是花苗恐惧的另一重要源泉,巫师也正得益于此,柏格理就放这方面的知识,并说明能够控制它。他又放一些外国的汽车、轮船、哈哈镜、留声机等新奇东西,以及外国人坦然对待它们的态度。幻灯的好处一方面使花苗对万物有灵论发生了动摇,另一方面认为柏格理威力无穷,是另一种神。④

---

① 塞缪尔·柏格理著,东人达译:《未知的中国》,云南教育出版社 1997 年版,第 719 页。
② 维克多·特纳著,黄剑波译《仪式过程》,中国人民大学出版社 2006 年版,第 95 页。
③ 苑青松:《由荒蛮之地到文明门槛的钥匙——对贵州石门坎电影的出现及其教育功用的思考》,《黔南民族师范学院学报》2009 年第 4 期,第 81 页。
④ 杨智光口述。

视野的开阔，导致花苗在观念认识上有了新的迹象，柏格理敏锐地抓住这一契机，立刻行动起来。"柏格理和他的伙伴们一根又一根木头地将棚屋拆碎，将其夷为平地。"①十字架在宿寨房的废墟上竖立了起来。万物有灵是一种无形的观念，无形的观念肯定有它呈现的外在空间，宿寨房虽不是这一观念直接的现实原形，但它是万物有灵背景下生命姿态的存放空间，因此，要进行仪式转换必须从有形的空间开始，才能逐步改变内在无形的观念。

三、耶稣还是爱稣

终止过去遗留的不规矩，远没有拆毁那些棚舍一样容易实施。旧观念的拆除不等于新观念的自动树立，耶稣如何存活是柏格理成功与否的关键。"柏格理试着用最初的方法向苗族人宣讲福音，村民们对柏格理本人的宣讲大部分不得理解。这是他在昆明工作的往事重现。"②招致失败的教条式宣讲基督必须被抛弃，因为《圣经》上的耶稣与苦难深重且理解力有限的花苗距离太远，现实使他们需要一位"一家人"般的活生生的耶稣。柏格理的深刻正在于他洞察到了这一点："作为一名在中国的传教士，看起来倒很像我们的主应需要而产生的化身。主降到了我们的水平，从我们的立场看待事物，理解我们的业务。"③化身的标准是从苗族人的观点出发显示基督之爱，这种爱是花苗生命的给养，而不是抽象的语词，它的实质是耶稣赋形的表现，随意拾撮的几个片段：

耶稣赋形之一——官司：

苗族人的马匹就拴在那里，但他却坚持说这些都是他们自愿送来的礼物。最后，我们达成了协议，牲畜和人都被放回。

最后达成一致，以钱代酒的形式解决了问题。

尊重土地法律，花苗只为头房纳租税，二房不纳税。

……

---

① 塞缪尔·柏格理著，东人达译：《未知的中国》，云南教育出版社1997年版，第546页。
② 塞缪尔·柏格理著，东人达译：《未知的中国》，云南教育出版社1997年版，第539页。
③ 塞缪尔·柏格理著，东人达译：《未知的中国》，云南教育出版社1997年版，第762页。

耶稣赋形之二——治病：

今天我为两个人拔牙。

今天上午，我为 50 个孩子接种了牛痘。

6 月 13 日。我来到了有伤寒病的寨子。

7 月 1 日，一位被丢弃的麻风病女孩来找我。

今天我走访了一户染上伤寒病的人家。

……

耶稣赋形之三——苗家人：

石门坎教区里的苗寨都是他的家，数量众多的家促使他处在不断的巡行之中，"一天大约可走 20 至 50 英里，到东边要三天，东北面要五天，东南面要四天半，西边要两天半，西北边要三天半，西南边要三天半"①。而生他养他的地方，在来到石门坎的二十年间，他只回去了两次。住在极其糟糕的苗家，才能真切地了解家里人，他在充分地享受着苗家的"乐趣"：

我整夜都在同跳蚤作战。一些中国的神像有六只或更多的手臂。如果我也有这么多的手臂，或许在夜战中才能和敌手势均力敌，但是仅有一双，只好甘拜下风，直到疲倦不堪之后才入睡。

我们房间的"特殊王国"里，还有三头牛、一匹马、九只羊、五头猪、一条狗、一只猫和一只快速在各处飞来飞去的萤火虫。狗整夜都在试着爬到我的床上。马踩着某一头猪，就会发出狂吠和嚎叫。

耶稣赋形之四——智慧：

因为杨森将军的足球队收获了一场失败，为石门坎足球披上了一层浓厚的传奇色彩，石门坎老人每每谈起体育时，总是对此津津乐道，足球场被深深地烙上历史的印记，使人们得以传唱生命中曾经发生的事情，以获得情感的慰藉。然而，足球场的修建更具意蕴，充满着教育的智慧。起初这里是一个平缓的山坡，面积狭小，极其不规整，柏格理并没有向人们提供标准足球场的概念，而是在踢足球的过程中，哪里不平就补平哪里，哪里狭小就在哪里切削山体，足球在

---

① 塞缪尔·柏格理著，东人达译：《未知的中国》，云南教育出版社 1997 年版，第 406 页。

哪里容易滚落沟壑，就在哪里稍微垫高地势、筑上土垄和栽上篱笆式的树苗，球场在足球的滚动下一点点扩大，一点点成形，最终足球场成为一个纺锤形的不标准场地，但不标准场地并不影响人们获得完整经验。

柏格理来到石门坎后，第一件事是要割除生活陋习，比如头发太长、酗酒等，柏格理发动剪头发很有趣，他先做苗族同事王道元的工作，让他带头剪，王道元把将近两米的头发剪掉，哭了三天，边哭边拿着自己的头发展览、示范，他的举动真实地反映了当时人们的心理，起到了很好的榜样作用。

在行动中获得经验——即实践的理性，是不可缺少的教育元素，因为这种实践理性是生命成长中所必需的。

柏格理听到两家花苗因为小事争执不下，大有升级之势，有人就喊他去调解。他先到了一家问明原因，原来是这家的凳子腿上被斧头砍了一个口，他家认定是邻居家小孩砍的，而邻居不承认，于是闹起了矛盾。柏格理从第一家带着凳子出来到了第二家，一进门就看到了一把斧头，锋利的刃上还沾有碎木屑，他心里就非常清楚了。坐在自己带的凳子上，他先东拉西扯地谈家常，见大家情绪放松了之后，就指着凳子上的小口口说："小口口，是谁跑到你这里来了？是不是谁为了捉迷藏想藏在你这里？"他笑着指着一个人说："是你吗？"引得大家哈哈大笑，那人说："这么小的口口怎么藏得下我！"柏格理又指着一个小孩子说："你个子小，是你吗？"小孩子笑着说："我虽然小，也藏不下呀！"柏格理又故弄玄虚地巡视一圈说："那是谁呢？"最后他把目光落在斧头上，像与人交流一样说："斧头，你的形状与口口正好一致，肯定是你吧！"柏格理煞有其事的模样引得众人哄堂大笑，"斧头你怎么不说话？不说话就是承认了。哦！原来是斧头跑到口口里去捉迷藏了，没事！没事！"事情就这样结束了，他的智慧表演营造了一种愉悦的气氛，谁也不好意思再提矛盾的事。这样的方式不是对与错的直接评判，而是一种智慧的体现，这种智慧是建立在爱的基础上，是爱的智慧。

耶稣赋形之五——谦让：

柏格理在石门坎的日子里，无论何时在路上遇见行人，总保持着一种姿态、一句话，一个姿态——看到苗族人过来，柏格理立即从马上下来，把缰绳拉紧，让在路边，对来人微微地鞠躬；一句话——用熟练的苗语说："老哥，得罪了。"

耶稣赋形之六——童心：

儿童是上帝心中的花朵,散发着天国花园的迷人芬芳。

一个小型的铁制智力测验玩具、一对软木塞及两个装有时钟机构那样的发条与齿轮的木偶,是我们有益娱乐的工具。

一个布娃娃使小孩都聚拢在我的周围。

"请给我画张像。"原来是那个小家伙。

一个40多岁的老顽童与一群孩子在屋里屋外追来追去,埃玛看着这一切,笑得合不拢嘴。

……

在丰富的生活面前,语言是苍白的。柏格理的爱与花苗生活的外延是如此的接近,笔者实在不知道用什么语言来展示这种外延,生活不可能用一二三四来化约,无奈之下只好忠实地摘录当事者的话语,然而,不加修饰地罗列之后,这些看似碎片化的话语,却恰恰展现了生活的真实,要想准确说明柏格理爱的深广,确实是一件令人头疼的事情,这里,无奈之下,我们只好听听他自己的表述:

被群众热爱与信赖,又为许多人鄙视与仇恨;放弃了文明国家的舒适和享乐,去面对一千零一种危险,医治病人,教育愚昧者,安抚失去家园的人,与孩童们玩耍,扫除酗酒与鸦片,与不纯洁的鬼神战斗,引导一个羞怯的群体如何自力更生与振奋进取,在每隔几个礼拜返回他的传教中心一次,就好像一个一直在感触真实的人性基石的人……由于人们爱戴他,所以他一再反复清点自己作出的回报。①

柏格理得以成为花苗心中的耶稣,一是因为他有力量,花苗才"靠山式"的跟随他,苗族并非认为信教能得救,他们信的是势力。二是柏格理的爱心,花苗形象地称他为"爱稣",这是花苗几千年来所最缺乏的,谁同情就信谁。三是个人的特质,诸如学识、风趣、童心、机敏、坚定等,使他极具个人魅力,花苗认为他是可以信赖的人,都愿意和他接近。因此,《圣经》中的耶稣被服务苗家的"爱稣"所取代,"神性解放了人性"(张坦语)。然而,在改造中耶稣的神性并没有

---

① 塞缪尔·柏格理著,东人达译:《未知的中国》,云南教育出版社1997年版,第587页。

消失,只不过以另一种形式显现出来,他们都认为柏格理是无所不能的神,这种认识一方面来源于爱心、坚强、智慧、机敏、情趣等人性色彩;另一方面得益于柏格理对偶然因素恰到好处的把握,使他的身上笼罩了一层神的光环:

一个巫师看到人们对传教士十分崇信,他想借此榨取钱财,于是就改穿基督道袍并自称他无所不能,正当他的阴谋要得逞的时候,忽然当众暴病身亡,这个偶发事件使花苗相信柏格理确是能控制一切的神。

一伙暴徒夜间来抢东西,柏格理出来查看被土匪抓住,把他带到寨子外边的山坡上,捆在一棵大树上,土匪们为了在首领面前表功,都争着要结果柏格理的性命,后来一个肥壮的土匪获得了机会,他拿着尖刀正要结果柏格理性命时,突然捂着肚子倒在地上,疼得滚来滚去,吓得其他的土匪全部跪在柏格理面前,口呼"神仙饶命!"柏格理对"神"的称呼不置可否,并大度地饶恕了他们,此事很快传遍了石门坎周围。

他带了一个望远镜和一台照相机,望远镜在汉语里称作"千里镜",而人们将"千"改为了"枪",认为这是一只威力巨大的枪,它可以杀死所有通过它看到的人,其射程达到一"千"里。而照相机更是被描述为具有机关枪的性质,有特殊的魔力,而魔力的掌控全在钻在黑布下的那个洋人。①

柏格理利用自己的神性,精心培育着人性,不断地向人们展示着爱心、坚定、智慧、力量等特质,并逐渐把花苗塑造成一个个富有信仰、理想、奉献、担当的自我之神。

万物有灵的信仰场域,塑造出麻木沉醉的个体形象,行动者的沉沦愚昧又推动着旧有场域的强化。柏格理的到来改变了行动者资本的数量和形式,激发了行动者对场域位置的争夺,他运用神人一体、破立结合的理念和方法,置入基督教的教义元素,逐步形成一个以爱心、平等、圣洁、有序等为特点的新场域,作为行动者的花苗在此场域中展现出了一种狂欢式的激情,它表明这一场域无论在形式上还是内容上都与行动者的惯习相契合,新的场域与行动者相互形塑与塑形,基督教因此而走向了世俗化、本土化,完成了自身的蜕变;行动者抛弃原有的信仰和不良习俗,以适应新的场域,在基督教特殊逻辑与花苗诉求的互动

---

① 杨明光口述。

中,生成出爱心、奉献和平等的信仰内容,这是基督教在石门坎的全部要义。与此相对应,它必然会建构出一种新的社会结构或社会秩序,新的社会秩序也必然会改变花苗原有的生命气象,爱心、平等和进取就是花苗新的生命内涵。

四、塾师与儒教

一句不断被重复着的话语:

其实,在石门坎早期的办学中起决定作用是汉族老师。[1]

在我们花苗地区,如果没有汉族老师为教育认真负责、出力出汗,不知什么时候才能出头。[2]

苗族有文化,起决定作用的是汉族老师,而不是外国牧师。这是最公道的评价。[3]

引入是柏格理,真正起作用的是汉族老师,应为他们立碑宣传。[4]

笔者在与石门坎老人的交往中,不断听到一个被重复的话语,这个话语并不是谈话的主体,在老人们沉重地描述历史、崇敬地谈论柏格理和骄傲地悉数成就后,总是严肃地抛出一句话,即上述摘录的内容,虽然表述上存在些许的差别,但话语的内容是相同的,即石门坎教育中起决定作用的是汉族老师。

20世纪初期的石门坎文化现象,被称为由外国传教士引领的苗族文化复兴运动,在这场复兴运动中,充满着基督教和苗族主题的色彩,那么,置身其中的汉族教师扮演了什么角色呢?为什么他们一直活在花苗的记忆里?

从历史发展上看,石门坎的文化复兴运动可以划为三个阶段:第一阶段:开启阶段(1904～1911年),时间是从柏格理接触四个花苗汉子至中华民国成立,这一阶段主要是各项工作的筹备;第二阶段:发展阶段(1912～1949年),时间是从中华民国成立到中华人民共和国成立,在这一阶段,各项工作开始稳步、有序发展;第三阶段:成熟阶段(1950～1966年),从中华人民共和国接管学校到

---

[1]　张国辉口述。
[2]　杨明光口述。
[3]　王文宪口述。
[4]　张以强口述。

"文革"开始，在这一阶段，石门坎培养出了大批的人才，苗族知识分子成为学校真正的主人。

按照上述的阶段划分，汉族老师是出现在石门坎文化复兴的开启阶段。柏格理决定在石门坎开办教堂和学校以后，与他随行的就是汉族老师，据东人达先生的研究，早期来到石门坎的汉族老师有：李司提反、钟焕然、王玉杰、夏士元、郭明道、傅章正、胡开英（女）、刘映三、张中普、李四、刘四、杨正隆、王开阳、侯锦堂等。从形式上看，汉族老师与传教士在基督教的旗子下一起来到了石门坎，如果说基督教福音以花苗渴求读书的方式降临，是出乎柏格理意料的话，那么，千年来儒教都没能得以进入石门坎，而却在基督教的旗帜下进入，更应是一种出乎意料，可以说汉族老师是石门坎文化复兴中最早的拓荒者。

在石门坎文化复兴的开启阶段，先是进行传统的读书识字，后来建起了以班级授课制为特征的现代西式学校，但并没有采取分科教学，教学的主体内容仍然是中国传统的四书、五经，在此背景下，柏格理从云南昭通带来了汉族老师，他们都是从私塾出来的举人、庠生，在四书、五经的长期熏陶下，有着扎实的汉学功底，深得中国传统文化的精髓。

汉族老师中最为著名的是刘映三、李司提反和钟焕然三人。

刘映三小传。刘映三，男，汉族，年龄不详。他不信教、不信鬼，别人信教他既不反对，也不歧视。对学生有教无类、认真负责、耐心辅导，态度和蔼可亲而又正气凛然，学生们都爱与他接近。他自己动手洗衣、种菜、种包谷、煮饭等，生活上从不依靠别人，在石门坎的 30 年里，他极少回昭通，对石门坎艰苦的生活从来没有叫过苦。

钟焕然小传。生卒年月不详，是昭通基督教循道公会早期成员之一，他为了做好花苗的教育工作，首先学会了苗语，运用汉、苗两种语言进行双语教育，对花苗群众十分亲切友好，附近许多不会讲汉语的花苗群众有困难，总是有求必应；生活上艰苦朴素，按他的话说：人来世上不是讲究吃饭的，而是讲究做人的。

李司提反小传。李司提反原名李国镇，是昭通城里早期加入基督教会的成员之一，因到柏格理处求医，常与柏格理辩驳基督教义，后来被感化加入了基督教会。汉、苗两种语言运用自如，在苗文创制中发挥了重要作用，"李司提反先生在这件事上以他特别的才干帮了我的忙,最后我们达到了创制一种文字系统的目的"①。李司提反与群众、学生打成一片,深受学生和群众喜爱,1917 年从昆明返回昭通的途中失踪。

表七　石门坎光华小学(1905～1916)师资表

姓名	族别	学历	薪水	职务
刘映三	汉	举人(清末)	法币 30～35 元(仅够买盐)	校长
李司提反	汉	庠生(清末)	法币 30～35 元(仅够买盐)	教师
钟焕然	汉	庠生	法币 30～35 元(仅够买盐)	教师

从三人小传中,可以看出汉族老师的特点:一是清苦乐贫的生活作风;二是坚守负责的担当精神;三是宽厚仁爱的公共情怀。汉族老师身上所表现出来的汉儒风骨,使石门坎花苗对他们一边称赞有加,一边强烈追问。

是什么力量鼓舞昭通的汉族文人、举人愿意去石门坎奉献? 他们当中许多人并不信教,为什么现在的大学生都不愿去? 刘映三在石门坎 30 年,为什么有这么高尚的精神,应不应该为他们立碑宣传!

戴琳琴老师从四川华西大学带回来的一个大学老师,她愿意来石门坎并教了 3 年,死在、埋在了石门坎,这些人都不信教,为什么有这样的精神呢?②

文化身体化之后,个体就成为了文化的符号,举手投足之间表达着文化的内涵,传递着文化的精神,由此,个体不但成为了文化的传递者,也同时成为了某种文化精神的赋形物。儒家文化是中国的主流文化,几千年来,它形塑着个体并为社会塑形,逐渐积淀为一种儒家精神:

至深的公共情怀。"正心、诚意、修身、齐家、治国、平天下。"

清苦乐贫的精神。"一箪食,一瓢饮,在陋巷,人不堪其忧,回也不改其乐。"

强烈的担当精神。"士不可以不弘毅,任重而道远。仁以为己任,不亦重乎? 死而后已,不亦远乎?"

谦逊的君子风骨。"《诗》云:战战兢兢,如临深渊,如履薄冰。"

---

① 塞缪尔·柏格理著,东人达译:《未知的中国》,云南教育出版社 1997 年版,第 158 页。
② 杨明光口述。

经过儒家文化涵泳的知识分子，担当、乐贫、谦逊、尽责等儒家精神就转化为活生生的生命体征，又在个体的生存空间里被活生生地表现出来，这种表现不是为了个人的一己之私，而是在展现一种文化的特质。从历史的角度考察，儒家知识分子分化为两种形式：一种是走通仕途得以兼济天下的官儒，一种是面对穷途而独善其身的塾师，但不管是官儒还是塾师，他们内在的文化精神是一样的。再则，石门坎汉族老师不是个别而是一个群体，这正说明儒家精神塑形的普遍意义，由于人们对它的至信、笃行，于是，它就被赋予了宗教的性质。

张坦先生在石门坎塾师和传教士之间进行了对比研究，他把对比内容和结论编制在一个表格里，为便于进一步分析，现把它摘录下来：

表八 塾师与传教士的比较信息

	塾师	传教士
性质	俗职	神职
动力源泉	物质	精神
体裁文化信息	层面上缺乏、内容上偏狭、性质上落后	全面、广泛、代表、时代
传播模式	冬烘式	卡里斯玛氏
传播效应	感染力弱	感染力强

此表中的内容要素是从现象表征上罗列的，它从传播者的角度，反映了基督教形而上和儒教形而下的属性；从语言表述看，采用的是二元对立的语言结构，界限分明地厘清了二者的区别，同时，也展露出比对者的情感倾向。这样的比对非常必要，在石门坎苗族文化的复兴中，塾师和传教士结伴而来成为共同的开创者，他们在"结伴而来"、"共同开创"等方面的趋同性并不等于作用上的同质性。张坦先生在比对的结构设置上是详尽、合理的，因为比对的内容作为现象表征是真实存在着的，它确实解释了基督教在石门坎迅猛发展的原因，但在二者对花苗的影响方面，还应作出更多的思考，这样才能检视出花苗应该成为什么样的文化符号，在其渴求生存、致力认同的时空中，必须明白哪些东西应该成为花苗发展的文化支持。

基督教是作为人之上的神教而存在，基督教的内涵是神保佑下来世生活的构建，有着明显的神性特征，耶稣是它的形象符号，《圣经》是以塑造耶稣形象来构建和解读的；儒教是作为人之中的人教而存在，或者说以"文教"而存在，儒教的内涵是以现世立人、立国为取向的，它不是哪一个人创立的，而是具有较强的历史性和发展性，所以，很多纪念孔子的庙宇都不叫孔庙，而叫"文庙"，儒教让人们匍匐的不是人，而是人的学说，这一点与基督教恰好相反。从二者的特性上看，基督教的符号表征更为明显，《圣经》、教堂、十字架、牧师袍、礼拜仪式等都是一种有形的存在，它用这些有形的存在来达到对无形内涵的信仰；相对于基督教而言，儒家没有任何的显性表征，它的精神是内在于文化之中的，并主要通过课程的形式进行传播，更多地表现出内在的、隐性的、实践的特征，因此，基督教展示出一种有形的强制性传播，而儒教是潜移默化、施效于无形的传播。这样一来，基督教在短期内能够达到一个高潮，但瞬间的激情也可能终止于瞬间；儒教精神的获得是缓慢的过程，不但要学儒家的文字，更要习其中的精神，达到知行合一的结果，因此，一旦文化身体化之后，它的持有也是稳固的，不会被轻易取代。

　　另外，一定空间里的主流文化是否能作为教派的文化支持，决定着教派生命力的强弱。基督文化是西方的主流文化，在长期发展中形成了完整的体系，因此，基督信仰在特定的空间里有着旺盛的生命力，也可以说是西方社会中不可或缺的；儒家文化是中国的主流文化，经过几千年的积淀，形成了一个强大、牢固的体系，花苗虽拥有自己不同于儒家的民族文化，但发展的指归是儒家，这也决定了二者生命力的强弱。

图三十三　石门坎第一位苗族博士吴性纯之墓

很明显，基督教和儒教在石门坎花苗文化复兴中同时为花苗所信仰，那么，花苗在二者信仰上的动力是什么呢？来自亲历者的声音：

你们来学校干什么？要来念书。①

苗族人以前就像一个病人一样，谁拉一下都想站起来，所以不是真正信教。②

信教的包谷五升，不信教的包谷七升。③

苗族是在谁也不管的社会里信教。苗族并非认识到信教能得救，而信的是势力，谁的势力大，谁同情就信谁。④

群众的想法是，加入教会就可避开土目的骚扰而得到安宁。⑤

花苗信仰基督教是为获得读书的机会，或者为了减弱一些土目的压榨，一句话，是把其作为一种外在的依靠力。基督文化、苗族文化、汉文化分属于不同的文化体系，苗族对基督文化并没有心理上的认同感，而是作为场域力量的改变因素而加以利用，那么，到了行动者可以自我依靠时，基督教就会成为苗族文化发展的瓶颈，事实也证实了这一点，杨明光老人对这一问题的回忆：

吴性纯是石门坎花苗历史上第一个医学博士，他的学业是由教会资助完成的，对教会本应有着很深的情感，然而，作为高级知识分子的他，发现教会并非真正是为花苗服务的，于是产生了矛盾冲突，他公开指责教会："你是娃娃不懂事?! 你们不是为石门坎办事!"其实教会为宗教服务是理所应当的，传教士希望花苗皈依基督并为之服务，而石门坎花苗只是把宗教当成文化复兴的辅助力量，渴求宗教为他们的文化复兴服务，矛盾正是产生在双方目的的不同上，吴性纯清晰地表明了这一点："靠外国力量发展教育是空想，自己的饭自己吃，外力只是辅助，还是靠自己拼搏才是出路。我们要自强。我去昭通不是丢下石门坎不管，是为了更好地争斗!"⑥

---

① 钟焕然：《中华基督教循道公会西南教区各少数民族信仰基督50年史》，未刊。
② 杨明光口述。
③ 张国辉口述。
④ 张以强口述。
⑤ 杨智光口述。
⑥ 杨明光口述。

花苗早期需要依靠一种力量才能站起来,柏格理的个人因素也起到了关键作用,在石门坎有一种说法——"没有柏格理就没有基督教",后来的传教士作风很差,比如来回要骑马、使用佣人、要苗族人为他们劳动、看不起花苗等,令花苗很反感,张道慧直接被赶走了。可见,花苗信仰基督教是出于以上两个目的,并非想通过虔诚的信仰来得救。儒教在石门坎的情况则不同,儒家文化是石门坎花苗认同的文化,他们要读书、要复兴,主要是感觉到自己被抛弃,尤其是作为汉文化身份被抛弃,强烈渴求重新归附到汉文化圈里,即使创制了苗文,但在实际教学中,苗文是作为向汉文化的过渡工具来定位的,因此,一种成熟有序的信仰取代一种原始混乱的信仰相当容易,但要取代另一种成熟的信仰则相当痛苦,也可以说几乎是不可能的,因为它要求改变个体的符号特征。再则,塾师在公共情怀上一点都不比传教士差,花苗的诉求与塾师的平天下精神达成了内在一致性,从这个角度上讲,塾师对花苗的影响是深刻持久的,如果说传教士与塾师共同为花苗培育了爱心的话,那么,塾师更为花苗树立了平天下的担当精神,花苗知识分子就是这种精神的赋形,这种特质不但体现在精英分子身上,普通人士也毫不逊色:

有一老者,自闻倭寇侵略以后,无力捐款,终日祷告,乃至哭泣。一晨忽然晕倒于地,乃醒,仍祷告如恒,诚恳而热烈之情绪,殊足钦敬。①

在混乱原始的心灵中接受一种成熟有序的信仰,远比用一种成熟信仰取代另一种成熟信仰容易,改变信仰等同于改变观念,也还要改变生活方式。

一个不争的事实,神性唤醒了人性,人性改造了神性。无论是身处文化的蒙昧阶段、发展阶段还是高潮阶段,石门坎花苗的生命元素里都有信仰相伴,信仰与生命在互动中进行着塑形和形塑,在各自逻辑规律下建构成特定的关系构型,它们有着共生性,各自是不可独存的。没有生命支撑的信仰是不存在的,没有信仰或者有但不能使生命"生生不息"的信仰,生命也只能是活着的"命",注定也是为活着而活;有了为人的信仰,生命就会为自觉和有意义而活。石门坎花苗的生命历程很好地诠释了这一点。另外,只有自身有信仰的人才能传播信仰,信仰的真正传播不是理性化的传授,而是赋形化的感染。

---

① 贵州民族研究所:《民国年间苗族论文集》,未刊,第199页。

第三节　石门坎故事描述:文化(文字)场域

这个题目可能有些混淆视听,不知作者要说些什么。这里既不准备进行三种文字的比对,也不是为了文字本体论的研究,目的在于探究苗文创制得以脱胎的关系构型,近而揭示出文字上所蕴含的情感、动因、历史、现实、文化等生命要素,最终发现文字给予生命支持的秘密。

苗族是一个只有语言没有文字的民族,特殊的地理环境和历史背景使石门坎花苗处于全面落后状态,并由此带来极端的贫困和非人的欺压,尤其是花苗在精神上逐步滑入沮丧的深渊,其为人资格有被格式化的危险。英国传教士柏格理来到石门坎后,根据现实需要引领汉族、苗族知识分子创制了苗文,苗文的出现在花苗文化复兴中起到了关键作用。这里,主要从创制背景和机制上作出一定的探讨。

一、苗文:一种历史的隐喻

1904 年,英国传教士柏格理到石门坎传教办学,发现石门坎花苗只有语言没有文字,读汉语书籍困难重重,收效甚微,于是带领汉族老师李司提反、苗族老人杨雅各、张约翰等人创制了一套文字,被称为"波拉德文字",俗称老苗文。在柏格理之前,苗族"没有文字"之说并起,但花苗坚信他们拥有自己的文字,只不过散失了。花苗古歌一直标示着这种记忆:

苗人原来仍有文字,可惜所有文字均遭遗失,因蚩尤与轩辕于涿鹿冲突之役,苗人崩溃后,被逐南迁,渡至江中水势凶猛,人均淹没过多,书籍十九已失,至无法保存,继后始有人设法将其字的样式刺绣于衣服上以资纪念,故今苗人花衣花裙中之花纹,仍存有历史遗迹之意味。①

口述史是相对于传统史观而存在的一种微观史学,"小系统"或"小世界"

---

① 王文宪口述。

中的古歌、故事、神话传说等都是它的对象,田野中的古歌、故事、神话传说等历史数据,是以口耳相传的形式在生命代际间传播,由此构成了生命与叙事的互动关系,生命在叙事过程中逐渐成为叙事的一部分,叙事也因此得以成为生命的艺术。叙事中被传唱的古歌、故事、神话传说等,正因为其长期被传统史学所忽视而得以在田野中保持原貌,并较少受到人为的遮蔽,这反而充满着一种朴素的真实。花苗知识分子正是基于这种朴素的真实,而呼吁用一种谨慎的态度对待苗族文字的有无问题。"我们要从事去研究苗人的工作,专凭抄袭书本而忽略了民族的传说,也是不很妥当的事。其实研究苗人的历史、文学、民族特性等等的学术,除了书本的原来记载及用科学的方法考究外,还应该在他的故事诗歌即艺术上去研求。"①笔者无意于苗族文字有无的争论,更无意于成一家之言的梦想,旨在提醒花苗原始话语的存在,存在的真伪性确实难以辨别,对此也没有必要费尽心机。事实上,叙事者都在叙述着这一情节,这已足够证明,它作为一个历史隐喻确确实实在花苗心中存活着,只有清楚了这一点,苗文对于花苗生命的秘密才能被真正地揭示出来,隐喻所标示的历史性和民族性,规范着苗文的创制规律和情感认同。

二、"波拉德"文字:历史隐喻的赋形

基于历史的眼光,被贴上标签的花苗身份考察:

图三十四　老苗文墓碑

---

① 贵州民族研究所:《民国年间苗族论文集》,未刊,第214页。

王国维的考证："我国古时有一极强梁之外族……其见名商周间者曰鬼方，曰混夷，曰獯鬻，其在宗周之际，则曰猃狁……"①

笔者在田野的一个发现，石门坎周围很多苗族区域的称呼都是以动物命名，例如，龙街、马街、狗街、兔街等等，这在汉族区域是极为少见的，向当地老人问及此事，他们说可能是这个地方动物比较多吧!？

威宁老县志的记载：生苗晦盲否塞，蠢如鹿豕（猪）。

人畜同室，是石门坎花苗的现实存在，关于它存在两种说法，一是花苗生活力极低，沦落到与动物为伍的层级，这种观点主要来自西方传教士；二是社会不稳，牲口必须与人同居。

摧残性的压迫，将花苗拖进了与野兽并存的境地。

……

以上现象标示出一种特殊的内涵，即石门坎花苗的动物性指称。这一动物性指称在说明着什么呢？无论是文献运用还是事实存在的谈论，都是在预设一个前提，即呈现柏格理到来之前花苗的身份原形，它暗含着花苗等同于动物的文化层级。石门坎苗族信教史碑上记载：由于苗族没文化、不识字，变得落后，到处流浪，生存无着，谁也不问津。花苗认为"没文化"是他们落后的根源，其实这是一个意指和实指模糊的指称，苗族不可能没文化，只要有人就有文化，何况苗族又是一个古老民族呢！这里"没文化"的实指是"没文字"，在花苗眼里，"没文字"就意味着没有了书读，没有书读自然就造成落后，于是，在花苗的记忆和认识里，文字就成了他们生命秩序转换的阈限，墓碑的记忆，清晰地显示了苗文出现前后的两种秩序：

石门坎溯源碑："四千年莫与问津，尔乃葛天苗裔，谁肯是携？偕良友创字释经，遂使良苗一新。"②

石门坎苗族信教史碑："没有文化，愚昧无知，谁也不问津。幸有柏格理、李五、杨雅各等创制苗文，战胜黑暗，重建光明。"③

---

① 贵州民族研究所：《民国年间苗族论文集》，未刊，第1页。
② 石门坎溯源碑。
③ 石门坎苗族信教史碑。

柏格理墓志铭:"先生为之创文字,译经籍,建堂设校。一片荒地,极端经营,竟至崇墉栉比,差别有天地。"①

苗文的出现,是花苗千年之梦的瞬间实现,这必然引起他们情感上的短暂失衡,以至于他们把生命希冀都挂缀在"苗家文字"上,于是,迅猛地掀起一股巨大的情感波澜:

"波拉德文字"的出现,使花苗的古歌又有了新的内容,他们散失千年的文字找到了,是在遥远的洋人国度里被一个叫耶稣的人找到的;于是,这个消息被他们用自己特有的方式迅猛地传播开来,其快速程度令人惊奇,就如太阳出来顷刻照遍原野一般。②

石门坎花苗千年历史的神性记忆变成了现实,"波拉德"文字是花苗生命隐喻的赋形。

三、一个现实的阈限

苗文创制的动机,一方面是基于内在的生命秩序转换诉求,另一方面是基于外在的实践障碍僭越。上面分析了作为内在诉求的动机,这里对作为外在的实践障碍作出描述。

阈限(limen)在拉丁文中有门槛的意思,它是指完成某种转换要突破的界限。苗文创制前花苗只求有书读,至于读什么书、学到多少知识倒不是主要的,或者说读书效能在特定时空里被强烈的情感所遮蔽,其实质表现为一种仪式化的狂欢;随着这种仪式化狂欢向效能化诉求拓展,由母语与非母语文字所造成的异质性矛盾凸显出来,知识转换仪式的阈限由此形成。有关花苗读书的阈限描述:

石门坎苗族信教史碑:"开始学文化,读汉语书相当费力,因为苗族没有文化已四千余年,读汉语书比什么都困难。"③

---

① 柏格理墓志铭。
② 塞缪尔·柏格理著,东人达译:《未知的中国》,云南教育出版社1997年版,第409页。
③ 石门坎苗族信教史碑。

花苗俗话：最难吃的是屎，最难读的是书。

文献记述："这就好像让英国柏蒙德西的一大帮码头工人去学古文本的基督教教义！"①

亲历者的声音："起初，老师不懂学生的苗语，学生不懂老师带来的汉文，造成双重的沟壑，读书的效果极差，苗文创制势在必行，否则，学习者极有可能半途而废。"②

传教士的声音："花苗——无论是谁，想短期内学会汉语的希望绝对是渺茫的。"③

传教士（马礼逊）的同感："一个人要学会汉语，要有铜铸的身体，铁铸的肺，橡木脑袋，苍鹰的眼，要有圣徒的心灵，天使的记忆，麦修拉的长寿。"④

阈限的出现，是苗文创制的直接动机，阈限形成的异质性要素，也为苗文创制指出了方向，即多元性的组合。

四、漂亮的三重奏

苗文字的创制模式呈现出"三维一体"的基模，在"波拉德"模式中，人员、符号、实践既是"波拉德"基模形成的三个维度，又是"波拉德"基模形成的三种要素，人员是创制模式中的主体性要素，符号是创制模式中的客体性要素，需要是动因性要素；每一个要素都因另外两种要素而存在，又分别统领另外两种要素。没有需要就不可能聚集创制人员，符号也不可能被筛选和利用；没有创制人员，需要就无从实现，符号也无意义；没有符号，人员和需要就失去了创制文字的物质凭依。

---

① 塞缪尔·柏格理著，东人达译：《未知的中国》，云南教育出版社 1997 年版，第 112 页。
② 杨明光口述。
③ 塞缪尔·柏格理著，东人达译：《未知的中国》，云南教育出版社 1997 年版，第 112 页。
④ 周宁：《人间草木》，商务印书馆 2010 年版，第 19 页。

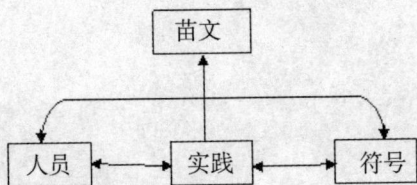

图三十五　苗文创制要素图示

　　人是课程开发的主体性因素,这一主体因素的特点决定着开发对象的品质,苗文的创制是由以柏格理为核心的中外人员共同完成的,人员组合是苗文得以成功创制的关键。苗文创制人员特点鲜明,主要体现在四个方面:

　　第一,成员由中外人员组成。中方人员有杨雅各、张约翰、王道元、李司提反、钟焕然;西方人员有柏格理、张道慧、王树德等。杨雅各、张约翰、王道元来自苗族,李司提反、钟焕然来自汉族。

　　第二,成员通晓多种语言。至少通晓英语、苗语、汉语,并且都有学习母语之外语言的丰富经验。李司提反和钟焕然经过努力学习,都熟练地掌握了英语和苗语,其英语和苗语水平与其母语已无区别。柏格理开始时也不懂汉语和苗语,但凭他超人的天赋和坚韧不拔的毅力,也很快熟练掌握了汉语和苗语。

图三十六　东渡日本印刷苗文的花苗知识分子——杨雅各之墓

图三十七　笔者在杨雅各家原址留影

第三，出众的演讲能力。他们都有着极强的语言表达能力。"柏格理风趣的魅力、合情合理的言辞、恰让对方得以领会的深度，赢得了那四位侦查员的心。"①"杨雅各和另外有些人是最具天赋的布道员。他们懂得如何吸引观众，每当谈到在日常生活中，怎样做才算是一名坚定的基督徒时，他们的讲解往往能使观众入迷。"②

第四，具有多学科的知识和广泛的爱好。柏格理不但精通神学，而且对建筑学、天体学、农学、医学都有相当的造诣。

"精英＋愿景"是"波拉德"文字创制中人员组合的形式。"精英"即创制苗文的精英人士，他们语言能力出众，并来自不同的族别，他们代表着一个系统、一个群体。"愿景"是愿望的景象，这里指期望改善苗族人当时的生存状况、使他们获得与别的民族同样生存权利的景象。柏格理运用宗教的博爱思想，从改变整个区域人的生存状况出发，逐步培育起各族精英分子的公共情怀，使他们为此愿景聚合起来并积极地投身到行愿当中，愿景仿佛是串起一个个珍珠的美丽金丝带。

---

① 塞缪尔·柏格理著，东人达译：《未知的中国》，云南教育出版社 1997 年版，第 404 页。
② 塞缪尔·柏格理著，东人达译：《未知的中国》，云南教育出版社 1997 年版，第 804 页。

表九　人员组合信息表

国别族别	英　国	中国	
		苗族	汉族
主要成员	柏格理、张道慧、王树德	杨雅各、张约翰	李司提反、钟焕然
人员特点	海外传教士,通晓多语种,多学科知识,长途旅行经历	区域外布道员,通晓多语种,有巡行经历	区域内教师,通晓多语种,有巡行经历

　　苗族文字所具备的符号特征是与英文、汉字和苗族文化紧密相连的。从苗族文字的符号主体上看,是以拉丁字母为特征的,它由辅音字母和元音字母组成,辅音字母在左,元音字母在右,辅音较大,元音较小。苗文的符号特征有着深厚的文化内涵,可以说是"苗族化"了的拉丁字母,充分展现了苗族元素,苗族元素的注入有两个原则:一是选择那些苗族生活、生产中典型的物象符号,一是选择典型苗族物象符号中与拉丁字母形态接近的符号类型。

表十　老苗文示例表

老苗文字母	形似	意指
"ʏ"字	英文字母"Y"	犁耙
"ʋ"字	英文字母"U"	牛加担
"˩"字	英文字母"J"	石磨上的手耙
"T"字	英文字母"T"	顶背篓杆棍

　　苗文字形也汲取了汉语元素。苗语中语音相同、语调不同就代表不同的意思,这一点与汉语相同。于是,汉语的标调形式就被借用过来,采取把元音变小,分列不同的位置,表示不同的音高,从而代表不同的语意。
　　我们从符号的融合上不难看出,如果柏格理及其同事没有丰富的语种图式及学习体验,是不会有如此完美表现的。

表十一　苗文符号融合一览表

地域类属	外来符号	本土符号	
多元符号	拉丁符号	汉字符号	苗族符号
汲取要素	辅音、元音	标　调	生活、生产物象

　　苗文字形、字音的定型只是完成了一半的内容,苗文是作为承载工具而被创制的,因此,对相关内容的翻译是必需的。由于长期封闭,造成了交流机会的缺失,因此,相对于其他语言而言,苗语的词汇不足,形成翻译上的极大障碍。"我们最大的困难之一,就是把并不通用于苗族群众、或不为传教士所理解的措词,用苗文文字或短语表述出来。"①生活实践是储存宝藏的广阔海洋,当创制人员投身其中后,一个个难题迎刃而解,几个有趣并值得反思的示例:

表十二　汉语、苗语词汇内容转换表

文本内容	转换内容	本土选用	翻译情景
你的天国	你天上的家	家	花苗没有王国概念
舒适	把心放回角落里	心、角落	安慰一位夭折孩子的母亲的心
海绵	大海的羊毛	羊毛	花苗对吸水的羊毛很感兴趣
人畜同室	waldorf	猪、羊、牛、小鸡与我一起休息	
土目	大地的监视者	大地、监视	土目时刻监视着自己的土地

表十三　汉语、苗语人名内涵转换表

人名	译名	本土选用	翻译情景
吴性纯	情愿的心	好心	他愿意为苗家做任何事情
安荣之	和平即光荣	光荣	渴望和平
存妹	留住的妹子	留下来	姐姐夭折,父母希望她留下

　　从上述示例中可以看出,汉语与译后的苗语在意思上并不十分精确,甚至还有较大的误差,例如,"舒适"译作"把心放回角落里",二者在意思表达上就不太一致,"精确度"并不是他们翻译的最高准则,"简单、易懂、熟知"是翻译的

---

①　塞缪尔·柏格理著,东人达译:《未知的中国》,云南教育出版社1997年版,第155页。

根本原则;因此,他们在翻译中尽可能地选用花苗词汇,即使原文与译文产生距离他们也不动摇,因为翻译者明白,过分追求精确性而忽略花苗的理解力,一切都等于零。再则,翻译者总是在具体情景中完成词汇的转换,赋予词汇活生生的生命,情景化翻译使符号化的语词历史化、生活化,从而产生出旺盛的生命力。在实际中,波拉德文字的确体现出"简单、易懂、熟知"的特点:

只要会苗语,老苗文非常好学,成年人少则一两天多则三五日就能学会,小孩子最多两个月就能学会。①

会说苗语,苗文非常容易学,我自己一个晚上就学会读了。②

对于刚起步的孩子来说容易学,新苗文科学化程度高一些,普适性强一些,但只有掌握了拼音字母之后才学得懂。③

在花苗心中,苗文意味着苗文化的全部;但在运用上,他们并没有唯苗独尊,而是把它作为向先进文化进步的过渡工具。苗文的"过渡化"角色在石门坎学校的课程安排上清楚地显示出来:

苗文课没有成型的课本,或者有没见过。小学一二年级发蒙不学苗文,三四年级学苗文,后来有了中学,初一也学苗文;一周一次。其他民族的学生随便安排,可上可不上。一二年级汉语全年都学,教一些简单的汉字,用的铅笔(外国进口)、本子是发的,作业不多,以汉语为主,苗文只是要求及格,也考试,试卷用刻板刻的;考试内容有拼读、听写,没有翻译,但办的有苗文小报。老苗文笔画少,并且都是直线,适合普及;老苗文又是苗族自己的文字,用它记录苗族文化是吻合的。苗文没有草书,都是印刷体,老人写信、记账、记歌、写碑文、写匾额、请柬、节日标语等用苗文比汉语好,汉语与苗族很多东西不一致,无法表达。④

苗文符号与苗族文化的同质性,决定了苗文的时空性特征,在特定空间内用苗文比用其他文字更有效,即更能准确地表达。例如,苗族社会是一个特殊

---

① 张以强口述。
② 王文献口述。
③ 杨华明口述。
④ 张以强口述。

空间，苗族群众以洋芋、酥油、荞麦面为食，却教以大豆芝麻，苗胞以牛马牲畜代步，而教以电车飞机为交通，"牛头不对马嘴"，与生活毫无关系，学起来难懂无味。英文、汉文、苗文并不是交换着使用，也不是同等数量地使用，而是有着不同的领域，但也不是分离的，在不同领域上有交叉。

苗文一方面展现出本土化、生活化的应用取向，一方面有向汉语过渡的工具化取向。明确了这一点，学习者反而能获得语言上的巨大优势，石门坎苗族知识分子基本都会说三种话、写三种字。田野中仍存的示例：

杨荣新系石门坎走出的知识分子，据他儿子杨华明回忆，他能讲苗、汉、英、俄、回等多种语言，曾在中国科学院语言文字委员会搞语言工作。①

石门坎花苗王建国先生 1992 年听收音机，其儿子发现他听的是香港英语台，问："你听得懂吗？""听得懂，怎么听不懂啊！最后一句讲的：我是在香港广播。"②

2005 年石门坎学校百年校庆时，在石门坎出生并工作的英国传教士张道慧的儿子张绍乔，用老苗文写信祝贺时说："我想首先是要劝大家专心读书，但读书时不要丢弃你们的苗语、苗文，这些是十分重要的。"③

"野橄榄枝，接我真葡萄树"道出了苗文创制和运用规律的全部内涵，它迅速使一批苗家知识分子脱颖而出，成为各个领域的"自由航海者"。

---

① 杨华明口述。
② 王文宪口述。
③ 张绍乔的信。

第三章

故事背后的"故事"

故事本身与叙述故事不是一回事,故事本身是一种客观存在,叙述故事掺入了叙述者的解释、评说和情感;现场文本向研究文本的转换是叙事研究中最难的步骤,因为这要叙事者看出故事背后的"故事"。

第一节 语文身份的历史回眸

老人的传唱、伫立的废墟、墓碑的记忆、文化的转换等显示出丰富多彩的石门坎故事,而故事的逻辑是围绕着花苗生命资格的诉求展开的,这也是我们最感兴趣的地方,因为它终于接近了我们的主题。

一、身份及身份的制造

关于身份的语义学解释。《汉语大词典》中解释为:"身分(身份);地位。《论语·微子》:'不辱其身。'"①《古代汉语大词典》解释为:"一、人的出身、地位或资格。二、模样;姿态。"②基于词典的解释,身份是指由关系所构成的地位或资格,赋予一定的模样和状态,体现出有形和无形、显性和隐性、自我和他性共存的特征。

---

① 罗竹风:《汉语大词典》,汉语大词典出版社 1999 年版,第 3429 页。
② 梁建民:《古代汉语大词典》,上海辞书出版社 2007 年版,第 2400 页。

英国叙事学专家马可·柯里对身份的论述颇具挑战性，"身份像坚果的核一样存在于身体之中吗？"这是他在《后现代叙事理论》中开篇提出的挑战性疑问，整书也是围绕着这一疑问来展开讨论，他认为身份并不在我们本身之内，我们的身份是一种通过外在叙述的内在确立。他认为身份的制造有两种观点：第一种认为身份是关系，即身份不在个人之内，而在个人与他人的关系之中。根据这一点，要解释个人的身份，就必须辨明人与人的差异，这样就不是要考察人的内心世界，而是要构建某种差异体系。第二种认为，身份不在身内，因为身份仅存于叙事之中。因为解释自身的唯一方法就是叙述自己的故事，选择能表现我们特质的事例，按照叙事的形式把它们组织起来，以与别人交流的方式把自己外化，从而达到自我表现的目的。马可·柯里对身份制造的论述是建立在文学叙事的基础上，指涉的是文学作品中人的身份制造。对我而言，并不存在借鉴上因指涉对象的不同而产生谬误，我所追问的教育课程领域中的语文身份，并没有远离人，如果把语文是人生命存在的基本形式作为一种预设的话，那马可·柯里的论述无疑也是适用的，关于对石门坎民族志描述的话语分析，我就以"身份即关系"和"身份即叙事"两个指向来展开。

二、语文身份"被制造"的回顾

当前，中国社会处在激烈的震荡之中是一个不争的事实。作为一门学科的语文也没能逍遥"法"外，也像它的外部世界一样处在激烈的震荡之中。中国社会的激烈震荡是近来的事情，而语文的震荡不但是激烈的，而且是由来已久的，自它产生起就始终没有停止过，这是任何一门学科所不能企及的。

对此，有必要作出一个粗略的梳理，为了分析的方便和把捉的准确，这里我们把语文分为三个时期来检视，第一时期从独立设科到语文定名；第二时期从语文定名到上世纪末；第三时期是本世纪至今。

第一时期共颁布了九个课程标准，笔者截取这一时段内三个代表性的课程标准来进行分析。

表一 课程标准对比表

课标名称	颁布时间	语文名称	内容要点
《奏定学堂章程》	1904	中国文字、中国文学	读经讲经、文字、文学
《小学校教则及课程表》	1912	国文	读经讲经(弱化)、普通语言文字
《小学国语课程标准》	1936	国语	说话、读书、作文、写字

从上表中可以明显地看出,语文从文史哲分离后逐步演化的过程,其名字经历了中国文字、中国文学、国文、国语,其内容在逐步地序列化、专门化,《奏定学堂章程》虽然促成了语文的单独设科,但其内容仍是读经讲经,只表现为学科形式上的分科;国民政府成立后颁布的课程标准,在内容上已经弱化了读经讲经的分量,开始向普通实用的语言过渡,其目标体现为:"国文要旨,在使儿童学习普通语言文字,养成发表思想之能力,兼以启发其智德。"①达成这一目标的内容要求值得注意:"读本文章,宜取平易切用可为模范者,其材料就修身、历史、地理、理科及其他生活必需事项择其富有趣味者用之。"②语文的内容由读经讲经进一步分化,具体表现为对各科有选择"汲取"的材料上;到了1932年的《小学国语课程》开始选用各种文体的文学作品,从材料上看,有了摆脱其他学科内容的迹象,并重视听说读写的训练,各个方面有了较为详细的要求和序列。

这一阶段,语文内容上尽力摆脱其得以分娩的文史哲"母体",向文学的方向发展;形式上表现为逐步的序列化和可操作性,显示出科学化过程的影子。

大多数从事语文教育史研究的学者,把大多数的眼光投射在语文独立设科之后,这其实丢掉了一个非常重要的前提,即语文分科的缘由。语文在什么背景下得以分科?是自然的"分娩"还是强行的"剖腹"?这是语文问题的根源,它既是语文争论的症结所在,也是解决症结的关键。

文艺复兴把西方世界的人从神的桎梏中解放出来,使匍匐在神面前的人得以站立,作为站立的必要条件,凭借的正是科学,文艺复兴时期的科学在各个方面、不同领域均取得了令人瞩目的成就,伟大成就的取得,也铸造了伟大的人,

---

① 课程教材研究所:《20世纪中国中小学课程标准·教学大纲汇编》,人民教育出版社2001年版,第12页。

② 课程教材研究所:《20世纪中国中小学课程标准·教学大纲汇编》,人民教育出版社2001年版,第12页。

伽利略、哥白尼、牛顿、爱因斯坦、达·芬奇等巨匠使神黯然失色,正如恩格斯在《自然辩证法·导言》中指出的那样:这"是一个需要巨人而且产生了巨人——在思维能力、热情和性格方面,在多才多艺和学识渊博方面的巨人的时代"①。科学主义由此被推上顶峰。基于二律背反的法则,作为科学代表的物理机械论逐步蔓延至一切领域,不同学科丰富多彩的学科属性被单一的社会机械论所决定,在功能化面前,知识被强行切分为一个个单子和一堆堆碎片,学科分化愈演愈烈。

1904 年,语文分科。这一时期正是西方列强疯狂侵略、宰割中国之时,外来世界对中国影响之深是史无前例的。中国人在西方列强凶狠的侵略面前,逐步发展出这样一种轨迹:炮舰威力、购买炮舰、生产炮舰、科学管理、学习科学、开办学堂、分科学习。在此轨迹下,20 世纪初,清政府实行"新政",提出"废科举、兴学校"。1904 年,在荣庆、张百熙等改革派的呼吁和具体操作下,清政府颁布了《奏定学堂章程》,这一章程的最大意义,即语文的单独设科。很明显,语文的分科是一种被迫的强行植入,是功能化切分的产物,是西方科学主义法则的空间位移,在此观念下,知识被机械地分割,切断了相互间的联系,成了可以互相替代的粒子。这样切分的意识来源于自然科学,所以其产生的问题在数学、物理、化学等学科上并不明显,语文作为反映人生命状态的学科,其多维的内涵空间被大大压缩,语文所表现出来的不适应肯定是最为明显的,是正常的、完全可以理解的,这一时期,呈现出语文理性诉求的特点。

第二时期其关键之处就是"语文"的定名,定名之前小学叫"国语",中学叫"国文",国语即白话文,形式上表现为口头语;国文即文言文,形式上表现为书面语。叶圣陶在此基础上进行了语文的定名:

> 什么叫语文? 语就是口头语言,文就是书面语言。把口头语言、书面语言连在一起说,就叫语文。②

我们从其讲话中不难看出,叶圣陶先生是从当时语言形式存在及形式关系上命名的,没有更多地涉及两种语言形式所要统辖的内容,其命名表现为形式

---

① 恩格斯著,中共中央马恩列斯著作编译局译:《自然辩证法》,人民出版社 1984 年版,第 2 页。
② 周庆元:《语文教育研究概论》,湖南人民出版社 2005 年版,第 21 页。

化而非内容化。新中国成立以后，口头语与书面语的一致性，模糊了语文当时定名的指涉，于是，语文名称的争论犹如哥德巴赫猜想一样，从各个角度展开。定名的争论绝不单单是一个名称的问题，它直接关乎语文性质的问题，语文争论由"定名"转向"定性"是一种必然，20 世纪 80 年代，由国内一些特级教师发起的大讨论，就是明证，讨论的具体内容已广为人知，这里不再赘述；大讨论的结果形成了语文性质的发展轨迹，即工具性、思想性、工具性和思想性、工具性和人文性。当然，我们还不应忘记讨论的前提，即语文性质的讨论是在政治性的基础上开始的。第二时期（1950 年至 2000 年）所颁布的小学十三个、中学十六个（包括初中和高中）语文教学大纲，其基本序列与语文性质的发展轨迹呈现出一致的对应关系，其所要求的语文内容分为文学欣赏和语言知识两大块，当然，也还有一些涉及社会知识和自然知识的文章；而语言知识一直是语文内容的主流，曾一度占据了绝对的支配地位，囊括了本不属于它的领域，20 世纪 80 年代语文学习的标准化现象，凸显了"工具理性"在语文学科上的极端表现。

语文从单独设科到 20 世纪末，是致力于科学化历程的一百年，语文无论是内容还是形式上都发生了很大变化，在这一过程中，学科理性增强，工具理性凸现，负面影响出现。由此，很多人认为，语文所表现出来的工具性是科学化的结果，甚至是科学化的化身，因此表现为对语文学科科学化历程的否定。然而，事实并非如此简单，语文不是科学化多了，而恰恰是科学化少了。我国特殊的社会现实、多元的文化思潮和对考试分数的过分追求，把语文的科学化流转为形式化表现，极端的"形式化"表达离语文的本质越来越远，其弊端引起了社会的广泛关注。

工具理性在语文学科上的极端表现，掀起了 20 世纪末期的语文大批判，1997 年《北京文学》上的三篇文章《女儿的作业》、《中学语文教学手记》、《文学教育的悲哀》和 1999 年《羊城晚报》上刊登的《误尽天下苍生是语文》，对语文的批判达到了高潮，由此拉开了第三时期的序幕。这次语文大批判以及国外教育改革的客观形势，直接造就了新世纪的语文课程改革，本次课程改革开始限制工具理性，具体表现为弱化语文知识体系，达成由语文工具到人文的转向，其标志是《全日制义务教育语文课程标准》和《普通高中语文课程标准》的制定颁布，其中有关语文性质和理念的表述清楚地反映这一转向。"语文是最重要的交际工具，是人类文化的重要组成部分。工具性与人文性的统一，是语文课程的基本特点。"①"从知识和能力、过程和方法、情感态度和价值观三个方面出发设计课程目标，努力改革课程的内容、结构和实施机制。"②在本次课程改革语文性质和理念达成中，出现了三个关键词，即"人文"、"文化"、"实践"，语文课程标准通过这三个关键词，传达了一个重要信息，即语文课程开始由注重要素向注重"关系"转变，这正是它的可贵之处，虽然在"人文"、"文化"、"实践"的关系规律和关系构建上还缺乏实践上的认识，这种实践认识上的缺乏，体现为三维目标表述上的逻辑错误，即"过程和方法"与"知识和能力"、"情感态度和价值观"不是一个逻辑层面的内容，逻辑上的错乱与认识上的转向并不是一码事，酷似要到一个地方去而不知路怎么走，但语文课程性质认识上的这一重要转向，应引起我们的注意。

语文课程的成长历史，实际上是理性与理性限制、结构与反结构对抗的过程。语文性质的发展变化是基于"预成性"的态度，即语文课程发展到一个阶段都预设一个性质，而性质的预设大都来自语文课程外部，至于这种预设的存在与虚无，极少得到批判，"语文学科性质问题从根本上说就是虚构出来的学术假命题，从而消解了预成性语文课程赖以存在的性质基点。语文学科性质由预成性向生成性转变，得益于思维方式的转变"③。

进入新世纪，由于新课标的制定和实施，关于语文名称和性质的争论，趋于妥协性、暂时性的一致，已不再成为语文争论的焦点。学界对语文课程与教学的研究开始出现一些新的路径。接受美学迅猛地进入阅读教学，接受美学的理念、机理、法则开始全面冲击阅读教学，力求达成阅读教学的"活化"和"人化"，努力挣脱阅读教学"目中无人"的原有范式。"对话倾向"和"主体凸显"成为语文课程教学的主流，虽然对理论的理解还极为生涩，课堂效果并不十分明显，甚至还显示出偏离的倾向，但其客观存在确是不争的事实，打开语文学术期刊，这

---

① 中华人民共和国教育部制订：《全日制义务教育语文课程标准（实验稿）》，北京师范大学出版社 2001 年版。
② 中华人民共和国教育部制订：《普通高中语文课程标准（实验稿）》，人民教育出版社 2003 年版。
③ 于源溟：《预成性语文课程基点批判》，社会科学文献出版社 2007 年版，第 300 页。

样的内容比比皆是。

解释学、现象学等理论思潮也不甘寂寞,蜂拥而至。对此,我们有必要作出一定的分析。解释学(hermeneutic)一词来源于赫尔墨斯,赫尔墨斯是古希腊神话中一位信使的名字,神语的解释和传授成为其理论发端,解释学的这一学理发端决定其技艺性的身份,它所要解释的对象最初只能框定在神学的范围之内,"赫尔墨斯是神的信使,他把诸神的旨意传达给凡人已在荷马的描述里,他通常是从字面上转达诸神告诉他的消息"①。随着中世纪宗教改革,一切文本开始向解释学敞开。海德格尔实现了解释学由方法论到本体论转折,他从方法转向到本体如何存在的命题,真正实现了解释学的哲学身份,伽达默尔的努力使这一身份得以完整化确立。他主要阐述了对客观理解的何以可能,解决之道就是把理解与存在结合起来,其用意就是避开主客二分的结构模式。从解释学理论的发展来看,它是把世界作为文本来解读,在其理论转向过程中,这一点是没有改变的,也就是预设了一个固定存在的文本,在对客观文本的解释中,解释学学者们也汲取了现象学的营养,确实注意到了主观与客观的关系,遗憾的是,他们只把主观理解作为对客观存在的证明。在尽力避开主客二分的思维中,解释学并没有挣扎出认识论中主客二分结构的泥潭,其实质仍然隶属于客观主义的范畴,只不过晃动了绝对客观主义一下而已。

胡塞尔是现象学的创始人,他终其一生追求对事物本质的洞察,他认为要想达到目的,必须还原事物的本来面目,"本质直观"成为他主要的现象学思想基础。多样性变更(Variation)的创造性展开、在持续的覆合(Deckung)之中的统一联系、积极地以直观确认诸差别中的统一,成为胡塞尔本质还原概念中的三个步骤。其实质是回到事物的本真状态,回到生活世界,通过现象的规律性,发现生命个体认识规律中的合规律性结构。海德格尔、伽达默尔、梅洛·庞蒂、维特根斯坦等人逐步夯实了现象学的方法论和本体论,使其成为一种哲学流派。

循着个体现象到现象本质的路径来关照,现象学重在强调客观的主观性,从个体体验中创造客观的意义,这种立场的长处在于,它认识到了在社会持续

---

① 伽达默尔著,洪汉鼎译:《真理与方法》,台湾时报出版公司 1995 年版,第 103 页。

不断的生产过程中，那些世俗的知识、主观的意义和实践的能力扮演了多么重要的角色。但现象学也存在着两大问题，一是将社会结构理解为分类的聚合，二是边际主义无法解释社会生产过程所真正遵循的原则。

从解释学和现象学的学者群中发现，他们很多人横跨左右、兼而有之，通过他们的思想，可以明显地看出，其利用主客统一的路径来阐释社会世界的努力，但仍然陷在主客结构的分裂之中，并没有考虑到主客双向生成过程。

理论的产生意味着思维方式的改变。那么，上述理论在语文课程与教学上的运用，自然会给语文课程与教学带来清新之气，令人耳目一新，其理论的优劣得失不在我们的讨论之列，但值得警惕的是，在用某种理论阐释语文的过程中，理论变成了语文本身，"由于它未能考虑这些规律生成方面的原则，所以就容易从模式滑向现实"①。其实这种现象一直在发生着，在前面对语文学科发展过程的描述中，稍微留意就能发现，语文学科越发的厚重、肥胖和时尚，"搁物架"逐步淹没了语文学科真正的机制，如何把语文学科的真正机制揭示出来是问题的关键。

要构建一个科学的对象，要求对事实采取一种积极而系统的态度，既要与经验主义的被动性决裂，又不坠入宏大"理论化"的空洞话语，理论不单单具有解释的功能，更要有生成的品格，它要求的是实践化的理论，而非理论化的理论。法国社会学家布迪厄的场域理论，正体现了对理性主义和经验主义的超越，它是以系统观来构建分析的模型，致力于观察自然世界特殊的逻辑关系、心灵认知的图式形成，以及二者之间形成的对应逻辑关系，"社会现实既包括行动也包括结构，以及由二者相互作用所产生的历史，而这些社会现实的材料存在于关系之中"②。在此基础上布迪厄提出了"场域"和"惯习"的概念，"场域"是客观世界中天然存在着的位置关系，以及相互作用的结构关系；"惯习"是客观实践内化的产物，是历史聚合的身体化呈现，表现为一种行为倾向，它属于历史，更是历史的无穷的生成，这组概念的实质是关系束的结构模型。布迪厄认

---

① 皮埃尔·布迪厄著，李猛译：《实践与反思——反思社会学导引》，中央编译出版社 1998 年版，第 8 页。

② 皮埃尔·布迪厄著，李猛译：《实践与反思——反思社会学导引》，中央编译出版社 1998 年版，第 17 页。

为客观世界特殊的逻辑规则与个体的主观认知有着对应关系,呈现出"客观主观化"和"主观客观化"的结构图式,在理解上可以化约为"实践"和"实践感",布迪厄的一段生动描述或许更能帮助理解:

> 社会现实是双重存在的,既在事物中,也在心智中;既在场域中,也在惯习中;既在行动之外,又在行动之内。而当惯习遭遇了产生它的那个社会世界时,正像是"如鱼得水",得心应手:它感觉不到世间的阻力与重负,理所当然地把世界看成是属于自己的世界。①

布迪厄立足于实践观,形成了对客观主义和主观主义的超越,这种观点的形成是建立在对理性理论彻底质疑的基础上,完成了社会学研究由理论理性到实践理性的转向,这一思维方式的转变,使理论迸发出了巨大能量,"当一种思维方式能够把在社会上不引人注目的对象建构成科学对象,或者能从一个意想不到的新奇角度重新审视某个在社会上备受瞩目的显赫话题时,他的力量表现得最为淋漓尽致"②。

语文是人生命状态的体现,它不但产生于人与自然的复杂关系中,而且个性十足地不断生成于这一关系模型中,语文是个体性情倾向与社会世界特殊逻辑法则契合的产物,个体生命状态与自然特殊法则(包括语文)的契合,使人得以把自然的本真之气转化为人展示自己生命状态之气象,抛开主客观的关系集合,仅就语文谈语文,不从自然与人的关系束中去关照语文,就始终无法真正理解语文的实践性和生成性,注定走不出研究限制的"象牙塔"。语文学科在其科学化过程中,正是在主客观的两极中来回振摆,许许多多理性理论的介入,越发掩盖了语文的本真,使丰富多彩、五光十色的社会实践和性情倾向化约为单一的、毫无生机的机械法则,远远偏离了它特有的自然形态,并受到广泛的争论,"教什么"和"怎么教"的问题,依旧是困扰语文工作者的基本问题,语文教师的集体不适应,表现得尤为明显,面对纷繁芜杂的语文阐释,他们越发的迷茫,最大的渴望就是"能上一节语文课给我们看吗?"以至于我们不得不接受这样的尴

---

① 皮埃尔·布迪厄著,李猛译:《实践与反思——反思社会学导引》,中央编译出版社 1998年版,第 172 页。

② 皮埃尔·布迪厄著,李猛译:《实践与反思——反思社会学导引》,中央编译出版社 1998年版,第 341 页。

尬:语文已经独立一百多年了,其合法性身份仍有待确立。

母语教育与其他学科的区别是显而易见的,上面已有阐述,世界变化和时代特点肯定会对语文造成影响,但语文是作为人本真生命状态的一种存在,应更多表现为内在的稳定性,"语文教育具有基础性、稳定性和特殊性,其效果显现的周期也更长"①。而作为外在技术法则的自然学科,技术的不断更新,则更多地表现为外在不确定性;语文学科内在的稳定性与强制多变的外在态势,肯定会形成结构上的对抗,不适应是自然的,甚至有滑向语文本真反面的危险。

第二节 "言语生命赋形"说的提出

在石门坎故事和语文身份被确立的比对中,我们终于发现了问题的核心及症结所在,本节我们将在石门坎故事的深厚基础上,提出关于语文身份的新学说。

一、语文身份确立的民族志分析

"谋划是叙述的逻辑和动力机制,而逻辑本身是理解和解释的一种形式。"②论文对石门坎的民族志描述是在场域理论框架内进行的,空间场域的描述主要从石门坎特有的自然空间、学校空间和公共空间来进行,这样的划分是以文化复兴现象的事实来安排的。论文详尽描述了石门坎自然空间的地理地貌、族群特征、政治元素以及在此空间内的社会架构,在叙述一定自然空间内要素的基础上,重点分析了自然空间与此空间内社会架构的关系,即空间的封闭造成了两极的社会架构,在最大程度上展示了石门坎苗族文化复兴前的社会生活,其本质表现为一种结构,自然空间所标示的是范围、底色和限定。在学校空间的描述中,旨在展示一种有别于石门坎原有社会结构的"反结构"或"对抗结

---

① 周庆元:《语文教育研究概论》,湖南人民出版社 2005 年版,第 163 页。
② Robert F. Berkhofer, Jr. 著,邢立军译:《超越伟大故事:作为文本和话语的历史》,北京师范大学出版社 2008 年版,第 185 页。

构",并对结构与反结构的关系进行了较为深入的分析,从而展示了石门坎一种新的社会生活。"花山节"与"运动会"就是两种秩序的典型化表现。对公共空间的描述主要集中在新结构的位移上,即把石门坎所获得的新秩序、新结构向四周延展,在石门坎空间内体现为新秩序的整体性。

宗教信仰是石门坎故事中的主体,无论是本土的原始宗教,还是外来的基督教、儒教,它们都在特定的时空点上存在着,这种存在不是孤立的、断裂的和不相关的,而是关系的,每一种宗教都存在于"矩阵"(matrix)之中,即处在人与人、人与自然、人与社会认识关系的矩阵之中,它是特定矩阵的自然之物。因此,论文在石门坎宗教的描述中,宗教本体论虽有涉及但也不是主要内容,讨论的重点是在它与自然空间、社会结构的关系、合理性及其对人的影响。例如对花苗泛灵论的精神束缚与族群维系的合理性分析、基督教在石门坎花苗心中有名无实的分析、对儒教有实无名的分析等,都体现出强烈的社会学意蕴,从而说明宗教是石门坎花苗生活的重要内容,是不可或缺的生命要素。

在文字场域中,重在苗文字的历史记忆、组合要素和创制过程的描述,例如对花苗历史记忆中有文字时的"强盛"、散失文字后而招致的"压迫"、没有文字导致没有文化的现状等内容的描述,展示出石门坎花苗没有文字与获得文字后的两种社会场景。

"人类学把生活的一切都焊接其中,结果不可避免地是令人不满意的、臃肿的、不坚实的,而且表现形式不良:一个庞大的装置。"[1]在石门坎民族志的描述中,"臃肿"和"不良"也显现无疑,然而,这种"臃肿"和"不良"并不是疏于规划,它恰好反映了一种生活的真实存在,石门坎民族志描述把读者带入了一种"生活场"。

对石门坎"生活场"的描述,实际上是对"人场"的描述,"生活场"是因为人的存在而存在,"只有行动者行动时,才存在历史"[2]。在三个空间的描述中,都是以人的存在为中心的,论文对三个空间转换的描述,宣示着强烈的人文关怀。

---

① D. 简·克兰迪宁、张园译:《叙事探究:质的研究中的经验和故事》,北京大学出版社 2008年版,第 8 页。

② 皮埃尔·布迪厄著,李猛译:《实践与反思——反思社会学导引》,中央编译出版社 1998年版,第 140 页。

狭小的游泳池、不规则的足球场、大教室、运动场等学校设施，都赋予了生命的内涵，是"心心相印"的结果。对原始宗教的取代也是"为人"的目的，为的是引领花苗从沮丧深渊中走出来，获得一种新的生命品格，走入新的生命境界。石门坎场域的生命指归，在对《西南边区平民千字课》的剖析中达到了极致，该书在编制目的、内容要素、形式体例等方面显示了强烈的人文关怀，形成了强大的生命气场，被称为"苗家的圣经"。

通过上面的梳理，我们不得不发出这样的疑问，由人所创造并围绕着人的生活，能否标示人的存在？生活是人存在的表象还是本质？问题从个案引出，依然要从对个案的反观中来解决，从石门坎个案整体上看，我们要回答上面的问题，似乎可以继续追问这样一个问题：石门坎的文化现象是为了改变花苗生活的，还是提高生命层次的？即"生活中心"还是"生命中心"？民族志描述中对柏格理到来前后的抒写，展示了石门坎花苗的两种生命状态，论文之所以对自然空间、社会结构、生活现实进行详尽的描述，一方面旨在说明生命状态是关系矩阵的产物，另一方面说明生活样式是内在生命状态的外在表现。通过大规模地巡行，柏格理真切地看到石门坎花苗生活和生活力的粗俗低下，陈规陋习普遍盛行，并由此判定，花苗是一种以沉醉、麻木、无知为特征的生命体，于是，"提升花苗的生命层次"成了石门坎文化现象发起者的行为目标，既是他们行为的起点也是行为的终点。

石门坎花苗的生活之苦是罕见的，但比起他们身份不被认同来说依然是第二位的。"访桃源于世外，四千年莫与问津。"[1]花苗的身份认同，是石门坎"人场"的全部内涵，身份认同成为生命的普遍诉求，由于历史和现实的原因，花苗对身份认同的诉求更为强烈。那么，花苗身份是如何"被丢失"的呢？从根本上来讲他们失去了言语的资格，因为"语言的权威来自外部"[2]。其原因在前面石门坎民族志描述中已有详述，这里不再赘言。它显示着这样一个事实：言语资格的拥有和缺失决定着人本质的存在和虚无。

人的语言本质并不是新的话题，前人已经有过充分的论证，但为着语文身

---

① 石门坎溯源碑。

② 皮埃尔·布迪厄著，李猛译：《实践与反思——反思社会学导引》，中央编译出版社 1998 年版，第 195 页。

份的主题,这里有必要重温一下。

怀特说:"全部人类行为起源于符号的使用,正是语言符号才使我们的类人猿祖先转变为人并成为人类。"①怀特认为人是符号动物,正是这一符号使人得以成为人。

"语言和意识具有同样长久的历史;语言是一种实践的、既为别人存在并仅仅因此也为我自己存在的,现实的意识。"②马克思明确地阐述了语言是人存在本质的观点,他认为人对存在的意识必定凝聚在语言中,因为没有语言,生命体之间的协调就无法达成,语言正是在实践需要之中产生,个体也因此而意识到自我的存在。

德国哲学家海德格尔说:"我们言说,因为言说是我们的本性。这把握了人与动植物的区别,人是能言说的生命存在。唯有言说使人成为人的生命存在。作为言说者的人是人。"③他阐述了言语是人的最本质的需要,是人的本性。

钱冠连先生对这一问题的论述更为直接:"人活在语言中,人不得不活在语言中,人活在程式性语言行为中。"④

哲学家、人类学家的论述表明,语言和人是一种实践的互存关系,人的生命本质表现为语言性。正如潘新和先生所说:"语文教育要顺其自然,这个自然,就是内存于人的生命本能中的言语欲求和言语天赋。"⑤由此我们可以判定,人的生命本质是属于语言的,人的存在是言语生命的存在。

二、"言语生命赋形说"的提出

对言语生命的认识,使语文身份有了确立的基础,也获得了一个正确的逻辑起点。人通过言说显示自我的存在,人的言语本质,使人在实践中天然地具有言语诉求、言语机能、言语内容、言语认同、言语生活等本真的生命相貌,人言

① 莱斯利·A.怀特著,曹锦清译:《文化科学》,浙江人民出版社1988年版,第21页。
② 马克思、恩格斯著,中共中央马克思恩格斯列宁斯大林著作编译局译:《德意志意识形态》,人民出版社2003年版,第35页。
③ 海德格尔著,彭富春译:《诗·语言·思》,文化艺术出版社1991年版,第165页。
④ 钱冠连:《语言:人类最后的家园》,商务印书馆2008年版,第23页。
⑤ 潘新和:《语文:表现与存在》,福建人民出版社2009年版,第11页。

语资格的缺失等同于人存在资格的缺失。至此，我们有必要反观有关花苗的民族志描述，当柏格理来到石门坎，促使石门坎场域力量发生改变，花苗顿时行动起来。"石门坎光华小学是苗族人民用千百年当牛马、做奴隶的伤心泪水、汗水凝结成的。苗家如饥似渴地迫切需要文化知识的心情是他人所不能理解的。"①"如潮涌来"、"山鸣谷应，户诵家诠"等等，石门坎花苗读书识字行为，达到了一种狂欢状态，这是一般理论难以解释得通的，那么，从言语生命的角度看，他们是在追求人之所以为人的言语资格，几千年失去言语资格的血泪现实，使他们对言语生命的体味比任何人都深刻，石门坎花苗狂欢式的读书浪潮是千年积聚的结果。这一个案是对人言语本质的现实明证。

按照布迪厄的场域理论，"历史有着停止的极限，但在现实中从未达到过，即使在压迫最深重的所谓'极权'政体下，也从未达到这样的极限"②。也就是说，人只要存在，人与世界的互动就不会完全停滞，人与世界的互动必然建构出诸如经验、情感、思维等方面的东西，这些东西需要被言说，因为言说是人的本质存在，言说需要一定的形式来实施，正因为言说是人的生命本质，所以人的言说一刻也没有停止过，只不过所赋予的形式不同。在石门坎民族志描述中，遭人诟病的"花山节"就是花苗生命状态的赋形，他们用一种极端的形式来维系着微弱的民族认同，言说着自己的生命存在，"端午节运动会"是新的生命状态的赋形，它用另一种形式表达着自己的存在。光华小学的各种设施是花苗获得更高生命层次的场域赋形。民族志对《西南边区平民千字课》的详尽分析，编纂者的情感气场、花苗群众的情感诉求、本土化的内容选编、历史的记忆、应生活之需的经验等等，充分展现了花苗生命经验的赋形特点。

至此，我能够为语文身份——这一核心概念给出一个答案：语文（身份）是什么？是言语生命的赋形。

---

① 威宁县政协：《威宁文史资料·第四辑》，未刊，第53页。
② 皮埃尔·布迪厄著，李猛译：《实践与反思——反思社会学导引》，中央编译出版社1998年版，第141页。

三、“言语生命赋形”的界说

这一学说中包含两个概念要素，言语生命和赋形。

言语生命，是指人的本质与语言是一种互存关系，人的生命存在是以言语的表达来实现的，人需要在言说中实现自我的身份认同，因此人的生命表现为言语生命的本质。

赋形，在古代文论中有两种解释：“一是赋予人或物以某种形体。《文心雕龙·丽辞》：‘造化赋形，支体必双。’《梦厂杂著·蜃虫》：‘夫蜃虫与蚊蚋蚤蝨，赋形虽殊，其噬人肤血则一也。’二是模拟形体。韩愈的《嘲鼾睡》：‘赋形苦不同，无路寻根本。’赵翼的《瓯北诗话·查初白诗》：‘内召以后，更细意熨贴，因物赋形，无一字不稳惬。’梁启超的《历史与人种之关系》：‘自罗马解纽以后，而后之新民族，皆赋形于罗马。’”①

法国社会学家布迪厄从目的论上对赋形进行了描述：“如果说能够通过作家的劳动，超越以团体、小圈子、派别等形式在社会世界中建立的不和谐，同样的，也能够超越以观念和划分的原则形式在精神世界（不排除自己的）建立的不和谐。通过自我创造的主体形式展现客观真实，克服了某种无能为力。”②

从古代文论和当代的阐释看，赋形是模拟创造一种形体，在赋形物和被赋形物之间存在着某种对应关系，其形式是自我创造并用以表现自我的目的。

根据上面的分析可知，赋形是指为了呈现某种复杂的关系、无形的思维、内隐的情感而赋予相应的现实原形，从而达到认识事物本质或传承人生经验的目的。

通过对言语生命和赋形的阐释，我们可以对“言语生命赋形”说作出一个基本的概说：

言语生命赋形，指在人与世界的互动中，建构生成一系列的经验、思维、情感等生命要素，这些经验、思维和情感是生命本质的全部内容，借助人的言语生命本质，人们对之进行言说并渴求在言说中实现个体、族群、国家的自我认同。

---

① 罗竹风：《汉语大词典》，汉语大词典出版社 1999 年版，第 2478 页。
② 皮埃尔·布迪厄著，刘晖译：《艺术的法则》，中央编译出版社 2001 年版，第 122 页。

　　人要实现对生命要素的丰富、内在、多元等综合性特征的言说，必然要赋予这些内在特征以外在的现实原形，语言、文字以及由此所形成的作品是言说生命表达的本能选择，这种形式体现着自我创造并表现着自我，语文就是言语生命的赋形。

第四章

叙事、时间和历史

本章内容不是简单叙事方法的介绍,而是志在展示新学说提出的深层结构,从而达到对新学说的深层论证。当然,根据研究对象的真实面相,试图发现叙事方法上的新结构,致求获得方法论上的某些创新。因此,本章不是可有可无的,而是必需的。

第一节 叙事本质的概说

叙事与人呈现出一种互存关系,人活在语言中,在言说诉求、言说内容、言说形式、言说资格的实现中,也同时实现了人的本质。本节旨在阐明这一认识,并在阐明叙事认识的基础上引入研究对象的叙事特征。

一、为什么要叙事?

很显然,整篇论文都是以叙事话语在呈现,为什么要叙事? 这是一个必须追问也必须回答的问题。人天生就是一个故事者,讲述或倾听着自己的、他人的故事,共同构成人类的故事。因此实用主义或经验主义受到青睐的原因,正在于它对生活本真的提倡和表达,实用主义(pragmatism)一词源于希腊文pragma,其原意是行动、行为,因此,实用主义哲学重视经验的意义。詹姆斯把经验看作一种"意识流",经验总是处在不断的生成中,杜威拓展了詹姆斯的经验概念，他不再局限于经验的内容——看到什么，听到什么，而是把经验的方式、情感、过程等也纳入经验的范畴，这样杜威就把经验变成了其哲学中最重要的关键词，关键词体现出两个特点，即经验的连续性（continuity）和互动性（interaction）。连续性表明此经验来源于另一经验，事物的发展是经验改造的过程，那么，这表明一个人无论处在连续体的任何一个点上，都有着过去经验的基础，也蕴含着通向经验的未来，"除了你不知道的历史之外，没有任何阳光下的东西是新的"①。人类经验的连续性所蕴含的过去、现在和未来，就是人讲述的所经验的经验。与之相对的是技术理性主义对经验连续的否定，技术理性主义的教育者首要的任务就是"必须把白板擦干净"。② 正是生活的经验本质，经验的连续性给生活赋予强烈的情节性，这样，为发生在任何经验点上的事件被讲述提供了可能，故事的讲述不仅仅是描述经验的一种形式、一种体验，也是生活的本身。

经验的互动性，说明经验不仅仅是个体的，也是社会的，这种个体性和社会性总是在场。人和事物都是处在关系之中，由此，要求我们要在具体情景中理解事物，互动性体现出一种建构和生成。个体生命的经验本质，标示着叙事既是表现世界的一种形式，也是个体的本真生活状态，由此看出，个体的生命历史就是经验的过程，也是一种故事经验的历程。

另外，与经验的连续性相一致，由于世界处在不断的变化之中，经验表现出暂时性的特征，由于结果的可知与不可知并存、意图的有意识与无意识并存以及偶然性等因素的变换不羁，要想再现一个特定历史范围内所实际发生的事情，叙事是必要的。

二、石门坎叙事

就石门坎的事实而言，它更多地表现出复杂关系的构型，是经验互动性的

---

① Robert F. Berkhofer, Jr. 著，邢立军译：《超越伟大故事：作为文本和话语的历史》，北京师范大学出版社 2008 年版，第 213 页。
② D. 简·克兰迪宁、F. 迈克尔·康纳利著，张园译：《叙事探究：质的研究中的经验和故事》，北京大学出版社 2008 年版，第 42 页。

呈现,其结果、意图及偶然性都体现在过程中,表现为一定的过程本质,这是无法用理性主义的数据来显示的,来自田野的访谈、信函、歌谣、习俗等,从单体来说都称不上是通用案例,因为讲述者对同一个故事的讲述有相同、趋同和不同之别,但若把他们的讲述放在一起来叙述,恰恰真实地反映出某一事件的本来面目。

第二节　实践时间观的提出

在石门坎叙事中,研究对象特殊时间结构的表现,使我不得不检视两种权威的时间观,在审视出两种时间观的缺陷和不可调和之后,勇敢地提出一种新的时间观,从而使石门坎叙事更符合花苗的生命本质。

一、两种对立的时间观

如上所述,人类经验是叙事性的,或者可以说人类经验就是按照叙事的方式组织起来的,"真实人类生活的意义,是情节、准情节、副情节或者失败的情节的意义,通过这些情节,那些生活所包含的事件被赋予具有可辨的开头、中间和结尾的故事的外观"①。人类经验如何被组织起来成为叙事的关键,于是时间成为了叙事的生命,因为历史充满着强烈的时间色彩,但历史时间与自然时间虽有交叉但不等同,到底应该如何为读者提供历史,是"一件事后一件事"地提供? 还是"一件事是因为另一件事"地提供给读者? 时间确实起着深层结构的作用,只有通过时间结构,才能梳理清各要素互动中的"矩阵"、"关系束"或者"事件流"。在具体考察石门坎叙事时间之前,我们有必要对时间作出一些讨论。

时间在哲学上存在着两种主要观点:一种是形而上学的时间观,认为时间是一种自在实体,它独立于行动者和实践而存在,萨瓦·洛廷维尔这样说:"当

---

① 海登·怀特著,董立河译:《形式的内容:叙事话语与历史再现》,北京出版社 2005 年版,第 233 页。

时间的叙述性管理让人无可觉察，却又完全在场时，它才是最佳的。通常的，当作者忙于提出他的论述的主题性意义，以至于日期和月份或者季节从故事中自然地冒出来的时候，这种管理是成功的。"①

他认为时间是完全的在场，是一种存在实体，时间是通过社会性创造出来的日历来表达，日历是通过事件的度量来表达历史，时间成了可以向里面填充的"空容器"。涂尔干也持有这样的时间本体论观点，他认为要对时间进行区分，否则就无法去构想时间，在区分中把物理时间与历史时间的不一致协调起来，从而来呈现历史的意义。

"我思故我在"是笛卡尔意识哲学的出发点和终点，展示出一种意识时间观，这种意识时间观构成了他的认识论基础。时间成为意识的意识物，体现出即时性特点，在实践上表现出一种断裂，一切都处在变化之中，实践所构成的历史呈现出非连续性特点。

形而上学时间观和意识时间观存在着根本的对立，这一对立使时间这一古老的人类学话题，不断地被人质疑，它所带给人们的困惑是显而易见的，海登·怀特说："人类时间经验之必然地'困惑'的本质"②。奥古斯丁叹道："那什么是时间呢？旁人不问，我似乎明了；一旦解释起来，就会茫无头绪。"③我所关心的不是时间概念的理清，也无意于时间派系的争斗，而是石门坎文化现象存在的可能条件，它有着不可化约的时间维度，上述两种时间观都不是石门坎文化现象存在的时间维度。根据石门坎文化现象的具体实践倾向，我试图尝试在实践中发现新的时间结构，力求探索言语生命赋形的深层规律、表现形式、作用发挥等。

二、实践的时间观

石门坎民族志显示，石门坎文化现象是特定场域中的产物，是行动者惯习

① Lottinville，Savoie：The Rhetoric of History，University of Oklahoma Press，1976，p. 133。
② 海登·怀特著，董立河译：《形式的内容：叙事话语与历史再现》，北京出版社 2005 年版，第 231 页。
③ 流心著，常姝译：《自我的他性》，上海人民出版社 2005 年版，第 125 页。

与场域相互建构的结果。论文重点展示了三大场域,空间场域、信仰场域和文化场域,就空间场域来看,以传教士柏格理的到来为界限,在石门坎自然空间、社会空间的描述上,笔者不惜笔墨,对比性显示了石门坎的变化和成就。同时,石门坎花苗在两种空间里的存在状态,是亲历者不厌其烦讲述的内容,这其实就是他们真实的生命存在。问题的关键是,花苗讲述的、让他们引以为豪的历史不是连续的,而是表现为断裂的两块:一是历史记忆或称为神性记忆板块,也就是以蚩尤为首领与炎黄作战时期的历史;另一块是传教士带领花苗知识分子创造新历史板块。在这两段之间数千年的花苗历史中,作为行动者的花苗却停止了行动,这段历史虽历经数千年但却极其简单,前面的民族志描述中也作了一定的分析,并以夏衍作品《包身工》的历史作了比对,大致上得出一个“没有行动者的行动,历史并不存在”的结论。由此,一个人类学中的古老难题就浮现了出来,这一难题就是时间,在叙事中,我一直存在着对石门坎时间结构的理解困惑,在重温最有代表性的两种时间观后,结果都是令人失望的。形而上时间观中,时间是连续存在的,而石门坎花苗的历史时间存在着中断结构;花苗所讲述的历史,其实质是在讲述他们的实践创造,而与笛卡尔的意识时间观明显不符。

　　困惑促使对思路和现场文本的重新检视,在加强阅读和反复体认之后,发现实践中的时间存在。行动者的惯习和场域是历史的两种表现形式,一个是物态化历史,一是身体化历史,就石门坎的叙事本质而言,时间绝不是什么先验的存在,即先于实践而存在,也不是意识时间观的呈现,而是在实践实现的同时,创造了时间。实践是惯习的产物,而惯习又形成于世界特定规律和趋向之中,实践本身就蕴含着对这种规律和趋向的预期,这包含着对未来的一种非设定性的指涉,这种非设定性指涉深刻存在于现在的直接性之中,时间产生于思想和行为的实现过程之中,从这个意义说,实践活动是一个时间化的行为,在此行为中,行动者可以调动过去经历过的实践,对以客观潜在性状态深藏于现存事物中的未来进行实践的预期,实现对直接现实的超越。这样一种深层的时间结构,摆脱了形而上和意识两种截然对立的时间观,在实践中形成了历时性和共时性、客观和主观相互建构、相互依存的统一。

　　言语生命的赋形就是这种时间观的浅层表征,人类的实践不会停滞,人与世界相互建构出来,需要言说来实现自我认同的经验、情感、思维等丰富的生命要素,就会呈现出历时性的延续,因此,语文有着鲜明的本土性、历史性性格。当然,在人言说生命经验的过程中,在历史的某一点上会出现"最重要经验的赋形",就是我们所称的"经典","经典训练的价值不在实用,而在文化。有一位外国教授说过,阅读经典的用处就在教人见识经典一番,这是很明达的议论。"①美国历史学家 Robert F. Berkhofer, Jr. 把经典说成是伟大故事,"伟大故事这个观念代表着对于部分或者全部过去的或大或小部分的叙述,因为它代表着局部以及全部历史的'大语境'。最激动人心的伟大故事,是那些似乎弄清了漫长历史的意义,并照亮了人类使命本身的那些描述。"②经典就是共时性、历时性交叉的结果,就生命经验而言,经典是"最重要经验的赋形",当然经典的出现也表现出一定的必然性和偶然性。因此,乡土经验和经典经验是语文内容的应然诉求,它是一定空间内行动者的精神之"根",当然,对生命经验的理解存在着个体、社会、人类的层次差别。

乡土经验、经典经验与生命体是一种形塑和塑形的关系,这是实践时间观的表征,作为言语生命赋形的语文,在主客观上表现出内在的一致性,"过去"的生命经验塑造着生命,同时,生命也创造着通向"现在之未来"的生命经验,即表现出"契合"的互动结构。

---

① 蔡富清:《朱自清选集》,河北教育出版社 1989 年版,第 3 页。
② Robert F. Berkhofer,Jr. 著,邢立军译:《超越伟大故事:作为文本和话语的历史》,北京师范大学出版社 2008 年版,第 68 页。

结　语

　　论文在民族志描述的基础上展现了语文身份和身份制造的过程,语文新学说的提出是本研究的灵魂,个案的民族志描述是新学说得以产生的关键,它真实地展现了人类学最典型的特征——"一切都在过程之中"。为了直观的认识,我把"过程"化约为两个直观机制呈现出来。具体表现为:

　　顺序机制:民族志描述(空间场域、信仰场域、文化场域)——生命经验(经验、情感、思维等)——言语生命赋形(语言、文字的形式及内容)。

　　逆序机制:言语生命赋形(语言、文字的形式及内容)——生命经验(经验、情感、思维等)——一般生活场域。

　　顺序机制使我们对语文身份的确立过程、要素组成、赋形内容等一目了然,当然,一切要素和过程都是以生命为前提,都是建立在生命张力的基础上,没有了生命实践和言说生命本质的依托,"言语生命赋形"说就不可能成立。

　　逆序机制是以言语生命赋形开始,它也是最终呈现在学习者面前的赋形物,对它要保持足够的警惕,因它是语文课程复杂性的化约形式,在实践中,力求通过这种化约表征来阐释出语文的丰富性和复杂性,从而呈现出语文课程的生命张力,如果只看到化约形式而看不到它承载的生命经验,那么,语文就会被屏蔽掉灵魂,剩下毫无生机的一张皮,从而形成对语文概念在语义场上猜测的局面。作为老一代语文课程论专家的周庆元教授,始终保持着这种警惕性,在其专著《语文教育研究概论》中,他把语文的性质分为基本性质和其他性质,基本性质包括工具性和人文性,其他性质包括综合性和实践性;另外,又用三个特点加以辅助,即语文学科具有基础性、多元性和辩证性的特点。周庆元先生在语文性质上的"分类"和"辅助"，正是对语文课程化约形式背后复杂性的清醒认识。

本研究通过石门坎民族志描述，旨在提出一种语文新观点，观点的提出也是本研究的研究界限，语文具体内容在"言语生命赋形"观下的重构，不在本论文的研究之列，可能成为后续研究，另当别论。

主要参考文献

1. 著作类

［1］阿信. 用生命爱中国——柏格理传［M］. 郑州:大象出版社,2009.

［2］艾米娅·利布里奇;王红艳译. 叙事研究:阅读、分析和诠释［M］. 重庆:重庆大学出版社,2008.

［3］安·L. 布朗;程可拉译. 人是如何学习的［M］. 上海:华东师范大学出版社,2002.

［4］保尔·汤普逊;覃方明译. 口述史［M］. 沈阳:辽宁教育出版社,2000.

［5］爱弥儿·涂尔干;李康译. 教育思想的演进［M］. 上海:上海人民出版社,2003.

［6］柏拉图;郭文武译. 理想国［M］. 北京:商务印书馆,1995.

［7］北京大学哲学系. 中国哲学史［M］. 北京:商务印书馆,1995.

［8］B. A. 伊斯特林;左少兴译. 文字的产生和发展［M］. 北京:北京大学出版社,2002.

［9］程达. 教学目标论［M］. 长沙:湖南教育出版社,2000.

［10］程大琥. 语文学科论［M］. 长沙:湖南教育出版社,1998.

［11］曹锦清. 黄河边的中国［M］. 上海:上海文艺出版社,2000.

［12］陈琳. 中华民族的形成［M］. 广州:广东人民出版社,1996.

［13］东人达. 滇黔川边基督教传播研究(1840~1949)［M］. 北京:人民出版社,2004.

［14］东旻. 贵州石门坎:开创中国近现代民族教育之先河［C］. 北京:中国文史出版社,2006.

［15］董宝良. 陶行知教育论著选［M］. 北京:人民教育出版社,1991.

［16］D. 简·克兰迪宁,F. 迈克尔·康纳利;张园译. 叙事探究:质的研究中的经验和故事［M］. 北京:北京大学出版社,2008.

［17］戴卫·赫尔曼;马海良译. 新叙事学［M］. 北京:北京大学出版社,2002.

［18］滇黔川边苗族基督教会创始人——王道元先生. 未刊.

［19］滇东北次方言苗族历史人物——王明基先生．未刊．

［20］滇东北次方言苗族知名人士——王建国先生．未刊．

［21］恩斯特·卡西尔；甘阳译．人论［M］．上海：上海译文出版社，1988．

［22］海德格尔；郜元宝译．人，诗意地安居［M］．上海：上海远东出版社，2004．

［23］海德格尔；孙周兴译．在通向语言的途中［M］．北京：商务印书馆，2004．

［24］方明．陶行知教育名篇［M］．北京：教育科学出版社，2005．

［25］费孝通．乡土中国［M］．北京：北京出版社，2005．

［26］费孝通．云南三村［M］．北京：社会科学文献出版社，2006．

［27］费尔迪南德·索绪尔；高名凯译．普通语言学教程［M］．北京：商务印书馆，1982．

［28］葛瑞格·摩顿森；黄玉华译．三杯茶．长春：吉林文史出版社，2009．

［29］顾黄初．二十世纪后期中国语文教育论集［C］．成都：四川教育出版社，2000．

［30］顾明远编．教育大辞典［M］．上海：上海教育出版社，1990．

［31］顾明远编．教育大辞典（第5卷）［Z］．上海：上海教育出版社，1998．

［32］顾明远．中、美、加、英四国基础教育研究［M］．北京：人民教育出版社，2005．

［33］贵州省宗教志编写办公室．贵州宗教史料［Z］．内部资料，1987．

［34］郭声健．艺术教育［M］．北京：教育科学出版社，2001．

［35］郭声健．艺术教育的审美品格［M］．长沙：湖南师范大学出版社，2005．

［36］郭声健．艺术教育论［M］．上海：上海教育出版社，1999．

［37］郭奕玲．物理学史［M］．北京：清华大学出版社，2005．

［38］哈伊姆·格瓦蒂；何大明译．以色列移民与开发百年史：1880～1980年［M］．北京：中国社会科学出版社，1996．

［39］何文胜．世纪之交香港中国语文教育改革评议［M］．香港：文思出版社，2005．

［40］洪楩．清平山堂话本［M］．北京：中华书局，2001．

［41］洪堡特；姚小平译．论人类语言结构的差异及其对人类精神发展的影响［M］．北京：商务印书馆，1999．

［42］胡塞尔；倪梁康译．现象学的方法［M］．北京：商务印书馆，1994．

［43］华东师范大学教育系编．马克思恩格斯论教育［C］．北京：人民教育出版社，1986．

［44］瞿葆奎．教育目的［M］．北京：人民教育出版社，1989．

［45］基督教苗族信教史．未刊．2004．

［46］课程教材研究所编．20世纪中国中小学课程标准·教学大纲汇编 语文卷［S］．北京：人民教育出版社，2001．

［47］孔庆东．世纪末的尴尬——审视中学语文教育［C］．汕头：汕头大学出版社，1999．

［48］夸美纽斯；傅任敢译．大教学论［M］．北京：教育科学出版社，1999．

［49］李秉德．教学论［M］．北京：人民教育出版社，2001．

［50］李海林．言语教学论［M］．上海：教育出版社，2000．

［51］李海林．语文教育科研十讲［M］．杭州：浙江教育出版社，2005．

［52］李杏保．中国现代语文教育史［M］．成都：四川教育出版社，2001．

［53］李培林．村落的终结［M］．北京：商务印书馆，2004．

［54］李浙生．物理科学与认识论［M］．北京：冶金工业出版社，2004．

［55］刘放桐．新编现代西方哲学［M］．北京：人民出版社，2000．

［56］刘铁芳．走向生活的教育哲学［M］．长沙：湖南师范大学出版社，2005．

［57］刘芳．枧槽高山苗——川滇黔交界处民族散杂区社会文化变迁个案研究［M］．北京：中央民族大学出版社，2006．

［58］流心；常姝译．自我的他信——当代中国的自我系谱［M］．上海：上海人民出版社，2005．

［59］卢梭；王金译．忏悔录［M］．北京：人民文学出版社，1987．

［60］卢卡斯；杜先菊译，以色列现代史［M］．北京：商务印书馆，1997．

［61］罗素；何兆武译．西方哲学史［M］．北京：商务印书馆，1982．

［62］罗伯特·帕金；高丙中译．人类学的四大传统——英国、德国、法国和美国的人类学［M］．北京：商务印书馆，2008．

［63］罗应忠．安顺基督教会简史［M］．未刊，2003．

［64］罗慧燕．教育与社会发展——中国贵州省的一个个案研究［M］．北京：民族出版社，2008．

［65］娄发文．永久的怀念——回忆王建光先生．未刊．

［66］马克思；中共中央马克思恩格斯列宁斯大林著作编译局译．1844年经济学——哲学手稿［M］．北京：人民出版社，2000．

［67］中共中央马克思恩格斯列宁斯大林著作编译局．马克思 恩格斯全集（第3卷）［M］．北京：人民教育出版社，1979．

［68］马可·柯里；宁一中译．后现代叙事理论［M］．北京：北京大学出版社，2003．

［69］马凌诺斯基；费孝通译．文化论［M］．北京：华夏出版社，2002．

［70］马文·哈里斯；李培茱译．文化人类学［M］．北京：东方出版社，1988．

［71］莫里斯·L．比格；张敷荣译．学习的基本理论与教学实践［M］．北京：人民教育

出版社,1991.

[72] 倪文锦. 语文考试论[M]. 南宁:广西教育出版社,1993.

[73] 皮埃尔·布迪厄;刘晖译. 艺术的法则:文学场的生成和结构[M]. 北京:中央编译出版社,2001.

[74] 皮埃尔·布迪厄;蒋梓骅译. 实践感[M]. 南京:译林出版社,2003.

[75] 皮埃尔·布迪厄;包亚明译. 文化资本与社会炼金术[M]. 上海:上海人民出版社,1997.

[76] 皮埃尔·布迪厄;李猛译. 实践与反思——反思社会学导引[M]. 北京:中央编译出版社,1998.

[77] 皮埃尔·布迪厄;刘富成译. 科学的社会用途——写给科学场的临床社会学[M]. 南京:南京大学出版社,2005.

[78] 皮埃尔·布迪厄;杨亚平译. 国家精英——名牌大学与群体精神[M]. 北京:商务印书馆,2005.

[79] 全国中语会. 叶圣陶、吕叔湘、张志公语文教育论文选[M]. 上海:开明出版社,1995.

[80] 钱民辉. 多元文化与现代性教育之关系研究——教育人类学的视野与田野工作[M]. 北京:民族出版社,2008.

[81] 钱冠连. 语言:人类最后的家园[M]. 北京:商务印书馆,2008.

[82] Robert F. Berkhofer, Jr. ;邢立军译. 超越伟大故事:作为文本和话语的历史[M]. 北京:北京师范大学出版社,2008.

[83] 沈红. 石门坎文化百年兴衰[M]. 沈阳:万卷出版公司,2005.

[84] 沈红. 结构与主体:激荡的文化社区石门坎[M]. 北京:社会科学文献出版社,2007.

[85] 司洪昌. 嵌入村庄的学校:仁村教育的历史人类学探究[M]. 北京:教育科学出版社,2009.

[86] 石鸥. 教学病理学[M]. 长沙:湖南教育出版社,1999.

[87] 石鸥. 教育困惑中的理性追求[M]. 长沙:湖南师范大学出版社,2005.

[88] 苏霍姆林斯基;杜殿坤译. 给教师的建议[M]. 北京:教育科学出版社,1984.

[89] 孙俊三. 教育过程的美学意蕴[M]. 长沙:湖南师范大学出版社,2006.

[90] 孙培青. 中国教育史[M]. 上海:华东师范大学出版社,2000.

[91] 石门坎基督教会简史(1905～2005)[Z]. 未刊.

[92] 施忠连. 文化的生物——人[M]. 长沙:湖南文艺出版社,1988.

［93］塞缪尔·克拉克；苏大龙译. 在中国西南部落中［M］. 未刊,1911.

［94］塞缪尔·柏格理；东人达译. 未知的中国［M］. 昆明:云南教育出版社,1997.

［95］托马斯·陶伦斯；唐文明译. 上帝与理性［M］. 北京:中央编译出版社,2004.

［96］王承绪. 杜威教育论著选［M］. 上海:华东师范大学出版社,1981.

［97］王策三. 教学论稿［M］. 北京:人民教育出版社,1985.

［98］王铭铭. 人类学是什么［M］. 北京:北京大学出版社,2002.

［99］王荣生. 语文科课程论基础［M］. 上海:上海教育出版社,2003.

［100］王丽. 追寻失落的中国教育传统［M］. 北京:教育科学出版社,2010.

［101］王大卫. 中国石门［M］. 香港:香港文汇出版社,2006.

［102］威宁县政协. 威宁苗族百年实录. 内部资料,2006.

［103］威宁县政协. 威宁文史资料(石门专辑). 内部资料,2006.

［104］威宁彝族回族苗族自治县民族事务委员会. 威宁彝族回族苗族自治县民族志［M］. 贵阳:贵州民族出版社,1997.

［105］威宁彝族回族苗族自治县县志编纂委员会. 威宁县志. 未刊,1996.

［106］维特根斯坦；贺绍甲译. 逻辑哲学论［M］. 北京:商务印书馆,2002.

［107］维克多·特纳；黄剑波译. 仪式过程［M］. 北京:中国人民大学出版社,2006.

［108］沃尔特·柏格理；苏大龙译. 柏格理在中国［M］. 伦敦:英国伦敦希莱出版有限公司,1928.

［109］伍新福. 苗族历史探考［M］. 贵阳:贵州民族出版社,1992.

［110］伍新福. 苗族史［M］. 成都:四川民族出版社,1992.

［111］夏丏尊,叶绍钧编. 国文百八课［M］. 北京:生活·读书·新知三联书店,2008.

［112］小威廉姆.E. 多尔；王红宇译. 后现代课程观［M］. 北京:教育科学出版社,2000.

［113］许云昭. 超越差距——中美基础教育课程比较［M］. 长沙:湖南教育出版社,2006.

［114］杨伯峻. 论语. 长沙:岳麓书社,2000.

［115］杨俊明. 古罗马文化. 广州:广东人民出版社,2004.

［116］叶澜. 教育概论［M］. 北京:人民教育出版社,2001.

［117］尹文涓. 基督教与中国近代中等教育［M］. 上海:上海人民出版社,2007.

［118］约瑟夫·巴特勒；闻骏译. 自然宗教与启示宗教之类比［M］. 武汉:武汉大学出版社,2008.

［119］张坦.“窄门”前的石门坎［M］. 贵阳:贵州人民出版社,1992.

[120] 张楚廷. 大学教学学[M]. 长沙:湖南师范大学出版社,2002.

[121] 张楚廷. 大学人文精神构架[M]. 长沙:湖南师范大学出版社,1996.

[122] 张楚廷. 高等教育哲学[M]. 长沙:湖南教育出版社,2004.

[123] 张楚廷. 教学论纲[M]. 北京:高等教育出版社,1999.

[124] 张楚廷. 课程与教学哲学[M]. 北京:人民教育出版社,2003.

[125] 张传燧. 行走于传统与现代之间[M]. 长沙:湖南师范大学出版社,2005.

[125] 张传燧. 中国教学论史纲[M]. 长沙:湖南教育出版社,1999.

[126] 张传燧. 综合实践活动课程论[M]. 广州:广东教育出版社,2005.

[127] 张岱年. 中国文化概论[M]. 北京:北京师范大学出版社,1994.

[128] 张良田. 语篇交际原理与语文教学[M]. 长沙:湖南师范大学出版社,2003.

[129] 张隆华. 中国语文教育史纲[M]. 长沙:湖南师范大学出版社,1991.

[130] 张志公. 传统语文教育初探[M]. 上海:上海教育出版社,1962.

[131] 张慧真. 教育与族群认同——贵州石门坎苗族的个案研究[M]. 北京:民族出版社,2001.

[132] 中华人民共和国教育部制订. 普通高中语文课程标准(实验稿)[S]. 北京:人民教育出版社,2003.

[133] 中华人民共和国教育部制订. 全日制义务教育语文课程标准(实验稿)[S]. 北京:北京师范大学出版社,2001.

[134] 中央教育科学研究所. 叶圣陶语文教育论集[M]. 北京:教育科学出版社,1980.

[135] 中国地图编委会. 贵州省地图册[Z]. 北京:中国地图出版社,2000.

[136] 钟启泉. 新课程的理念与创新——师范生读本[M]. 北京:高等教育出版社,2003.

[137] 钟启泉. 基础教育课程改革纲要(试行)解读[M]. 上海:华东师范大学出版社,2002.

[138] 钟启泉. 现代课程论[M]. 上海:上海教育出版社,2003.

[139] 钟焕然. 中华基督教循道公会西南教区各少数民族信仰基督50年史[M]. 未刊.

[140] 周德昌. 中国教育史纲[M]. 广州:广东高等教育出版社,2000.

[141] 周庆元. 简明中学语文教育学[M]. 北京:中国人民公安大学出版社,1997.

[142] 周庆元. 语文教学设计论[M]. 南宁:广西教育出版社,1996.

[143] 周庆元. 语文教育研究概论[M]. 长沙:湖南人民出版社,2005.

[144] 周庆元. 中学语文教材概论[M]. 长沙:湖南出版社,1994.

[145] 周庆元. 中学语文教学原理[M]. 长沙:湖南教育出版社,1992.

[146] 周宁. 人间草木[M]. 北京:商务印书馆,2010.

[147] 朱熹. 四书集注[M]. 长沙:岳麓书社,1987.

[148] 朱汉民. 中国传统文化导论[M]. 长沙:湖南大学出版社,2000.

[149] 朱焕章. 西南边区平民千字课[M]. 未刊,1935.

[150] 朱小蔓. 情感德育论[M]. 北京:人民教育出版社,2005.

2. 论文类

[1] 东旻. 石门坎学校创建日期考[J]. 贵州社会科学,2006(3).

[2] 东人达. 循道公会在黔滇川传播的背景分析[J]. 渝西学院学报,2002(3).

[3] 冯建军. 走向类主体——当代社会人的转型与教育变革[J]. 教育学(人大复印资料),2005(4).

[4] 郭元祥. 论教育的过程属性和过程价值——生成性思维是育种的教育过程观[J]. 教育研究,2005(9).

[5] 何自然. 模因论与社会语用[J]. 现代外语,2003(2).

[6] 李德虎. 清末贵州石门坎苗族信仰基督教原因浅析[J]. 贵州民族研究,2007(2).

[7] 李世平. 试论西方宗教对西南少数民族教育的影响[J]. 西南师范大学学报(哲学社会科学版),1995(2).

[8] 林晓东,丹尼尔·施瓦茨. 从跨文化的角度审视反思[J]. 教育研究,2005(4).

[9] 刘铁芳. 教育如何走向哲学[J]. 教育研究,2005(4).

[10] 刘要悟. 论教师与课程评价[J]. 教育科学,2000(1).

[11] 刘要悟. 试析课程论与教学论的关系[J]. 教育研究,1996(4).

[12] 母进炎. 在中西文化的交汇点上[J]. 毕节师专高等专科学校学报,1999(1).

[13] 石鸥. 关于基础教育课程改革的几点认识[J]. 教育研究,2005(9).

[14] 石鸥. 素质教育取向研究的思考. 中国教育学刊[J]. 1999(3).

[15] 石鸥. 在过程中体验——从新课程改革关注情感体验价值谈起[J]. 课程·教材·教法,2002(2).

[16] 石朝江. 基督教在西南苗族地区的传播和影响[J]. 贵州社会科学,1997(6).

[17] 宋晔. 教师德性的理性思考[J]. 教育研究,2005(8).

[18] 宋秋前. 新课程教学中应处理好的几组关系[J]. 教育研究,2005(6).

[19] 伍星. 用辩证的观点正确看待外国传教士[J]. 贵州档案,2003(3).

[20] 熊和平. 课程与生活——来自思想考古学的启示[J]. 教育研究,2005(6).

［21］杨曦．柏格理与朱焕章教育思想之比较——兼论民族教育的内源发展［J］．民族教育研究,2007(2).

［22］叶澜．世纪之交中国学校教育文化使命之思考［J］．教育改革,1996(5).

［23］叶澜．重建课堂教学价值观［J］．校长阅刊,2006(8).

［24］曾毅.20世纪语文教育批评演变之研究［J］．教育评论,2006(4).

［25］张楚廷．全面发展的九要义［J］．高等教育研究,2006(10).

［26］张楚廷．素质教育不是额外的一种教育——兼论素质教育与知识教育的关系［J］.中国教育学刊,2006(6).

［27］张传燧．加强课程教材评价,推动课程改革［J］．课程·教材·教法,1997(7).

［28］张传燧．教师的类型及其素质培养探析［J］．高等师范教育研究,2000(1).

［29］张传燧．教育过程中主体的作用及其转换［J］．教育理论与实践,1999(3).

［30］周庆元．如何理解学生的"全面发展"［J］．教育研究,2005(7).

［31］周庆元．走向美育的完整.［J］．教育研究,2006(4).

［32］周庆元.21世纪中国语文教育的全方位突破［J］．湖南师范大学社会科学学报,1996(3).

［33］周庆元．承传与创新:语文教育改革的哲学思考［J］．湖南教育·语文教师,2006(1).

［34］周庆元．诵读法的历时演化与现时解读［J］．中国教育学刊,2004(10).

［35］周庆元．语文教师职业技能训练概说［J］．高等师范教育研究,2003(6).

3. 英文类

［1］Lewis, Alison. 2000. The Western Protestant Missionaries and the Miao in Yunnan and Guizhou, Southwest China. From Turbulent Times and Enduring Peoples: Mountain Minorities in the Southeast Asian Massif, ed. Jean Michaud. Richmond, Surrey: Curzon Press.

［2］Moody, Edward H. 1956. Sam Pollard. Grand Rapids: Zondervan and London: Oliphants Ltd.

［3］Pfeifer, M. E. 2002. "Hmong-Related Literature: Past, Present, and Future Directions" Research Paper［M］. Hmong Studies Resource Center.

［4］Lottinville. Savoie, 1976. The Rhetoric of History［M］. Norman : University of Oklahoma Press.

附录一

来自田野的口述资料

一、新驰小学材料

时　间:2010 年 4 月 30 日

口述者:村支部书记、校长、村主任、王文宪

地　点:白石岩新驰小学

48 年由石门坎王建国、朱明安白手起家,开始在地板上写字,后办起,迁过几次,朱明安 21 岁被土匪杀害,80 年代办起旧教学楼。90 年代,有了新的教学楼,由一开始的 2 位老师变为现在的 9 位老师。

办学思路:办出民族特色,挑花、系麻、民舞等进校园,很多人来参观学习。

管理:按教育局布置,非常规范,教案、作业每两月校委会检查一次,民间艺人有空来教,给一些钱,古歌已经听不懂了。乡里开展统考,处于中等,咱们认真监考,不跟风、不浮夸。为什么呢? 传统来自前辈,前任校长陶绍飞回答教育局"你们考得为何差",他说:"我相信我的学生,我不相信分数。"

苗语教师每月 600 元,共 2 人,须 6000 元(半年);民间艺人,每节 10 元,1500 元。

三年级开苗语课,共开设四年,三四年级认一些词,五六年级写短文。80 年代开始一直坚持下来了,民族文化传承下来了。

学校传统教育了孩子,家长说:原来我们不懂苗文,现在孩子会了,我们感谢政府关心和老师教导,只有普定的先麻和这里有苗文课。想申请个民族小学,在县里没有通过,这里整个寨子 99% 是苗族,个别布依族,集体办公,校长老师一体。

学生喜欢跳舞、唱歌、苗文与其他民族不同。

47 年底从贵阳乌当来的二十几户以及 48 年底从石门坎来的三十六多户住在楠木冲，王明基家与朱姓在楠木冲住了一段时间，开山草成路花了一个礼拜，开路时经过甘坪寨到中坝的对面黄泥堡，建筑"叉叉房（树枝叉成）"，两三户，以王建国与朱学礼为主，因草有 9 米高，粗的有人的胳膊那样粗，野猪、羊时常出没，开荒不成，后放弃。再选草低的地方（也有一人高），过了两年（51、52 年），又有两三家来住，新中国成立后附近开办劳改农场，后来劳改场撤了，从紫金、普定招来人口住在劳改场旧址，成为现在的状况。现在分为：玉石村民组、楠木村民组、甘坪村民组。

二、新驰小学校史

时　间：2010 年 3 月 20 日

口述者：王文宪

地　点：去新驰小学路上

石门坎苗族人王霄汉是杨汉先的妹夫，华西大学医科肄业，先前英国牧师王树德推荐到华西读书的石门坎人，因为出现作风问题，对石门坎的影响很是不好，所以再推荐时要求德才兼备，于是王霄汉在这种背景下经王树德推荐去华西读书，但王霄汉在华西作风依然不好，与同去的堂妹生了小孩，王树德知晓后非常生气，当即通知学校开除，他不好意思回石门，到云南的东川国民党军当军医，在军队当军医日子也不好过，混不下去就开了小差。于是投靠其大舅子杨汉先（杨雅各的儿子）在花溪医院当医生，王霄汉男女作风不改，又与花溪医院的护士有关系了，杨汉先把此事告知了杨雅各，并提议是否把其老婆接来（也是杨的妹妹），杨汉先给他租了一块乌当地主的地，43 年，王霄汉的老婆和另外一家亲戚先来到了贵阳乌当，后来亲戚连亲戚（苗族基本上是族内婚，本来就亲戚连亲戚）来了二十几户，由于开始只想着把王霄汉的老婆接来，没想到一下子来了二十多户，地主的土地已经不够种。恰巧此时，安顺紫云玉石寨子的两个人到贵阳开宗教会，一个叫陶兴成，一个叫王克明，开会时听说石门坎人在乌当，于是就抽空来到乌当见一面，闲聊中，石门坎人就问紫云有无荒地可以开垦，他们说多得很，于是石门坎人跃跃欲试想往那搬。此时，在贵阳读书的石门坎人杨忠德(杨智光之父),一方面在贵阳读书,一方面给那二十户人家的小孩当义务教师,这中间杨忠德派两批人去紫云探视,问好不好? 乌当的寨长老说:土地好,但布依族凶。为了解决乌当的困境,杨忠德与两位寨老亲自来看,果然如此,布依人都带刀带枪,两位寨老在赶场时逐渐与他们套上近乎,并借机看了他们的枪,很破旧且只有一发子弹,心里有了底,就对石门坎在乌当的同胞说,只要我们堵住崖口,他们进不来。可以来! 于是乌当的人一下子都来了,来了很多人,小孩子需要教育,让杨忠德回石门坎找老师,朱焕章先派朱盛德(孟达的父亲,"朱姓"苗语叫孟达,学名叫朱明贤),但他不愿来,推脱理由是自己儿子还在昆明读书,要找钱供养。

王明基对杨忠德说:"看来捉野鸡不成只有捉家鸡了!"就派自己的儿子王建国来了,当时王 26 岁,朱明义捉了朱明安(21 岁),他刚刚国立西南昭通师范毕业。

王建国与朱明安从石门坎走了 13 天到达贵阳——详见王建国先生小传。

三、花苗读书

时　间:2010 年 3 月 4 日

口述者:杨华明

地　点:石门坎杨华明家里

(一)石门坎人为什么那样刻苦读书?

很简单嘛!

例子一:一个苗族人来卖鸡,要五元钱,一位识字的买鸡人说:这就是五元,你装口袋里,别让别人看,若被人给你拿走就不好了。结果又再买别的东西时才知是五角钱。

例子二:一位苗族老者赶场卖荞子,五角钱一斤,用秤一称是八斤,买者就说:一斤五角,八斤,共两元,就只得到两元。

例子三:当时清政府和国民政府征收兵员,老百姓都害怕当兵,但给土目摊派了征兵任务,怎么办呢? 他们就写个条子让苗族人送到征兵站,告诉他只是送个信,实际上条子上写的兵员就是这个人,于是就傻乎乎地自己送上门去。

（二）读书盛况

彝良的、大关的、镇雄的、六枝等地的人来石门坎读书，把石门坎读得轰轰响，反正空余时间都在读。

四、杨明光口述材料

时　间：2009 年 8 月 8 日

口述者：杨明光、杨智光、杨华灿

地　点：在贵阳杨老的家中

杨明光，89 岁，苗族，1936 年进石门坎光华小学高小。

光华小学开始时也开四书、五经、英语，后来去掉。

石门坎学校之所以有名，一是创办学校早，当时附近没有学校，威宁县城里面都没有正规学校。二是新文化早。比如体育、艺术，引起了国民党政府的重视。把石门坎说成"小香港"、"小台湾"。（杨：所谓"小香港"实质是把石门坎推出去，不是赞扬石门坎，而是贬低石门坎。）

1945 年杨在石门坎光华小学教学点教书时，县督学就曾经诬蔑石门坎。他在石门坎视察时问学生：委员长是谁？首都是哪？学生回答的是蒋介石和重庆，他回去回报说：学生答的是耶稣和香港。石门坎由此背上了黑锅，国民党引起了注意，开始关注石门坎。

解放后，杨 51 年在贵州民族学院工作，54 年搞统战工作，有一次要到石门坎调研，有位民委的干部（长征过）说：要到"小台湾"了，大家说话要注意。把石门坎当成威胁，还传说石门坎有电台呀，枪支什么的。

现在写石门坎的文章很多，但对"小香港"、"小台湾"的真意没有搞清楚，背着黑锅抬不起头，有段时间入党、参军、升学都没有资格，直到 80 年代，十一届三中全会以后，情况才有所改观。现在威宁把草海、石门坎当成宣传点。却把大教室、老房子推倒，是不懂历史的表现，那是昭通去彝良的必经之路，过往人都要参观。

学校的引入确实是柏格理，但真正起作用的是汉族老师，是什么力量鼓舞昭通的汉族文人、举人愿意来石门坎奉献呢？有位叫刘映三的，在石门坎工作 30 年，应为他们立碑宣传。为何有如此高尚的精神？现在为什么不愿去呢？

（老人也处于疑问和迷茫之中。）

为什么苗家对读书兴趣高，应从历史上看，威宁苗族绝大部分是在土目、地主统治下生活，没文化就受歧视，所以渴望有文化。

苗家信教不是真正的信教，信教不知道耶稣，不知道得救，循道公会重视教育，读书比彝族、汉族兴趣高，因为痛苦深。

例子：当时体育好、音乐好，现在垮了，石门坎受西方文化的影响，农村的农民也在打足球，小孩在地里还在踢，没有真正的足球，他们就用草或线绕成一个球，叫"毛球"，杨先生的脚都踢破过，所以体育要从娃娃抓起，现在老师都不打了，主要受外界的影响。

体育一是锻炼身体，还有团结的作用，比如端午节运动会就是明证，周围几百里路来参加运动会，就是团结的表现，端午运动会 1910 年开始，二百多里远的地方都来，起到团结的作用，当时缺乏文化生活，识字比赛、穿针引线、拔河、射箭、骑马，虽然是农民，但看了运动会，精神就振作了。在运动会上，农民有的去做生意，不做生意的亲戚之间去那里碰个面，那里成了相会的中心，起到了文化交流的作用。运动会万把人为什么没有出现治安问题呢？现在举办运动会坏分子要捣乱，所以不敢举办。为什么呢？

教会也是一样，杨先生那一班 105 名学生，朱焕章是班主任，彝、汉、苗各占三分之一，不是绝对的苗族，也不是绝对信教的，云南彝良、昭通的都有。外地的为什么都来学呢？按时上学、放假、开课；教师认真负责，没有旷课的。其中戴琳琴老师从四川华西大学回来的，一个大学老师愿意来，教了三年，死在了石门坎，这些人都不信教。信教是为了读书。

石门坎有 8 对号，麻号、布号、银号，一个大锣鼓，四个小锣鼓，当时起床号、就餐号、熄灯号都有，30 年代末就没有了。音乐助长了同学的文化精神，培养读书兴趣的精神，没有音乐体育会造成死板板的读书，总之可以振作精神。杨先生深有体会，打球唱歌后，精神就提了起来，否则精神萎靡不振。

石门坎学校曾叫石门坎初级中学、石门坎学校、石门坎重点学校、石门民族学校，经过了一系列的变迁，由原来的县管到现在的乡管，体制滑了下来，再加上有小学，教师认为是"戴帽初中"，不是真正的初中，教师质量低，学校质量主要是教师，质量差、责任心不强，怎么教好！（杨智光偷听了一节数学课，教师连勾股定理都教不好）目前,威宁把草海和石门坎作为两个名牌,应把民族学校划入县管。

民族学校:

①培养当地少数民族子弟;②体制上要有民族幼儿园、小学、初中、高中、大学系列;③民族文化进校园,民族文化包括:少数民族文字,用苗语讲科技知识;民族师资班,教师要有综合素质;把音乐体育真正开好,苗族能歌善舞。

文化对生活起到很大作用,封闭,如何改进! 也没有比较上的认识。石门坎客观上缺水,没法讲卫生,人畜同居,实际上是社会不稳,牲口必须与人同居。老庙文有人提出是柏格理文字,实际上是苗族老人提出要有苗文,柏格理很重视提议,这说明苗族有需要的文字的内因,外因才起作用,没有内因的需要,外因是不可能搞出来的。老苗文创制起主要作用的是汉族老师。"用简单的描述最复杂的东西就是科学。"(杨智光)有文化,就知道怎样改变生活条件,提高生活力,表现出自觉性和文明性。

"邻里隔桩":苗族深受土目的压迫,基本上过着原始的群体生活,但也有从群体生活组成单个家庭的机会,当时的条件是交十只老虎皮。

信教问题:苗族人以前就像一个病人一样,谁拉一下都想站起来,所以不是真正信教。端午节运动会中就不涉及宗教,石门坎信教是假的。

石门坎信教是假的,但仍有许多人洗礼了,原因何在? 苗族历史造成他们强烈的平等诉求,基督教又强调平等思想,二者一致了,契合了。循道公会比较自由,动作比较淡,内地会比较虔诚,比如赫章的内地会就看不起石门坎的教会,循道公会重视教育,内地会也有文字,但效果不大,石门坎老苗文经过多次改进。

现在沉醉于宗教的都落后,科技发展不上去。

20 年代,教会为百姓做了些事情,打官司、读书、学费少一些等。30 年代中国主要是反帝,教会在此没有力量。

英语只有石门坎开,主要考虑升学以后有个基础,英国老师教。

薪水很低,还不够生活,须从家里补一些,苗家知识分子却能回到石门坎,之所以又回到石门坎工作,可怜同胞,文化低,为了使他们不再受骗,回来主要是奉献。朱焕章 39 ~ 43 年在昭通,回来后创办初中,主要是在昭通看到苗家子弟去读初中也是比较困难的,吃可以节省一些,但穿苗族特有的麻布衣就有些难为情,因为其他民族的都围着看,所以愿意牺牲自己,奉献一切,同时也说明并非受宗教的影响。

杨明光穷困人家出身,小学、中学都是在抗日战争中读书,靠父母、叔父母、姐姐夫三家扶持读书,有钱人不愿读书,让自己的孩子守自己的财。

吴性纯、朱焕章是教会培养的,张超伦、杨汉先是自费。

杨忠义在华西读书,一个星期吃两碗面,有一次饿晕了,从路上掉下来,把胳膊都摔断了。平时就帮别人挑东西挣些钱,维持着自己的学业。彝、汉族考不取,就找到他说:"你帮我们考取大学,考一个我们给你半年吃的,结果'枪手'当了三次,替别人考上三个,自己就这样完成了学业。"

五、张以强口述材料

时　间:2010 年 8 月 6 日

口述者:张以强(张德全之子、张马太之孙)

地　点:石门坎张以强家里

例子一:石门坎的有位姓张的青年,当年二十几岁,腿有些残疾,家住石门坎的爱华山,因为读书每周都是家人用马驮着来读书,因为有一年没有升上级,就上吊自杀了,当时学习不好的耻辱感竟如此强烈,令人吃惊!

例子二:石门坎有位朱大妈,把一本苗文《圣经》和一本《苗民夜读课本》读得烂如破布,没有一页是完整的,死前还在翻着看,到死还说自己不是识字人,因为她不识汉字,是识苗文的"文盲"。

例子三:一位王姓的青年,与其他同学一起到薄刀岭上砍野竹子做"亮篙","亮篙"可以照明,每根丈余,能点燃 20 分钟左右,王姓青年总是采比别人更多的野竹子,晚上能更长地读书。

六、朱明亮口述材料

时　间:2010 年 7 月 30 日

口述者:朱明亮(王明基女婿的堂兄弟)

地　点:紫云白石岩乡大水井村组

朱明亮，93岁，苗族，石门坎人，48年迁来。一个女儿，老伴去年过世，他没读过书。

他说：石门坎读书的情况完全清楚说不到，孤儿出身，六岁失去父母，有个叔叔读过书，在石门教书，听老人讲过事。朱57年工作，当过公社社长，打猎吃，受压迫迁徙到云南的彝良、安顺，"读书就聪明！"柏格理说。一个王道远，一个杨雅各，五年级毕业后教书，动员苗民剪头发，不要喝酒，王道元把将近2米的头发剪掉，哭了三天，还展览示范。

读书知道，信教又有上进，有上帝保护，读书信教都是双语、双文，信教之前丢掉坏事，比如女人拉男人，男人拉女人等不良习气。

"毛主席唱我们受苦的歌给我们听。"讲着老人就唱了起来……

一个小故事：有人把柜子砍了，协商不下，柏格理去调解，先吃了饭，看见那家人的斧头，拿斧头比了一下柜子上的口子，对着柜子上的"口口"，柏格理不骂主人，先骂斧头，"你个坏蛋，为什么要钻进口子里头去！"然后又指着小孩说：是不是你把它藏进了这个"口口"。由于老人年纪大，语音不清，故事又有了年月，虽然有些不清晰，但大致意思显示出柏格理调解纠纷的高超艺术。

七、吴善宇口述材料

时　间：2009年4月3日

口述者：吴善宇

地　点：张义强家中

吴善宇，石门坎苏科寨人，1924年生，当时86岁，是苗族知识分子杨芝的孙女婿。早年就读石门坎光华小学，成绩突出，读至小学二年级脑子出了问题，自己主动退学回家。

（一）关于语言

语言是交流经验、交流思想最重要的工具，说这你听不懂，说那你听不懂，那就停止了，因为别人就走掉了。英语听得懂、彝语听得懂、苗语听得懂、汉语听得懂，哪里你都能待，干什么你都行。就能永远前进。

语言能力很容易获得，那就是学。例如：老文盲——马书记，讲话好，大家都爱听，吐字清晰、抑扬顿挫，该高的高该低的低，该快的快该慢的慢，他一说话周围就聚很多人,他讲话那么好,但是一个老文盲,为什么呢?他就是一个字"学",这人这里讲得好,他就学这,那人那说得好,他就学那。

(二)精神与气

人要整顿精神、奋发图强、努力向上就能走上去。垂头丧气、迷迷糊糊、昏昏沉沉是活不下去的,因为在自己的道路上总是有困难挫折,要通过有时要流汗,甚至有时要流血,垂头丧气怎么能行。

1. 我们和陈坤父母从云南昭通坐车回石门,上了一辆旧款的客车,就是机器盖在车内能打开的那种。陈坤父亲有座位他没有坐,却挨着司机坐在了前面的机器盖上(也能坐,但没有靠背)。我说:叔叔,你坐那里不舒服吧!他说:"我不需要舒服!"从其反应看这是一种常态,显示了一种养成的吃苦耐劳的精神。

2. 因为参加王德光老人的骨灰安葬仪式,吴善宇老人是苏科寨人,走了3个小时的山路来到石门,我与吴善宇老人摆龙门阵又一直摆到晚上10点多钟,我觉得太晚了,自己都有些瞌睡了,就问:"有地方休息吗?"吴老说:"有!地上、凳子上都能睡,我们苗家瞌睡了,坐着眯一会儿就有精神了!哪里都能睡。"听了这话,我默默无语但心里却翻江倒海一般,语言此时是苍白的,这就是人最宝贵也是最缺失的东西,一个不竭的动力源泉,它能鼓起风,也能带来雨,不断地润泽着周围的一切人……

(三)王德光

1926年生,2009年死。早年就读于光华小学。后到昭通宣道中学,再至南京边疆学校,推荐到北京大学,在中央民族大学、中国社会科学院工作,著有《贵州威宁苗语的方位词》、《贵州威宁苗语的状词》(合著)等著作,其妻吴善美读了初小,师从季羡林,体育非常好,在北京体校百米第一名。喜欢体育是石门坎师生的特点,在中线就把足球踢进门去,朱焕章用头把球顶进门去,他头上头发还是少的!头发多了会更有力量。

王德光在南京亲眼目睹了解放军取下国民党"总统府"的旗子。道其遗嘱从北京移其骨灰至石门坎安葬。

(四)柏格理六大好处

①学校第一;②麻风病院;③孤儿院;④农业技术推广部;⑤电报代办站;⑥大教堂(最重要的)。

哪里有教堂,哪里就有学校! 宗教创造了历史,宗教创造了生活。

(五)教会学校与新学校的教育方针比较

教会学校:灵德智体群。新学校:德智体美

他认为,缺乏了神,没有了敬畏的东西,就丢掉了灵魂。我们有教堂、有礼拜。在教堂不但人敬神,而且人敬人,因为人既不是神,也不是牛马,人就是人,"人敬人是万物之宝!""群",就是大家在一起耍,教会学校不但刻苦学知识,而且还要赛跑、唱歌、跳舞、打球,现在的学生死气沉沉、雀鸟无声,整天坐在那里读死书、死读书、读书死。比如谈"大学之道在明明德,在亲民,在止于至善"。唉! 所以国家第一领导人胡锦涛,国家教育第一领导人要改革教育,改革教育制度、传授教育内容,不改不行。

(我:石门当年学生都积极开展体音美,体育能强身健体、磨炼意志,音乐使人志存高雅,充满希望和向往,培养群性。总之文体活动使人充满活力,可贵的是他们把培养的这种活力与智育、生活结合起来,从而产生战无不胜、攻无不克的巨大能量。)

(六)刻苦学习

"不刻苦学习,就不能活下去,学习通往光明!"(吴语)"主要受宗教的支撑,学一些知识,看圣经、唱赞美诗就方便一些,再扩展至生活,就越发光明。所以拼命读书。"(张义强插语)现在条件好了,学生就是不读书,校园里死气沉沉、雀鸟无声。大人不说,小人不学。大人不谱,小人不懂。(说,督促;谱,讲)没有大人的说和谱,小人就松松垮垮、嘻嘻哈哈,一片涣散,百事无成,没有了文化,就会灭亡了。

(七)校报

《百姓报》——摩莎可都(苗语),主要是科普知识,面向乡村,全用苗语,刻板油印,版面不大,毛边纸制作。主要是经济太低,你捐一分我献三毛积攒起来,免费发放,主要负责人杨荣新,有时在家里,有时在学校印。(使用场域)

(八)世俗与高雅

在威宁县档案馆发现吴性良的名片,很是惊讶,他们的培养既有世俗性的生活力,也有高雅、审美等形而上的目标。

（九）推荐

光华小学毕业推荐到昭通宣道中学，要考试再推荐，反正要挑"精"的推荐，再推荐至各教会大学，进入非教会大学的途径当时在南京办有边疆学校（估计中专性质，因为没有被推荐上大学的就回去教书了）——值得关注！

小结：光华学校通过一系列的文体活动，使校园充满活力，使人逐步积蓄了追求美好人生所必需的能量，这种能量又通过多种规范（灵）和合理使用，由此必然造就辉煌。吴善宇老人从下午 2 点多至晚 10 点一直在摆，也可以说是激情演讲，他掷地有声、排山倒海、气势逼人，显示了无畏、智慧、有识和力量。

八、杨忠信夫妇口述材料

时　间：2009 年 3 月 21 日

口述者：杨忠信夫妇

地　点：威宁县民族中学杨老家中

2010 年 3 月 21 日上午 10 时我们在威中一位八十岁老太的带领下来到了民族中学生活区一所二层老房子前，叩开了苗族学者杨忠信家的门，老房子外表破旧，随着门开，我看到一位个子不高、极有精神的老人，他就是杨忠信老人。夫妇二人热情地招呼我们坐下。环视屋内，陈设简洁、干净，一阵寒暄之后开始了我们的谈话。

个人简历：

老人先是介绍了自己，苗族，1933 年生，曾就读于石门坎光华学校。61 年毕业于贵州师范学院，80～87 年，在威宁民族中学任教，84 年任教育局长，1994 年在威宁民族中学退休。一儿一女，女儿教书，儿子务工，两年前老伴去世，与朱焕章二女儿朱玉冰结婚。（注，也是其前妻的遗嘱。）

三语教学问题：

杨：50 年中学 100 多人，刚解放土匪盘踞，开始 27 人三个班，一级一个班。教师包括后勤人员 10 人左右，大多是苗族老师，来自昭通，用汉语教，没有听他讲过英语。朱焕章能讲英语，能和英国人对讲，也教学生英语课，英文课主要是与外国人交流，了解外国的习俗、风景、个性等，每天都有课，但也不是很多，语言场很多，处处有、时时有。汉语课还是多，当时英国、苗族教师都能讲汉语课，只有钟焕然是汉族,主要用汉语学习科学文化知识。(我:三语教育并不是交换着使用,不是同等数量的运用,有不同的领域,但有交叉。)英人50年初走,当时,英国人主要出经费。当时的课程:43年按国民政府颁布的课程,苗文课每周一两节,不是主要的,不用考试,大家都学,很想学。学习原因:1. 苗族信教,《圣经》是苗文。2. 研究苗族文化。3. 搞一些风俗、习俗活动。比如丧事做道场等。现在关于苗文保护,国家也讲,但学也行不学也行,很难。(我:苗文要有生存的土壤,若远离生活,脱离实用,是根本无法保护的,它会失去存在的活力,只能成为当代的"甲骨文"。)

朱玉冰(朱焕章的二女儿,杨忠信的第二任妻子,1937年生人,二人同学):先是英国人教,后是苗族教师边学边教,陶开群在朱焕章之后,教英语,当时40岁,英语是正课,苗文是副课。做礼拜,唱赞美诗,看圣经,在此过程中,自己自动就学会了。用苗语唱,成年人都会读会写,通信写信,成年人会写汉字的人不很多,苗语主要在教堂用。

朱焕章夫妇:

43年当校长,办石门坎中学,小学校长、中学校长。55年在肃反运动中吊死在贵阳黔灵山上。自己的问题交代清楚了,让他交代科长的材料(他是副科长),他没法交代,就自杀了,死前的前几天把情况写信给陶开群了。朱焕章死前一天,朱玉冰正在贵阳女中读书,星期天去植树没有回家,朱玉芳去叫她回家吃饭,在吃饭时,朱焕章盯着她笑眯眯地看,要送她出门,老远才回家,晚上校长叫她问:你知道爸爸的事吗?他昨晚上不在了,晚上回家妈妈才告诉她。朱死后教育厅每月发15元,到子女读完书。朱焕章夫人王美英,表面上没有读过书,但会苗文,扫盲时也学会了汉文,朱死后她改嫁给朱文正(朱焕章同学),在威宁县政协工作。1990年去世。

朱家六姊妹:

朱玉梅,其夫张友伦,54年当过威中副校长,现已去世。

朱玉冰,苗族,老家是威宁羊街镇,前夫韩绍清,石门第一届毕业生,后到中央民族学院读书(南京),后在贵州省语委工作,从事参与新苗文的研制工作,80年去世。与前夫有个儿子在昆明。

朱玉华,在石门,贵阳医师毕业。

朱玉芳,在昆明,教师,已退休。

朱玉芝,教师,贵阳白云麦架小学,退休。

朱玉芬,威宁四小,退休。

第一代知识分子介绍:

第一届毕业生推荐上大学的共有6人:王德广、韩绍清、韩绍昌、杨汉松、潘广明、朱明贤。

推荐机制:老师(多数老师赞成)推荐,学校举行一个简单的考试,第一届机遇好,到解放共五届或者七届,记不清了。土匪、抗日、解放等动乱,就不稳定了,出去的人就少了。曾给杨森建议过,可以选派几个去南京读书。

(我:他们关于先前辉煌的谈话已没有为之骄傲的神情,平静、健谈中透露出政治运动带给他们的伤痕,在平静的叙述中我仍能感觉出某种期待,因为政治的红烙印烙在了"真理上"。朱玉冰清秀、大方、整洁,岁月风雨的冲刷使她变成了一个十足的老人,但其神情里仍能折射出年轻时的大方、整洁、可爱。)

石门坎知识分子关系图:

朱玉梅　朱玉冰　朱玉华　朱玉芳　朱玉芝　朱玉芬

(夫妻)

张友伦　韩绍清　吴　善

　　　　　　(长幼,师生)

朱焕章　陶开群　钟焕然　朱文正

　　　　　　(祖孙、孙女)

陶开群儿子——朱玉芳的女儿

(我:他们的婚姻是在同学、好友及同学、好友的后代之间完成。所以表现出:关系紧密、互助互爱、直至终老。)

九、张国辉口述材料

时　间:2010年4月5日

口述者:张秘书、陈坤

地　方:石门乡政府张国辉家中

（一）石门坎之源

石门坎原名叫狮子洞,原来在榨子门的左前方,后来柏格理要建教堂和学校,须从昭通运送物质,所以打通了榨子门,许多人误认为那里是石门的来历。

（二）关于三语问题

开始汉族老师教一、二、三、四、五,苗族小孩子死记硬背可以记下来,但不知是啥子东西。若告诉他们一、二、三、四、五就是（苗语一二三四五）,他们就全明白了。

（三）苗族婚姻

苗族青年,柏格理来到后规定女 18 岁,男 20 岁才能结婚。近亲三代之内不能通婚,但苗族没有家谱,所以就不知近亲,柏格理就续了家谱,张道慧来后又规定苗族青年会读《苗民夜读课本》,才能结婚。（现苗族青年结婚年龄提前,十三四岁的相当多,舅表间可以结婚,姨表间绝不能结婚,一般都是先有娃再结婚。）

（四）柏格理与张道慧

柏格理隶属循道公会,张道慧隶属内地会,循道公会礼拜时比较文雅,内地会拍胸跺脚,比较癫狂,柏比张早到两年,二者有些矛盾,张道慧去安顺党居仁（内地会）处,待柏格理死后返回,但过一段时间内地会就维持不下去了,大家都有些反感,于是王树德出面主持,才又好转。（查一下,张道慧夫妇在石门,内地会只办到小学毕业就不再管了。）

（五）以石门为中心的教学点,不全是在安荣芝的地盘上,还有牛棚子土目,土司是皇帝任命的,是皇帝的代理人,比一般地方官的权力大得多,其实质是地方土皇帝,皇帝的管理权只是名誉上,土目是土司任命的,土目下面各苗族寨子都有"谁巴"（村、组长）。

十、张义强口述材料

时　间:2009 年 3 月 24 日

口述者:张义强

地　点:石门坎

张义强,苗族,当时 69 岁,是现今石门坎唯一能熟练运用新老苗语的人。

其父张德全是光华小学教师。苗文没见过课本，一、二年级发蒙不学苗文，三、四年级学过，初一一周上一次，其他族随便安排，可上可不上，当时苗族学生还是比较少，占其他族别学生人数的20%。

一、二年级学汉语圣经，以及学一、二、三等汉字。用的铅笔外国进口的，本子发的。作业不多，以汉语为主，苗文只是要求及格，也考试，用刻板印卷子，主要方法就是教声母、韵母、听写，没有翻译，但办的有苗文小报（教会）。新苗文至少要高小至初中才好学，小学不好学。老苗文笔画少，并都是直线，适合普及。

老苗文是自己的文字，新苗文好处是可以融入汉语中学。①50年代中央民族学院的学生用老苗文记录收集古歌。②老人用老苗文。③一是科学，二是服装图案。"△"就是苗族衣服图案。"（你好）"、"（早上好）"，再则，苗语与汉语的语序不同，例如：汉语中"牛肉"，苗语是"肉牛"。

苗文没有行草书，都是印刷体，先学口语，再学苗文就好学了。老人写信、记账、写碑文、送匾、请帖、节日标语等都用苗文。

端午节以玩为主，原来学校、教会组织。主要的活动项目有：穿针、绩麻、背水、射弩、赛马等。

老苗文的教法：先读声韵母，再拼读，一个学期或半年就学会了。读后再写，教苗文的老师都是苗族教师，上课时主要用苗语，中间穿插汉语解释，以照顾汉语学生。朱以强的表仔女系河南亲戚，带来一个五六岁的孩子，在石门坎两年，估计一年就学会了苗语（2007年回豫）。

"亮篙"，点干竹子插到板上的斜口上，一个板上可以插很多，板十公分宽，一尺左右。

全民读书：教会（老苗文圣经，都信教所以都要学，都要读。）

①接触宗教后，唱赞美诗、读圣经，目的是信教，在信教时须要学苗文，就促成了全民阅读。②对自己有好处。张本人现在经常到乡政府要报纸看，他认为电视只是消遣。他说："不知是自然养成还是其他原因，喜欢读书。"张本人正在把苗族古歌收集起来，把它翻译成苗文，就是想唤起苗族读书，准备分发给苗族群众，翻译后有人资助更好，不资助也无所谓，送给民委一本。

现在看，六七十岁的人20%～30%的人都进过学校，从此看，光华小学当时真正搞了平民教育,全民教育,不分年龄、不分族别、不分性别、不分阶层、不分贫富都可入学,公平体现得充分,他们小学毕业后到昭通读民族(宣道)中学,唯有石门坎的学生英语最好。(可能跟场域有关。)音乐、美术、体育开展得好,当时有三个同学到北京参加比赛,但没有获奖,推荐去昭通民族中学,小学进行选拔,再去民中参加选拔。(李德瑄就是。)

十一、朱玉华口述材料

时　间:2009 年 4 月 5 日

口述者:朱玉华

地　点:石门坎朱玉华家中

朱玉华,73 岁,曾就读于光华小学,后考入贵阳医师学校。在云南昭通永善县当医院院长,后调入威宁三中,当校医和教书,主要原因是为便于落实其父的平反政策,其夫吴善诚(吴性纯之子)。当时在各城市的学生比现在多,石门学校是三四个省的文化中心,而且在云贵川办 100 多个附属学校。苗族学生多、教师多,所以考取的多,体校、医校等到处有我们的同学。农业技术、果树、剪枝、养殖、织布(土织布机后用机床,先进很多,又快又好)。

农业技术推广,下队指导,有专门人负责,组织农民来学习,织布在昭通学,有十多个苗族姑娘在推广织布,一面是学习技术,一面是帮农村的人加工(谁需要就拿线来,主要是为了练习技术),石门大部分农户都改用这种织布机,集中在学校老师家属,她家有两台,苗族盛装的生产过程:撒麻种——刮麻——煮麻——纺麻。盛装一般是结婚和端午节时穿。花山节苗语叫"阿依袄",男子汉疯了,狂欢,象征着蚩尤打了胜仗在端午节这天庆祝,地点叫大坪子。

苗族相当落后,要读书,要与其他民族一同前进,后来喊石门坎为"小香港"、"小台湾"。05 年他们少数校友举行了一个活动,主要是纪念学校成立 100 年,为了恢复石门的辉煌,现在苗族一个大学生都没有了,石门坎从当年的文化中心到现在这个样子。

朱有三个儿子和一个女儿,大儿子、二儿子死了,大儿子没结婚,毕业后在毛纺厂工作,后来倒闭了。二儿媳改嫁,做些小生意,二儿、大儿的房子、药费、安葬都是朱玉华负担的。

附录二

石门坎碑文录

一、石门坎教会苗族溯源碑碑文

天荒未破,畴咨冒棘披荆。古径云封,遑恤残山剩水。访桃源于世外,四千年莫与问津;探芝圃于莽中,五百劫始为说法,则亦无有乎尔,然而岂谓是哉?原夫野地花丛,难邀赏鉴;尔乃葛天苗裔,谁肯是携?回徒本墨守宗风,孔教且素持外攘,禅宗既穷超生之路,道派更绝换骨之丹。惟之莪三秀骄骄,慨草田之无佃;恒花溪勃勃,惕茅塞其谁开?幸耶和华示塞缪尔还来旧雨,沾从秦汉衣冠,俾彼明星,映到羲皇人物。花既涸而复起,苗则槁而复兴。始亚当兴惠黔黎,初开草昧;更百木能支大厦,独辟石门。愿他野橄榄枝,接我真葡萄树。十年灌溉偕良友,创字释经;两度梯航与细君,分班授课。故叫万花齐放,遂使良苗一新。叱石成羊,真亚伯拉罕之孙子;攀门附骥,衍马丁路德之薪传。天父恩何等昭彰,圣神力不可思议。四起栋宇,非斗霏而夸多;别具炉锤,愿超凡以入化。时闻山鸣谷应,牧樵赓赞美之歌,伫见户诵家诠,子妇解颂扬之谱。文章机杼持操实业经纶,道德森林饶有民生主义。盖琅嬛福地,化鸩舌为莺声;是风雨名山,由人间而天上。彝族引领,汉类皈依。忆当年披星戴月,看此日飞云卷雨。喜值满兰,敬勒贵珉。伏望渔人得鱼,共矢丹悃。特修纪念,赞以粹言。

赞曰:

灵宫活石　圣道法门

畏绊脚石　守生命门

屋角首石　天上城门

裂开泉石　牖启心门

是遮身石　是出死门

是匠弃石　是羊入门

奠基盘石　奏开金门

点头顽石　进步窄门

中华基督教宣道使者李国钧约翰敬撰

"民国"县知事留日法政员陈宗华菊圃敬书

中华民国三年（1914）八月石门坎联区全体学生敬立

二、柏格理墓志铭文

先生本英籍，按欧文姓氏与荫穆宠腊而得译音相近，少懔家箴共承天命，甫弱冠即渡海东来，更汉文为柏格理，字明星，能操各种文言，服习起居随处与人从同，登场讲演，善于现身说法，听者每觉兴致勃勃，感无不深省，足令堕者起而懦夫兴，恶者胆寒而悲者慰。

至其热心毅力，不避艰险，金沙江外举风障雨蛮烟瘴会荒冷之区，靡费足迹殆遍。士人爱而亲曰："赫甲家，都色乡里之间，妇孺者皆知名，先生和气迎人，即孩提亦爱戴，尝酣卧抱中而情深若弗忍去诸怀者，至若至成人爱，熏陶莫不曰先生能以福音生人，不啻保罗再见于今，心悦诚服，有加无已。"

前清丁未曾传教于冷米寨，迭遭围困濒于危绝，当道本欲依法惩凶，而先生反数为之缓颊。且泣曰："敌真理之徒，实不知基督福音也，使果知之方服从之不暇，何排斥之有？"先生诚能动物，士大夫争相识之，其待教士，忧乐与共恳挚之敖，甚于家人之子，自辟石门，博精擘割，苗人呼之日："堪德"（克垒勤）先生为之创文字译经籍，建堂设校，一遍荒地，极端经营，竟至崇牖栉比，差别有天地，先生之精力悴矣，客秋一痛长眠，就山窀穸，今石部集封碑向之于予，因举所知而笔知。

铭曰：

唯我先生，辟开石门。

宣传圣道,党牖斯民。

若时雨降,勃然苗兴。

天人喜爱,万世留馨。

中华基督教宣道使者后学员　李约翰拜撰

民国县知事留日法科毕业学士　陈宗华　菊　圃　敬书

三、苗族信教史碑文（苗文译汉文）

苗族信教史刻于此碑。苗族信教以前,没有开化、愚昧无知,没有土地耕种,向彝族地主统治者佃地耕种。年年为彝族地主缴重额租子。害怕其他民族辱凌。生活、穿着十分困苦。胆小怕事。有男女青年"宿夜室"、"踩月",打老牛祭祖、祭山祭树神;生活散漫,酗酒成性。别族歧视、嘲笑,自己还不知道。幸有上帝差遣柏格理牧师到苗族地区传耶稣福音,指教我们走出一条生路。苗族自古生于中国,是中国人。祖辈有古诗详细记述,由于没有文化不识字变得落后,到处流浪、生存无着,谁也不问津。1903 年听说安顺有党居仁传基督教福音,苗族人亲自去安顺领教求道。党牧师说来此信教路程遥远,你们应到昭通找柏格理牧师,当找上柏格理牧师,他高兴说,回去向四方苗族同胞说,可以到昭通来信教,他们回来向苗族村寨宣传后,从此去昭通信教的人,日益增多,人山人海,礼拜堂容不下。柏格理只得带领汉族教师李司提反和苗族传道人王道元、杨雅各到苗族地区向彝族地主交涉索要兴建教堂地基,以满足信教者需要。地基选中石门坎。建堂办校,开始学文化,读汉语文相当费力,因为苗族没有文化已四千余年。读汉语文书比什么都困难,幸有柏格理、李五先生（李司提反）、杨雅各等创制苗文,有苗文读汉字减轻负担。从此苗族算有了自己的文字。信教的人越来越多,石门坎教堂容不下,又向四面八方苗族地区发展教堂。读书的人一年比一年多。没有大的学校,苗族没力建校,柏格理见此情此景,于 1908 年回英国,向各方面宣传讲述苗族极端贫困,要求各方面捐资兴办一所较大的学校。后来有一位阿司多老人听了很受感动,乐意捐助英镑两千元。为此,苗族赞曰:黑暗时代谁可怜我们,困难环境谁同情我们。感谢上帝遣使柏格理牧师宣传基督福音。我们有书读,当赞美解囊资助老人家。战胜黑暗,重见光明。特立此碑以示纪念。

全体苗族信徒暨石门坎全体学生

1916 年 8 月 10 日

后 记

时至今日，经过三年的努力论文终于完稿，梦想将要成真！在梦想成真之际，论文完稿固然喜人，但印在记忆深处更多的是"十月怀胎"的过程——取取舍舍、退退进进，许多情况下，殚精竭虑后发现本不必如此，如释重负一段后又不得不再心力交瘁一把，几番曲折之后，石门坎的许多现象猛然间竟然相互通畅了。过程的本质永久地留在了我的心灵深处，因为经过心灵过滤的东西是难以忘怀的。

教育人类学研究领域的确立、叙事研究方法的选用，对我而言既是崭新的，也是陌生的，这本身充满着极大的挑战，在选择知难而进的那一刻，我深知"要想丰富对象，必先丰富自己"的道理，于是，集中时间静心于人类学、社会学领域里求学问道，从费孝通读到李书磊、曹锦清、王铭铭、李培林、丁钢、马林诺夫斯基、布朗、格尔茨、流心、莫里斯……一串长长的名单留在脑海之后，人类学的话语体系开始生发，也才有了"比葫芦画瓢"的希望。理论素养的逐步提高，也使我的眼睛亮起来了、脑子活起来了、手脚动起来了，在此基础上，我数下石门，奔走、寻觅于田野，足迹踏遍石门坎区域的每个角落，曾对人自豪地说："石门坎苗寨里的狗已不再对我狂吠。"一分耕耘，一分收获！我获得了来自田野的、大量的、鲜活的第一手资料，为研究顺利开展奠定了坚实的基础。

尤其让我惊奇的是，在不断的田野作业中，不知不觉我竟委身于此、欲罢不能了，正和了鲁迅的说法："我自身也燃烧在其中了！"西南大旱时的"水窖援建"、北京的"玄奘之路"、香港的"郑氏集团项目"等有关石门坎的活动，我都热心讲解、尽力筹划，以求石门坎能够获得帮助。为了石门坎的研究日思夜想，为了石门坎的发展鞠躬尽瘁,石门坎成了我生命中的一部分,正如李泽厚先生所说:"一旦一个人为他的研究对象而茶饭不思的时候,他已经获得了学术生命。"

如果说个人努力是梦想成真的基础,那么,老师帮助是梦想成真的灵魂。

"湖湘文化、汉儒风骨"的精髓,在我的导师周庆元教授身上尽显无遗,先生极高的学养、深厚的积累、文雅的个性使之魅力无穷。三年来,伴随左右、游走南北、虚心涵泳、收获颇丰,先生给了我知识,更给了我人生的引领,先生使我重生。这里,请允许我向先生深鞠一躬并大声说一句:谢谢!

在论文研究过程中,导师们给予了细致指导、大力支持和热情鼓励,秉承过程本质的态度,我把师长的教诲重温如下。石鸥老师说:"你涉及了一个新的领域,一要大力补课,二要本于田野。一切尽在过程之中,说不定会有理论或者方法论上的创新,值得期待!"张传燧老师说:"你要盯着个案本身,尽力地去发现!"刘要悟老师说:"注意叙事方法的选用,我给你推荐几本书籍。"郭声键老师说:"只要做,做好做坏都有价值! 因为别人没有做过。"刘铁芳老师说:"做好了,对语文问题会有一定的冲击,但不要写成通讯报道式的东西。"张楚廷校长、辛继湘老师也给了我很多思路。老师的指导和鼓励,使我披荆斩棘、跨越障碍、勇敢前行,此时此刻,语言是苍白的,学生只能深鞠一躬,感谢恩师!

对研究者而言,妻子的支持似乎已成为惯例,但我仍想重提我的妻子,她不但挑起了家庭重担,而且还成为了尊老育幼的楷模,这样终使我能够解除后忧、轻装前进。懈怠时及时提醒,困惑时给予激励,她的智慧之光,一直照亮在我的前方,使我能够坚强地行走在学术道路上,英国首相丘吉尔说:"如果你穿行在地狱中,上帝说:'千万别回头! 往前走!'"妻子就是我的上帝,感谢妻子! 感谢所有帮助过我的人!